高等院校经济管理类

新形态系列教材

微课版

人文素养

商务礼仪
与沟通

龚荒 / 主编

人民邮电出版社

北京

图书在版编目（CIP）数据

商务礼仪与沟通：微课版 / 龚荒主编. -- 北京：
人民邮电出版社，2024. 10. --（高等院校经济管理类新
形态系列教材）. -- ISBN 978-7-115-64622-4

Ⅰ. F718；F715

中国国家版本馆 CIP 数据核字第 2024G09N92 号

内 容 提 要

本书以商务礼仪与沟通的应用场景为主线，系统阐述了商务礼仪与沟通的基本原则、策略和技巧，主要内容包括：商务礼仪与沟通概述、个人形象礼仪、商务交往礼仪、言谈礼仪、通信礼仪、求职面试中的沟通和礼仪、职场沟通和礼仪、大学校园生活中的沟通技巧、演讲技巧。

本书采用"理论阐释+案例实训+视频辅导"的编写模式，突出"理论够用、重在实践"的教学特色，强化案例教学。书中设计了引例、实例、拓展阅读等模块，并附有练习测试题（包括不定项选择题、判断题、简答题、自我测试题等）、案例分析题和实践实训题。

本书配有教学课件、教学大纲（课程质量标准）、习题答案、微课视频等教学资源，用书教师可登录人邮教育社区（www.ryjiaoyu.com）免费下载。

本书可作为高职高专、本科院校通识课程或经济管理类专业相关课程的教材，也可作为职场培训用书或读者的自学参考书。

◆ 主 编 龚 荒
　　责任编辑 陆冠彤
　　责任印制 胡 南

◆ 人民邮电出版社出版发行　　北京市丰台区成寿寺路 11 号
　　邮编 100164　电子邮件 315@ptpress.com.cn
　　网址 https://www.ptpress.com.cn
　　固安县铭成印刷有限公司印刷

◆ 开本：787×1092　1/16
　　印张：13　　　　　　　　　2024 年 10 月第 1 版
　　字数：299 千字　　　　　　2025 年 5 月河北第 2 次印刷

定价：49.80 元

读者服务热线：(010)81055256　印装质量热线：(010)81055316
反盗版热线：(010)81055315

礼仪和沟通是人际交往活动中普遍存在的行为，也是商务活动的基本要素，两者在本质上是一致的，都是要维护人际关系的和谐，增进彼此之间的了解。可以说，礼仪和沟通在人际交往和商务活动中是相互渗透、相辅相成的关系。一方面，礼仪为沟通提供了一个良好的氛围和基础，使得沟通更加顺畅有效；另一方面，通过有效的沟通，我们可以更好地理解和尊重他人，从而更好地遵循礼仪规范。

党的二十大报告指出："实施公民道德建设工程，弘扬中华传统美德，加强家庭家教家风建设，加强和改进未成年人思想道德建设，推动明大德、守公德、严私德，提高人民道德水准和文明素养。"礼仪教育承载着传承中华优秀传统文化和提高全社会文明程度的重任，是国民素质教育的重要内容。在社会实践中，人们也越来越认识到礼仪不仅是维系社会正常生活而应共同遵守的行为规范和准则，也是一个人内在修养和素质的外在表现，是人际沟通交往中的一种技能和艺术。对商务人员而言，礼仪和沟通是其在商务领域立足的基本素质，是需要终身学习的一门功课。

本书采用"理论阐释+案例实训+视频辅导"的编写模式，在框架结构设计上做了精心构思和安排，既考虑到"商务礼仪与沟通"课程的整体性和系统性，又突出了对实践技能和方法技巧的培训。本书特色主要体现在 3 个方面。

（1）在"理论阐释"方面，本书突出"理论够用、重在实践"的教学特色。本书针对不同情境下人际交往活动的需要，系统阐述了礼仪和沟通的相关内容。本书内容体系分为 3 篇，共 9 章。其中，基础篇包括 5 章：商务礼仪与沟通概述、个人形象礼仪、商务交往礼仪、言谈礼仪、通信礼仪。应用篇包括 2 章：求职面试中的沟通和礼仪、职场沟通和礼仪。拓展篇包括 2 章：大学校园生活中的沟通技巧、演讲技巧。根据"商务礼仪与沟通"课程应用性和实践性较强的特点，本书不堆砌理论知识，而是突出"理论够用、重在实践"的教学特色。

（2）在"案例实训"方面，本书突出实用性。书中配有引例、实例、拓展阅读等模块，并在每章末附有练习测试题、案例分析题和实践实训题。章节中间穿插的实例和章末的案例丰富而精练，有的内容来自对商务礼仪与沟通实践的总结，有的内容改编自上百部教材、专著中的经典案例。教师可以有选择地将案例分析题用于课堂教学中的小组讨论。通过实训等环节，学生可以将理论联系实际，达到学以致用的目的。

（3）在"视频辅导"方面，本书配备丰富而精彩的短视频。本书提供了大量的微课短视频，把更多的相关知识点和案例呈现给读者，这些短视频可用于课中播放和观后讨论，便于开展课堂教学。用书教师可到人邮教育社区下载使用。

本书由龚荒任主编，戴西超、芈凌云、肖国建、姚伟坤、陈飞宇、李克东等参与了部分内容的编写工作。在编写本书的过程中，编者借鉴和引用了相关书籍、文章和短视频资料，在此一并对这些资料的作者表示感谢。

为方便教师教学，本书配有教学课件、教学大纲（课程质量标准）、习题答案、微课视频等教学资源，用书教师可登录人邮教育社区（www.ryjiaoyu.com）免费下载。书中如有疏漏或不妥之处，恳请读者提出宝贵意见和建议（反馈邮箱：gonghuang@163.com）。

编者

2024 年 5 月

目 录

目 录

基础篇

第1章
商务礼仪与沟通概述

本章内容

◎ 礼仪的内涵、起源和发展　　◎ 沟通的形式和过程
◎ 商务礼仪的范畴和功能　　　◎ 礼仪修养的目的、内容和方法
◎ 商务礼仪的原则　　　　　　◎ 培养沟通能力的途径
◎ 礼仪与沟通的内在联系

引例：礼仪是第一课

与林晖同一批的应届毕业生共22人，实习时被导师带到某公司参观。

全体学生坐在会议室里等待总经理的到来，这时秘书在给大家倒水，同学们表情木然地看着她忙活，其中一个同学还问了句："有绿茶吗？天太热了。"秘书回答说："抱歉，刚刚用完了。"林晖看着有点别扭，心里嘀咕："人家给你倒水还挑三拣四。"轮到他时，他轻声说："谢谢，大热天的，您辛苦了。"秘书抬头看了他一眼，满含惊讶。虽然这是很普通的客气话，但这是她今天听到的唯一一句感谢的话。

门开了，总经理走进来和大家打招呼，不知怎么回事，没有一个人回应。林晖朝左右看了看，犹豫地鼓了几下掌，同学们这才稀稀拉拉地跟着鼓掌，由于掌声不齐，听着很刺耳。总经理挥了挥手说："欢迎同学们来这里参观。平时都由办公室的同事负责接待，因为我和你们的导师是老同学，非常要好，所以这次我来给大家介绍一下有关情况。我看同学们好像都没有带笔记本，这样吧，王秘书，请你去拿一些我们公司印制的纪念手册，送给同学们。"

接下来，更尴尬的事情发生了，大部分同学都坐在那里，很随意地单手接过总经理双手递过来的纪念手册。总经理的脸色越来越难看，来到林晖面前时，总经理已经快没有耐心了。就在这时，林晖礼貌地站起来，身体微倾，双手接住纪念手册，恭敬地说了一声："谢谢您！"总经理听闻此言，感觉眼前一亮，伸手拍了拍林晖的肩膀说："你叫什么名字？"林晖照实回答，总经理微笑点头，回到自己的座位上。早已汗颜的导师看到此情景，才微微松了一口气。

两个月后，林晖被这家公司录用。有几位颇为不满的同学找到导师："林晖的学习成绩最多算中等，凭什么选他而不选我们？"导师看了看这几张稚嫩的脸，笑道："林晖是人家点名要的。其实你们拥有的机会是完全一样的，你们的学习成绩甚至比林晖更好，但是除了

学习，你们需要学的东西太多了，礼仪便是第一课。"

通过该案例我们可以感受到，礼仪是我们与他人建立良好人际关系的基础，也是促使我们进步的重要途径。那么，针对礼仪到底是什么、商务礼仪有哪些功能、商务礼仪有哪些原则、礼仪与沟通有何内在联系、如何提升礼仪修养和沟通能力等内容，本章将予以系统阐述。

1.1 礼仪的内涵、起源和发展

1.1.1 礼仪的内涵

礼仪，是礼和仪的总称。礼最初的意义是敬神。东汉的许慎在《说文解字》中提到："礼，履也，所以事神致福也。"在敬神的基础上，礼的含义逐渐拓展，引申为礼貌、尊敬，对象也扩及至人，于是产生了一系列对人表示尊敬的礼节；同时，礼也包含为表示敬意或为显示隆重而举行仪式的意思。随着社会的发展，礼又成为衡量社会行为和道德的规范及法则的总称。仪本意指法度、准则和规范，后来才有了仪式及礼节的含义。

可见，礼仪是人们在社会交往活动中形成的行为规范和准则，是人们为维系社会正常生活而共同遵守的基本道德规范。礼仪具体表现为礼貌、礼节、仪式，是三者的统称。

礼貌是人们在相互交往过程中通过仪容、仪态、语言等表示敬重和友好的行为规范。例如，微笑、主动打招呼、道谢等。

礼节是指在比较正式的交际场合，人们相互表示尊重、祝颂、问候、致意、哀悼、慰问，以及给予必要协助和照料的形式，如握手、介绍、馈赠等。

仪式是指具有专门规定的程序化规则的活动。例如，迎送仪式、签字仪式、颁奖仪式、开幕式、升旗仪式、奠基仪式等。

礼貌是礼仪的基础，体现了一个人的品质和素养；礼节是礼貌的升华，是礼仪的主要组成部分；仪式是礼貌的表达形式，是礼仪的秩序规范。礼仪作为一种社会文化和文明的象征，促进了人与人之间的沟通和交往。如今，礼仪规范已被列入某些正式的国际公约，成为各国正式交往中不可缺少的行为准则。

我们可以从不同的角度来认识礼仪。从个人修养的角度来看，礼仪是一个人内在修养和素质的外在表现，个人的素质体现在对礼仪的掌握和应用上。从交际的角度来看，礼仪是人与人之间交际的一种实用艺术，是一种交际方式，是人际交往中约定俗成的表示尊重、友好的规范做法。从道德的角度来看，礼仪可以理解成为人处世的行为规范。从民俗的角度来看，"礼出于俗，俗化为礼"，不少礼仪和民俗有着十分紧密的联系。例如，春节是中华民族悠久、隆重的传统佳节，节前扫尘、除夕守岁、晚辈给长辈拜年、大人给小孩压岁钱等，这些习俗也和我们的节日礼仪紧密结合在一起。

拓展阅读

用礼仪制度增强认同感和归属感

礼仪关乎人格，也关乎国格。我国自古就以礼仪之邦著称，注重树立礼仪之邦的良好形象。我国历来高度重视对国家重要礼仪的教育与宣传，尤其注重通过礼仪制度褒奖先进、彰显礼仪文化的时代价值。

近些年来，我国积极开展形式多样的纪念庆典活动，不断建立和规范礼仪制度。例如，在 2019 年的中华人民共和国国家勋章和国家荣誉称号颁授仪式中，高规格、隆重的仪式，既是崇高礼赞又是庄严宣示，号召人们敬仰英雄、学习英雄，用实际行动为实现"两个一百年"奋斗目标和实现中华民族伟大复兴的中国梦贡献力量。实践证明，建立和规范礼仪制度，对规范人们的言行举止、激发人们干事创业的精气神具有重要意义。新时代，我们要传承并发展中华优秀传统礼仪文化、建立和规范礼仪制度，不断增强人们的认同感和归属感。

1.1.2　礼仪的起源和发展

礼仪产生于人类早期对大自然和神灵的崇拜形式。在当时的条件下，人们无法解释自然界和自身的一些现象，就把它们看作大自然的恩赐与惩罚、神灵的意志，于是对大自然及神灵产生敬畏，以求赐福或免除灾祸，寻求精神上的安慰。为了表示虔诚，人们创造了许多祭祀程序和方式，而后形成了一整套仪式，这就是礼仪的起源。

古代，我国已经有了成文的礼仪制度，即"五礼"：祭祀之事为吉礼，冠婚之事为嘉礼，宾客之事为宾礼，军旅之事为军礼，丧葬之事为凶礼。

尧舜时期制定的礼仪经过夏、商、周时期的总结、推广而日趋完善。周朝还设置专门掌管天下礼仪的礼官，使礼仪臻于完备。在这个时期，礼仪被打上了阶级的烙印。为了维护自己的统治地位，统治者开始将原始的宗教礼仪发展为符合奴隶社会政治需要的礼制，形成了典章制度和刑典法律。

春秋战国时期，诸子百家争鸣，礼仪也产生了分化。礼仪制度成为国礼，民众交往的礼俗逐渐成为家礼。《管子·牧民》中有"大礼"和"小礼"之说，注释为"礼其大者在国家典章制度，其小者在平民日用居处行为之间。"以孔子、孟子为主的儒家学者系统地阐述了礼制的起源、本质和功能，第一次在理论上全面而深刻地论述了社会等级秩序划分及其意义。

从秦汉到清末，纵观封建社会的发展历程，可以说历代统治者都十分重视礼仪，自秦代以后的历代统治者都推崇儒家的礼治。汉武帝时期，"罢黜百家，独尊儒术"的治国方略确定之后，礼仪作为社会道德、行为标准、精神支柱，其地位被提高到了前所未有的高度。统治者根据自己的统治需要，在沿袭周礼的基础上，不断对礼制加以修改、补充。"道之以德，齐之以礼"，让人们以礼为准绳，不得逾越。这种以礼治国的做法，对稳定当时的社会秩序起到了重要作用。

封建社会的礼仪内容大致有国家政治的礼制和家庭伦理两类。礼制的核心思想已从奴隶社会的"尊君"观念发展为"君权神授"的理论体系，所谓"天不变，道亦不变"，这里的"道"指的就是"三纲五常"，三纲即"君为臣纲，父为子纲，夫为妻纲"，五常即"仁、义、礼、智、信"，二者形成了完整的封建礼仪道德规范。到了宋代，封建礼制有了进一步的发展，封建理学理论产生，道德和行为规范成为封建礼制的中心，"三从""四德"就是这一时期女子道德礼仪的标准。封建礼制中的君权神授夸大、神化了帝王，"三纲五常""三从""四德"压抑了人们的个性发展、限制了人们之间的平等交往。

中华人民共和国成立后，我国逐渐确立了以"平等相处、友好往来、相互帮助、团结友爱"为主要原则的具有中国特色的新型社会关系和人际关系。改革开放以来，现代礼仪进入了全新的发展时期。

1.2　商务礼仪的范畴、功能和原则

1.2.1　商务礼仪的范畴和功能

1. 商务礼仪的范畴

根据适用的对象和范围，礼仪大致可分为政务礼仪、商务礼仪、服务礼仪、社交礼仪、涉外礼仪五大类。本书主要介绍的是商务礼仪。

所谓商务礼仪，是指人们在从事商务往来的各种经济活动中应当遵循的一系列礼仪规范和准则。商务礼仪既包括约定俗成的商务人员的个人形象礼仪、日常交往礼仪、通信礼仪、求职礼仪、餐饮礼仪、商务活动礼仪等，又包括因地域的文化差异而形成的地区和国家间的不同礼仪。

可以说，商务礼仪是礼仪在商务活动中的运用和体现，在内容上比社交礼仪更为丰富。同一般的社交礼仪相比，商务礼仪具有很强的规范性和可操作性，并且与商业组织的经济效益密切相关。

2. 商务礼仪的功能

在商务交往中，礼仪的功能是显而易见的，其主要表现在以下几个方面。

（1）树立形象

一个人讲究礼仪，就会在众人面前树立良好的个人形象；一个组织的成员讲究礼仪，就会为自己的组织树立良好的形象，赢得公众的好感。商务礼仪是企业文化的重要组成部分，商务人员在商务活动中不仅代表个人，还代表企业。因此，商务人员的个人形象同企业生产的产品、提供的服务一样重要，它反映了商务人员个人的教养、阅历及职业素养，体现了商务人员所在企业的管理水平与服务质量。

良好的形象是企业不可忽视的无形资产，是企业在营销中赢得客户信赖的基础。尤其是在社会主义市场经济环境下，组织之间的竞争除了产品竞争，还存在形象竞争。一个具有良好信誉和形象的组织更容易获得社会各方的信任和支持，也更可能在激烈的竞争中立于不败之地。所以，组织成员时刻注重礼仪，既是个人和组织良好素质的体现，也是树立和巩固良好形象的需要。

（2）规范行为

礼仪作为行为规范，是约定俗成、大家共同认可和遵守的。礼仪基本的功能是规范行为。在社会交往中，人们相互影响、相互作用，如果不遵循一定的规范，双方就缺乏互动、协作的基础。特别是在商务活动中，礼仪可以使人们明白应该怎样做、不应该怎样做，哪些可以做、哪些不可以做，有利于人们界定自我形象、尊重他人、收获友谊。

（3）传递信息

礼仪是一种信息，有助于表达尊敬、友善、真诚等感情，使他人感到温暖。礼仪的本质就是尊重人、体贴人。礼仪以表达对他人的尊重和恭敬作为出发点，以构建人与人之间和谐、美好的关系为宗旨。在社交活动中，礼仪恰当可以获得对方的好感、信任，进而有助于自己事业的发展。

实例

乔先生的推销之道

乔先生是一位成功的汽车推销人员，他讲过这样一个故事。

一次，一位中年妇女走进乔先生的展厅，说她想在这儿看看车，打发一点时间。闲谈中，她告诉乔先生她想买一辆白色的 FT 轿车，就像她姐姐开的那辆，但对面 FT 轿车的推销员让她一小时后再去，所以她就先到这儿来看看。她还说今天是她生日，这是她想送给自己的 55 岁生日礼物。

"生日快乐，女士。"乔先生一边说，一边请她进来随便看看，接着出去交代了一下，然后回来对她说："您喜欢白色车，既然您现在有时间，我给您介绍一下我们的新款轿车，它也是白色的。"

正谈着，女秘书走了进来，递给乔先生一束玫瑰花。乔先生把花送给那位中年妇女："祝您健康快乐，尊敬的女士。"

她接过花，很激动，眼眶都湿了。"已经很久没有人给我送礼物了。"她说，"刚才那位 FT 轿车的推销员一定是看我开了辆旧车，以为我买不起新车。我刚要看车，他却说要去收一笔款，于是我就上这里来等他了。其实我只是想要一辆白色车而已，只不过姐姐的车是 FT，所以我也想买 FT。现在想想，不买 FT 也可以。"

最后，她在乔先生这儿买走了一辆新款车。

从上面的案例中可以看出，乔先生在说服顾客方面拥有高超技艺。他在接待这位女士时并没有使用劝她放弃买 FT 轿车而买其他车的推销语言，而是通过送上生日祝福、赠送鲜花这些礼仪举动，表达了对顾客的尊重和体贴，巧妙地增进感情，感动对方，最终让这位女士改变了购买 FT 轿车的想法。

（4）沟通协调

商务活动是一种双向交往的活动，交往的成功与否，首先取决于沟通的效果。面对商务谈判中的同一问题，双方利益不同、看法也不一致，这就给双方的沟通带来了很大的困难。但恰当运用商务礼仪，能够使商务活动的双方互相理解，最终达成一致，实现互惠互利。

除此之外，商务礼仪对商务人员而言也是内部沟通的好方式。在日常工作中，商务人员不可避免地要与同事进行沟通。能否有效地与他人沟通都对商务人员能否确保同事积极地配合自己的工作、能否处理好与上级的关系以及能否协调好团队等产生影响。

1.2.2　商务礼仪的原则

商务人员在商务往来中，要遵循以下原则。

1. 尊重原则

孔子云："礼者，敬人也。"敬人是礼仪的一个基本原则，它要求人们在交往活动中互尊互敬、友好相待。尊敬是"礼"的本义，是礼仪的重点和核心。在对待他人的诸多做法中，很重要的一条就是敬人之心常存。处处尊敬、重视他人，处处维护他人的自尊心是构建美好和谐关系的基石，更是为自身赢得尊重的必要条件。

商务人员与人交往，不论对方职务高低、能力强弱，只要与之打交道，首先就应尊重他人的人格。人格是个人在社会生活中主体地位与价值的表征，所以，尊重人的人格为尊重原则的第一要义。相互尊重还包含尊重人的人身自由及其他权利，如要尊重人的隐私权，允许他人表达思想、表现自己等。此外，善于肯定人、欣赏人和赞美人，也是尊重的具体表现。商务礼仪中的尊重还包括了解和尊重不同国家与地区的不同礼节及风俗习惯。

实例

尊重的力量

一个颇有名望的富商在路边散步时，遇到一个衣衫褴褛、瘦骨嶙峋的摆地摊卖旧书的年轻人，年轻人正在寒风中啃着发霉的面包。有着同样苦难经历的富商顿生一股怜悯之情，便不假思索地将几张钞票塞到年轻人的手中，然后头也不回地走开了。没走多远，富商忽然觉得这样做不妥，于是连忙返回，从地摊上拣了两本旧书，并抱歉地解释说自己忘了取书，希望年轻人不要介意。最后，富商郑重其事地告诉年轻人："其实，您和我一样也是商人。"

三年后，富商应邀参加一个商贾云集的慈善募捐活动，一位西装革履的年轻书商迎了上来，紧握着他的手，感激地说："先生，您可能早忘记我了，但我永远也不会忘记您。我一直认为我这一生只有摆摊乞讨的命运，直到您亲口对我说，我和您一样都是商人，这使我树立了自信，从而创造了今天的业绩……"

富商万万没有想到，三年前一句普通的话竟能使一个人感到被尊重，使一个穷困潦倒的人找回了自信心，使一个认为自己一无是处的人看到了自己的优势和价值，终于通过努力获得了成功。

不难想象，即使当初这位富商给年轻人很多钱，若没有那一句尊重、鼓励的话，年轻人不会改变自己的人生。这就是尊重的力量。

---

2. 诚信原则

诚信原则要求在与人交往中做到诚实守信。诚实是指待人真实不欺、说话做事客观公正；守信是指说话算数、言行一致。在商务交往中，一个人做出承诺，就应想方设法做到。"以诚感人者，人亦诚而应"，只有诚心地对待他人，才能得到别人的真诚对待。信誉是交往的基础，商务交往更应诚实守信，以获得他人信赖。古人云："守礼者，定知廉耻，讲道义。"礼仪绝不是外表的伪饰。真正掌握商务礼仪精髓的人能发自内心地表现出对他人的尊重、友好，他们表里如一、待人真诚。这些真诚的言行，不仅能展示商务人员在商务交往中的品德修养，还有助于建立和谐、融洽的人际关系。

3. 平等原则

平等原则是指与他人交往时以礼待人，不根据对方的地位、财富、相貌、学历等的不同进行区别对待，而应当对所有的交往对象一视同仁，给予同等程度的礼遇。平等原则是现代礼仪的基础，也是现代礼仪区别于以往礼仪的主要原则。

在商务活动中，交往的各方在道德和人格上是平等的，要建立和谐、融洽的关系，应给予对方充分的尊重，既不能盛气凌人，也不能卑躬屈膝。商务礼仪的平等原则，常常表现为商务礼仪的主体和客体在交往中使用的礼仪对等，双方给予彼此同等的礼遇。平等原则要求商务人员在交往中不要骄横、不要我行我素、不要自以为是、不要厚此薄彼，更不要以貌取人或以职业、地位和权势欺压人，而是应该时刻谦虚待人，只有这样才能在人与人、企业与企业的交往中建立良好的人际关系。

4. 适度原则

适度原则是指在商务交往中要把握与特定环境相适应的感情尺度，即在运用礼仪时，既要掌握普遍规律，又要针对具体情况。在不同的交往背景下，人们要掌握交往的尺度，不得随意逾越。在商务交往中对人要热情友善，但要有一定的分寸，要恰到好处，使人能够自然适应，同时还要注意言行适度。为了保证取得良好的交往效果，适度原则要求人们在交往中注意语言、行为技巧，即语言的使用要合乎规范，行为要有分寸、大方得体。在交往前，首先要考虑交往目的，然后根据目的，针对不同场合、不同对象，正确地表达自己的敬意。例如，在行握手礼时，对于老朋友或多年未见的熟人，握手时往往会加大力度甚至双手相握；对于初次见面的女士，男士若控制力度不当，不但不能传递热情，反而会引起对方的反感。在商务交往中，适度的热情能使人感受到春天般的温暖，可是过度的热情有时只会适得其反，让对方反感，自己也会觉得不自然、不舒服。

5. 宽容原则

宽容原则是指人们在交际活动中运用礼仪时，既要严于律己，更要宽以待人。"海纳百川，有容乃大"，能设身处地地为别人着想、原谅别人的过失是一种美德。宽容既是现代人的一种礼仪素养，也是商务礼仪所必须遵循的基本原则。

在商务交往中要保持豁达、大度的态度，要善解人意、宽容和体谅他人，不能总以自己的标准去衡量一切、求全责备、锱铢必较、咄咄逼人；要善于换位思考，容纳别人的礼仪不周之处，不要斤斤计较，不要因别人的礼仪不周而耿耿于怀。《汉书》有云："水至清则无鱼，人至察则无徒。"只要不是原则上的过错，现实中的许多过失都可以一笑了之。

宽容是一种美德，宽容意味着交往主体要有容人的雅量和主动为他人考虑的品德，要求对交往对象的人生观、价值观和个性差异等给予充分的理解和尊重。由于个体的文化背景差异、个性差异、受教育程度差异、礼仪修养差异等，在商务交往中，礼仪不周之处常有，只要不是有意而为，受礼者就要有容纳别人过错的胸襟，不可得理不饶人、苛责对方。有人认为以宽容的态度待人处世是懦弱的表现，其实不然，它是一种有气度的行为，往往具有巨大的感染力。宽容别人不但能缓和气氛、改善交往环境、显示自己良好的礼仪修养，而且能在相当程度上潜移默化地影响对方，使其受到感染。

六尺巷传说

6. 从俗原则

从俗原则是指交往各方都应尊重彼此的风俗、习惯，了解并尊重对方的禁忌。如果不注意禁忌，就会在交际中引起麻烦。由于国情、民族、文化背景的不同，在人际交往中，不同个体间实际上存在较大的地域文化差异。商务人员对这一客观现实要有正确的认识，不要唯我独尊，不要盲目否定其他人不同于己的做法。商务人员应坚持入乡随俗，与绝大多数人的习惯做法保持一致，切勿随意批评、否定其他人。商务人员遵守从俗原则，会对礼仪的应用更加得心应手，更加有助于人际交往。

1.3 沟通的形式和过程

1.3.1 礼仪与沟通的内在联系

沟通是人们日常生活和商务活动中不可或缺的一部分，而礼仪则是人际沟通的基础。礼仪与沟通之间存在着紧密的联系和相互影响的关系，它们不仅是社交技巧，也是建立和维护人际关系的关键因素。

首先，礼仪为沟通提供了良好的氛围和基础。在人际交往中，当我们遵守社会公共场所的规则，礼貌待人，尊重他人的权益时，我们给他人留下的印象会更加积极和友好。这样的积极印象可以为我们与他人沟通建立良好的基础，使对方更愿意与我们进行进一步的交流。

其次，礼仪在人际沟通中有助于提升沟通的效果。礼仪的本质是尊重他人，关注他人的感受和需求，通过恰当的行为和语言来展现自己的尊重和友善。例如，见面问候、分别告别、感谢和道歉时，都需要遵循一定的礼仪规范。我们在交流中使用得体的言辞和语气，可以更好地表达自己的思想，避免产生误解和冲突。主动倾听他人的意见，并给予积极的回应，可以增强双方的沟通互动，促进信息的流通和共享。

最后，文明礼仪还能够提升我们的自身形象和修养。礼仪不仅可以使交往过程更加顺畅、愉快，还能体现个人的修养和素质，从而增加个人的社交魅力。在人际交往中，我们常常需要与各种各样的人打交道，包括同事、朋友、家人等。如果我们能够以礼待人，尊重他人的感受和权益，就能够与他人建立起相互信任和尊重的关系。这样的关系可以为我们提供更多的机会和资源，更便于相互沟通，同时也增加了我们在社会上的影响力。

总的来说，礼仪和沟通在人际交往中是相辅相成的。一方面，礼仪为沟通提供了良好的氛围和基础，使得沟通更加顺畅、有效。另一方面，通过有效的沟通，我们可以更好地理解和尊重他人，从而更好地遵循礼仪规范。礼仪与沟通的重要性在于它们能够维护人际关系的和谐，增进彼此间的了解。在日常生活和工作中，我们应该注重礼仪修养，提高沟通能力，以建立和维护良好的人际关系。这样不仅有助于个人的成长和成功，也有助于社会的和谐与进步。

1.3.2 沟通形式的分类

一般意义上的沟通是指不同个体或组织围绕各种信息所进行的传播、交换、理解和说服工作，它的形式多种多样。依据不同的划分标准，我们可以把沟通划分为不同的类型。

1. 语言沟通和非语言沟通

根据不同类型的信息传递方式，沟通分为语言沟通和非语言沟通。语言沟通是指建立在语言基础上的沟通方式。语言沟通又可细分为书面语言沟通、口头语言沟通。书面语言沟通指通过书面方式进行沟通。口头语言沟通是日常生活中普遍的沟通形式，包括交谈、讨论、开会、演讲、面试等。口头语言沟通是保持整体信息交流的最好沟通方式。在沟通过程中除了言语，其他许多非语言类的表情、动作、姿势等都会对沟通的效果产生影响。进行口头语言沟通时可以及时得到反馈并据此对沟通过程进行调节，沟通者之间相互作用充分，因而沟通的影响力也大。

非语言沟通是指通过语言符号之外的沟通方式，即使用非语言符号系统进行的沟通。非语言符号系统的内涵十分丰富，包括副语言（声调、语速等）、态势语言、人际距离、环境、空间距离、时间等。

2. 正式沟通和非正式沟通

按照组织管理系统和沟通情景，沟通分为正式沟通和非正式沟通。正式沟通指在正式社交情境中发生的沟通，而非正式沟通指在非正式社交情境中发生的信息交流。每个人在日常生活中都离不开这两种沟通。在正式沟通过程中，如参加会议、入职面试、发表演讲等，人们对语言沟通和非语言沟通中的信息都会高度关注；用词会更准确，更注意语法的规范化；对衣着、姿势和目光接触等也会十分注意。人们希望通过这些表现为自己塑造一个良好的形象，给别人留下好印象。正式沟通过程中往往存在典型的"面具"效应，即人们试图掩盖自己的不足，行为举止也会变得更符合社会期望。

在非正式沟通过程中，如闲聊、聚餐、工作以外的聚会娱乐等，人们会更放松，行为举止接近其本然状态。沟通者对于语言沟通和非语言沟通信息的使用都比正式沟通随意。大家可能都有类似的体会：在自己家或宿舍，与在老师办公室的状态有明显区别。不同情境下，沟通者的紧张程度不同，在整个沟通过程中也呈现不同的表现。

3. 上行沟通、下行沟通和平行沟通

根据沟通中信息的传播方向，沟通分为上行沟通、下行沟通和平行沟通。上行沟通是指组织或群体中，从低层次向高层次进行的沟通活动，如下属人员向上级管理者请示、汇报或其他的工作活动；下行沟通是指在组织或群体中，从高层次向低层次进行的沟通活动，如领导向下属发出指示、命令；平行沟通是指组织内部同一阶层或职级人员之间的横向沟通，多用于各部门及同事之间的协调合作。

4. 自我沟通和人际沟通

根据沟通对象，沟通分为自我沟通和人际沟通。自我沟通也称内向沟通，即信息发送者和信息接收者为同一个行为主体，自行发出信息，自行传递，自我接收和理解，如自我反省、自我减压、自我情绪控制等。自我沟通过程是一切沟通的基础。事实上，人们在对别人说出一句话或做出一个动作前，就已经经历了复杂的自我沟通过程。自我沟通是人际沟通的基础。

人际沟通特指两个人或多个人之间的信息交流过程。这是一种与人们日常生活关系最为密切的沟通。与别人关系的建立和维持，都必须通过这种沟通来实现。人际沟通的形式也不限于面对面，可以通过电话、网络等多种方式来实现。本书所涉及的沟通问题，以人际沟通为核心。

需要说明的是，以上所述的沟通类型之间大多是相互融合的，如人际沟通也可以表现为语言沟通或非语言沟通，正式沟通或非正式沟通，上行沟通、下行沟通或平行沟通。

1.3.3　人际沟通的过程及障碍

沟通是信息传与收的过程，发送者凭借一定的渠道，将信息传递给接收者，并希望接收者能够理解。沟通过程通常包括编码、信息的传递、接收、译码、反馈等环节，如图 1-1 所示。下面就人际沟通的基本过程及存在的障碍做一些分析。

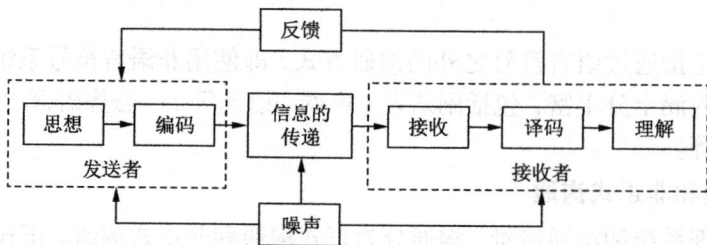

图 1-1 沟通过程模式

1. 发送者有了一个想法

发送者在实施沟通之前，必须首先选择沟通的信息，明确沟通目的和目标。如果想法不清晰、目标不明确，信息的编码就可能会出现问题。

2. 发送者将想法编码为信息

发送者将想法转化为接收者可以接收的形式，如声音、文字、表情等，这就是我们经常说的"表达"。这个环节容易出现两类障碍。一类是编码能力、发送能力不佳，如口齿不清、词不达意、逻辑混乱、条理不清等。因此，发送者在编码过程中必须充分考虑接收者的经验背景，注重内容、符号对接收者的可读性。另一类是选择性知觉编码发送噪声。它指的是信息发送者在信息编码的过程中，受到个人兴趣、情绪、思想、愿望等的影响和制约，而对应该发送的信息进行了不恰当的增删、过滤，从而影响了传送信息的完整性、准确性和及时性。

3. 发送者通过渠道传递信息

沟通渠道是信息传达的途径和媒介。如今沟通渠道越来越丰富多样，突出的变化是电子信息渠道的出现。

沟通渠道的选择是相当重要的。渠道会影响信息传送的速度、有效性和完整性，渠道选择不当是沟通中常见的障碍。例如，应该书面落实的任务布置仅仅用口头通知，会造成责任不清的后果；不该发布到网上的信息却被发布到了网上，造成信息泄露。

4. 接收者接收信息

接收者通过倾听、做笔记等方式接收信息。这个环节常见的障碍有两类。一类是接收能力欠缺。例如，倾听技巧、做笔记技巧欠缺，听不明白或记不下来等。另一类是选择性知觉接受。即信息接收者受个人心理结构、心理需求、文化教育水平、理解能力、心理期望、社会角色地位、人生阅历等因素的影响，自觉或不自觉地对所接收的信息作出了增删、过滤等，从而影响接收信息的准确性、全面性、及时性。

5. 接收者解码信息

接收者在接收到信息后，将符号化的信息还原为信息，并理解信息内容与含义。完美的人际沟通应该是编码与译码完全"对称"的，即发送者和接收者所处理的信息完全一致。接收者在译码过程中也必须考虑发送者的经验背景，这样才能更准确地把握发送者想表达的真正意图，正确、全面地理解收到的信息的本来意义。

在沟通中，每个人都必须很好地了解如何有效地理解别人和让别人理解，了解沟通中信息的转译和传递机制，只有这样，才能提高沟通的有效性和准确性。

6. 接收者反馈信息

接收者反馈信息是指接收者把收到并理解了的信息返送给发送者，以便发送者对接收者是否正确理解了信息进行核实。有效的沟通必须有反馈，如果没有反馈，沟通行为就会存在失控的可能性。

综上所述，一个完整的人际沟通活动应该具备发送者、接收者、沟通目标、信息、渠道、反馈及环境背景 7 个要素。这几个要素也是一项沟通策划方案必备的要素，我们在做正式的沟通策划方案时，要对这几个要素进行设计，同时将其中存在的障碍及其克服方法想明白。

1.4 礼仪修养与沟通能力培养

1.4.1 礼仪修养的目的和内容

1. 礼仪修养的目的

礼仪修养的目的是礼仪主体通过修养，使自己的言行在社会交往中，与自己的身份、地位、社会角色相适应，容易被人理解和接受。在社会交往中，每个人均有多种社会角色，社会角色不同，所遵循的礼仪也不同，即使同一角色在不同场合，礼仪要求也不同。在商务交往中认清自己的角色，遵循相应的礼仪做到处处得体、事事有礼，是一件很不容易的事。因此，我们每一个人都要增强自己的角色意识、明确自己的社交定位、加强自身的礼仪修养，以适应个体多种社会角色的不同礼仪要求。

2. 礼仪修养的内容

商务礼仪的修养包括多方面的内容，概括起来主要有以下几个方面。

（1）道德品质修养

礼仪从广义上说就是一种道德行为。道德是调整人与人之间以及个人与社会之间关系的行为规范的总和，是做人的规矩和行为准则。道德是礼仪的基础，是礼仪的内在灵魂；礼仪是道德的表现形式，是道德的外在表现。礼仪与道德是互为表里、相得益彰的辩证统一关系，礼仪与道德应统一在一个人的思想和行为之中。

商务人员要提高礼仪修养首先要加强个人道德修养，主要包括道德意识修养和道德行为修养。道德意识修养是通过学习道德知识，形成正确的道德观念，遵守社会公德，维护良好的社会秩序，同时加强自身职业道德和家庭伦理道德的修养。道德行为修养，就是努力把自己的道德意识转化为具体的行为，从小事做起，"勿以恶小而为之，勿以善小而不为"。要能够识大体、顾大局、坚持原则，不为一己之利而放弃原则；要善于关心、尊重他人，乐于助人，在职场中做到敬人、诚信、友善。因此，只有加强对道德知识的学习和实践，才能真正提升个人的道德修养。

（2）文化知识修养

礼仪的内涵丰富而深刻，与许多学科和知识经验都有密切的联系。个人只有拥有广博的文化知识，才能深刻地理解礼仪的原则和规范。例如，学习民俗学可以使我们更好地了解一个民族的文化传统、风土人情；学习美学可以使我们更好地懂得什么是美、什么是丑，怎样才能做到内在美与外在美的和谐统一；学习心理学可以使我们更好地理解和尊重他人的人格和情感，提升自我控制能力；学习公共关系和沟通理论，可以使我们懂得协调沟通、塑造组织形象和个人形象的方法等。特别是我国传统礼仪文化，有许多宝贵的思想和智慧值得我们挖掘和汲取。

拓展阅读

我国传统礼仪文化

我国素以礼仪之邦著称于世，古代的思想家、教育家十分重视"礼"的教育。春秋末期的孔子就指出："不学礼，无以立。"孔子小时候常做练习礼的游戏，"入太庙，每事问"，后来还专程赴周向老子请教礼。相传，他选取了士人必须学习的礼制17篇，编辑成《礼》，也就是流传至今的《仪礼》。《仪礼》《周礼》《礼记》合称为"三礼"，是我国重要的礼仪论著。孔子非常重视学生日常行为方面的教育，他要求学生衣冠整齐，走有走的样子，坐有坐的姿势，为人处世要彬彬有礼、温文尔雅。《史记·孔子世家》中就说："孔子以诗书礼乐教，弟子盖三千焉，身通六艺者七十有二人。"其中"六艺"指的是礼、乐、射、御、书、数。

《三字经》是我国流传时间长、范围广、影响大的一本国学启蒙教材，相传为南宋学者王应麟所著，被人们誉为"古今奇书"，已经被翻译成英文、法文、俄文等多种文字在国外流传，还被联合国教科文组织选入儿童道德教育丛书。书中写道："为人子，方少时，亲师友，习礼仪。"意思是做儿女的在年少时，要拜师访友，学习礼仪。清代李毓秀所作的《弟子规》中详细规定了学生在言谈举止方面的礼仪规范，其中有尊敬长者方面的要求——"或饮食，或坐走，长者先，幼者后"；有仪表方面的要求——"冠必正，纽必结，袜与履，俱紧切"；有仪态方面的要求——"步从容，立端正，揖深圆，拜恭敬"；有禁酒方面的要求——"年方少，勿饮酒，饮酒醉，最为丑"；有语言方面的要求——"刻薄语，秽污词，市井气，切戒之"。此书中礼仪教育方面的内容十分丰富、具体。

在我国历史上还流传着许多讲究礼仪的佳话。例如，"廉蔺交好"（讲究礼让）、"张良纳履"（尊老敬贤）、"程门立雪"（尊敬老师）、"管鲍之交"（交友之道）、"三顾茅庐"（待人以诚），这些故事脍炙人口、妇孺皆知，对今人仍有很大的教育意义。

（3）心理素质修养

一个人的心理素质会直接影响商务交往的质量。一个具有良好心理素质的商务人员在交往活动中遇到各种困难和情况时，能始终保持沉着冷静，根据所掌握的信息，迅速采取合理的行为方式，化险为夷，争取主动；相反，一些缺乏良好心理素质的人在参加重大交际活动前，常会出现惊慌失措、心神不定、坐立不安的状况。这说明一个人是否具有良好的心理素质，是能否顺利参加交际活动、完美地运用交际礼仪的重要因素。因此，心理素质修养也是礼仪修养的重要内容。

（4）行为习惯修养

习惯在人们的生活中有不可低估的作用，它是一个人后天养成的行为，是指在一定情况下自动地进行某些动作的特殊倾向。商务礼仪是人们商务交往活动中的一种行为模式。一个人长期自觉练习这种行为模式，可以使其变成自身的自动自发行为。可以说，礼仪修养是一个人行为习惯的形成过程。检验一个人礼仪修养如何，很重要的标准是看他是否已经把交际礼仪规范化，并让它成为自身个性的一种稳定成分，简单地说，就是看他是否能在各种交际场合自然而然地遵守交际礼仪规范。如果一个人只会矫揉造作地做几个礼仪动作，而在日常的交际活动中却我行我素、违背礼仪规范，那只能说明此人欠缺礼仪修养。

1.4.2　礼仪修养的方法

礼仪的修养，不仅指对礼仪的练习，还包括将所习之礼培养成一种习性或品性的过程。这非一朝一夕可就，一般来说，应着重于知、情、意、行的统一，注重运用以下方法。

1. 提升学习礼仪的认知

礼仪是社会文化沉淀的外显方式。经历了传承、变异过程，礼仪的习得首先便是个体的"社会化""文化化"过程。也就是说，礼仪主要是靠传统，靠有意无意地模仿，靠周围环境的影响，靠在交际实践中不断地学习、摸索，逐渐地总结经验、教训而习得的。因为礼仪具有变异性的特点，个体在完成了社会化以后，还有一个继续"社会化"的过程。所以，习礼可谓贯穿终生的事情。除此之外，对于一些跨文化交往所涉及的不同民族、不同文化的礼仪，其习得则是靠入境问俗的诚心和细心了解、熟悉，并以此规范自己的言行。

同时，就社会方面而言，为适应现代市场经济发展的需要，开办一些礼仪学校、举行短期培训，通过网络、电视、广播等传播媒介开办专题系列讲座，发挥大众传媒的示范作用，这些都是人们学习礼仪的良好途径。这样做，无疑也有助于整个社会文明程度和道德水平的提高。

2. 陶冶尊重他人的情感

在礼仪修养过程中，情感是由知到行的桥梁。陶冶尊重他人的情感就是个体要产生一种尊重他人的真挚感情，能够时时处处替他人着想，对他人始终抱有热情友好的态度。我们可能都有这样的体验：在交际活动中，如果遇到一个对人热情、诚恳的人，那么能很快与其建立起良好的关系；相反，如果碰到的是一个冷漠无情或虚情假意的人，则难以营造融洽交流

积极推进礼仪教育

的气氛。通常，一个人可以很快地了解一些礼仪方面的知识，但若缺少尊重他人的情感，那么就无法把这些礼仪完美地表现出来。因此，我们可以看出，情感比认知具有更高的稳定性，改变情感比改变认知要困难得多，陶冶尊重他人的情感是礼仪修养中十分艰巨的任务。

3. 锻炼履行礼仪的意志

要使礼仪规范变成自觉的行为，没有坚韧不拔的意志是办不到的。意志坚强的人能有效地控制自己的言行，特别是在不顺利的情况下，也能不畏困难，始终如一地按照自己的信念待人处世。

个体要将所习之礼要培养成"习"，要有意识地摒弃不合礼仪的旧习惯，养成遵从礼仪的新习性。习性是一个人的自动化的行为方式，是不需要多加思考和意志努力的行为方式，受人的性格核心层和中介层的支配与制约。一个人的行为习惯是其观念、态度的下意识表现。习性一旦形成，则具有一定的稳定性，但通过意志努力可以改变。因此，不该以"习惯成自然"为由，姑息、迁就那些不合礼仪的坏习惯，而应从思想观念上重视、加强礼仪意识，牢记坚强的意志是保证规范履行礼仪的精神力量。

4．养成遵从礼仪的行为

礼仪修养的综合结果就在于使人们养成良好的礼仪习惯，也就是把人们在交际活动中对礼仪原则和规范的遵从变成习惯性的行为。衡量礼仪修养的效果，不是看个人了解多少有关礼仪方面的知识，而是看他在交际活动中的行为是否符合礼仪规范的要求、是否能够促进交际活动的顺利进行。因此，在礼仪修养过程中，要重视自身的行为演练，进行严格的自我训练和自我改造，使自己掌握调节行为的能力，从而养成良好的行为习惯；要从一件件具体的小事做起，养成习惯；从大处着眼，从小处着手，逐渐养成习惯。

在礼仪修养过程中，知、情、意、行是相互联系、相互渗透、相互促进、缺一不可的。没有知，情就失去了理性指导，意和行就会是盲目的；没有情，就难以形成意，知就无法转化为行；没有意，行就缺乏驱动的力量，知和情也就无法落到实处；没有行，知、情、意都没有具体的表现，也就都变成了空谈。因此，在礼仪修养过程中，要坚持晓之以理、动之以情、炼之以意、守之以行。

1.4.3　培养沟通能力的途径

沟通能力的培养与礼仪修养在基本思路和逻辑上是一致的，以下就沟通能力培养的路径强调几点。

1．培养良好的沟通习惯

沟通技能的培养需要从习惯方面入手。良好的沟通习惯包括尊重对方、听取对方的意见和反馈、准确表达自己的意思、注意对身体语言的应用等。这些习惯可以通过平时的实践和反思来逐渐形成。

2．学习表达语言

沟通的主要工具是语言，因此学习表达语言非常重要。这包括提高口头表达的能力、废话少说、用简单的词汇表达复杂的概念等。不仅如此，学习书面语言也是很有必要的。本书的第4章（言谈礼仪）和第5章（通信礼仪）重点阐述这方面的沟通方法和技巧。

3．练习倾听技巧

沟通是一个双向的过程，不仅要讲自己的话，还要倾听对方的意见。练习倾听技巧可以帮助我们更好地理解对方的想法和需求。例如，保持眼神接触、不打断对方、加以回应等。

4．构建良好的人际关系

沟通是与人交往中最基本的技能之一，想要更好地掌握这项技能，需要构建良好的人际关系。要建立良好的人际关系，需要培养互相尊重、互相信任的氛围，并学会关心、照顾对方。

5．保持积极的心态

要想有效地沟通，保持积极的心态至关重要。要给出建设性的建议，而不是负面的批评或者抱怨。当人们觉得受到攻击或批评时，就会断绝联系不进行任何沟通。即使是表达忧虑或不悦时也要友善待人、振奋人心。

6．进行自我反思和总结

要提升沟通技能需要不断地自我反思和总结，检查自己在沟通中的不足和需要改进的地方，并采取有针对性的措施加以改进。

在日常学习、工作和生活中，无论是与同学、同事、家人还是陌生人沟通，都可以不断地进行实践和尝试，提高自己的沟通技能。只要在平时的沟通中多付出一些心思，把握好诉说的方式和态度，不断地加强自身的沟通技能，我们就可以成为一名良好的沟通者。

练习测试题

一、不定项选择题

1. （　　）是礼貌的表达形式，是礼仪的秩序规范。
   A. 礼节　　　　　B. 仪容　　　　　C. 仪态　　　　　D. 仪式
2. 古人云"守礼者，定知廉耻，讲道义"，这指的是礼仪的（　　）原则。
   A. 诚信　　　　　B. 尊重　　　　　C. 从俗　　　　　D. 宽容
3. 在商务交往中，关注地域文化差异，了解并尊重对方的禁忌，这符合礼仪的（　　）原则。
   A. 诚信　　　　　B. 尊重　　　　　C. 从俗　　　　　D. 宽容
4. 在仪态方面要求"步从容，立端正，揖深圆，拜恭敬"，出自（　　）。
   A. 《仪礼》　　　B. 《周礼》　　　C. 《三字经》　　　D. 《弟子规》
5. 根据沟通中信息的传播方向，沟通分为上行沟通、下行沟通和（　　）。
   A. 自我沟通　　　B. 人际沟通　　　C. 平行沟通　　　D. 内向沟通

二、判断题

1. 远古时代人们出于对大自然和神灵的崇拜，创造了各种祭祀方式和程序，形成了一整套的仪式和行为规范，这就是礼仪的起源。　　　　　　　　　　　　　　　（　　）
2. 我国古代有了成文的礼仪制度，形成了"五礼"，即吉礼、嘉礼、宾礼、军礼和凶礼。　　　　　　　　　　　　　　　　　　　　　　　　　　　　　　　　（　　）
3. 我国封建社会的礼仪内容包括国家政治的礼制和家庭伦理两类。　　　（　　）
4. 道德是礼仪的基础，是礼仪的内在灵魂，礼仪是道德的外在表现。　（　　）
5. 礼仪是一种讲究形式的例行公事，礼仪养成主要依靠学习、效仿。　（　　）
6. 商务信函写作属于非语言沟通形式。　　　　　　　　　　　　　　（　　）

三、简答题

1. 如何理解礼仪的基本内涵？如何从不同的角度来认识礼仪？
2. 古人所讲的礼仪与我们现代所讲的礼仪在内容上有何区别？
3. 请举例说明商务礼仪的功能。
4. 商务礼仪的原则有哪些？除了教材列出的原则，你还可以补充一些原则吗？
5. 沟通与礼仪有何内在联系？
6. 人际沟通的过程中可能存在哪些障碍？
7. 一个完整的人际沟通活动必须具备哪些要素？
8. 礼仪修养包括哪些内容？

9. 个人的道德修养和礼仪修养是什么关系？

10. 商务人员如何提升自身的礼仪修养？

11. 沟通能力培养的途径有哪些？

四、自我测试题

请根据自身认知，对以下内容进行选择，完成商务礼仪基本能力测试。

1. 商务活动中，男士和女士在握手和进行互相介绍时（　　）。

    A. 男士需要起立　　　　　　　　B. 女士需要起立

    C. 男士和女士都不需要起立　　　D. 男士和女士都需要起立

2. 在商务活动中，男士应该做的是（　　）。

    A. 主动伸手与女士握手　　　　　B. 当女士离开的时候，起立恭送

    C. 吃饭时为女士买单　　　　　　D. 以上都是

3. 女士在商务场合不正确的仪容仪表是（　　）。

    A. 穿着以冷色调为主的西装套裙　　B. 一只手上戴了两枚戒指

    C. 面部化了淡妆　　　　　　　　　D. 将长头发盘起来

4. 在商务活动中，较好的结识他人的方法是（　　）。

    A. 同身边的人打招呼，互相介绍，轻松聊天

    B. 让自己自信些，站在屋子的中间等对自己感兴趣的人跟自己打招呼

    C. 主动结识单独的一个人，或者主动结识一组人

    D. 跟与自己关系很好的人待在一起，不理睬其他人

5. 当你收到一封不在你职责范围内的商务邮件时，你会（　　）。

    A. 立即转发给相关负责人

    B. 转发给相关负责人，并附言说明为什么转发

    C. 当作垃圾邮件删除，并忘记此事

    D. 把邮件内容打印出来，放在复印机上，希望其他人能够处理

6. 如果一个气急败坏的客户打电话过来投诉产品或服务，你会（　　）。

    A. 马上将电话转到等待状态，然后去休息室透透气

    B. 告诉来电者打错电话了，并挂断电话

    C. 保持冷静，倾听客户的投诉，尽快帮他解决或找人帮他解决问题

    D. 冲他大喊大叫，让他安静下来，毕竟还没有人能这样跟你说话

7. 如果必须给两个人做介绍，但是你忘记了其中一个人的名字，你会（　　）。

    A. 对自己忘记了姓名的人说："我们互相认识吗"

    B. 对要介绍的双方说："你们能互相做个自我介绍吗"

    C. 什么也不说，希望他们自己进行介绍

    D. 对自己忘记了姓名的人说："总会有这样的时候，请再告诉我一次你的名字"

8. 当为客户和自己公司的总经理做商务介绍时，你会（　　）。

    A. 即兴表演　　　　　　　　　　B. 把客户介绍给公司的总经理

    C. 把公司的总经理介绍给客户　　D. 什么也不做，互相介绍是他们自己的事情

9. 当收到别人的商务礼物，你想表示特别感谢时，你会（　　）。

A. 发电子邮件，因为这是最快、最有效的方法

B. 寄出一份自己手写的感谢信

C. 在收到礼物的 72 小时内电话致谢

D. 口头感谢

10. 当你和重要的客户用餐时，有人来电，你会（　　）。

A. 两声铃声内接听，并尽快结束通话

B. 不接听，假装是别人的手机在响

C. 向一起用餐的客户表示歉意，并把手机设置成静音模式，优先考虑眼前一起用餐的人

D. 向一起用餐的人表示歉意，离开座位，到洗手间接听

计分方法如下。

每题 10 分，90 分及以上的为优秀，80 ~ 90（不含）分为良好，70 ~ 80（不含）分为一般，70 分以下为不及格。

答案：1. D　2. D　3. B　4. C　5. B　6. C　7. B　8. C　9. B　10. C

思考：根据测试，再结合自身礼仪修养的现状，分析自己欠缺哪方面的礼仪知识和技能。

案例分析题

【案例 1-1】

花 3 分钟感谢

一家公司的公关部招聘一位职员，许多人参与了角逐。公司的笔试和面试十分烦琐，几轮过后只剩下 5 个人。5 个人都优秀，都有较好的外表和学识，且都毕业于名牌大学。公司通知 5 个人，聘用谁得由经理层会议讨论决定。于是 5 个人安心地回家，等待公司最后的决定。

几天后，其中一个人的电子邮箱里收到一封信，信是公司人事部发来的，内容是："经过公司研究决定，你落聘了，但是我们欣赏你的学识、气质，因为名额所限，实是割爱之举。公司以后若有招聘名额，必会优先通知你。你所提交的材料录入计算机存档后，不日将邮寄返还于你。另外，为感谢你对本公司的信任，还随信寄来本公司产品的优惠券。祝你开心！"

这个人在收到电子邮件的那一刻知道自己落聘了，十分伤心，但又为公司的诚意所感动。两天后，她收到了寄给她的材料和一份优惠券，以及电子邮件中没有提及的带有公司标志的小饰物。她十分感动，顺手花了 3 分钟时间用电子邮件向公司发了一封简短的感谢信。

但两个星期后，她接到了那家公司的电话，说经过经理层会议讨论，她已被正式录用为该公司职员。后来，她才明白这是公司的最后一道考题。公司给其他 4 个人也发了同样的电子邮件，也送了优惠券和小饰物，但是回信感谢的人只有她一个。她能胜出，只不过因为多花了 3 分钟时间去感谢。

问题：案例中的"她"为什么能够被公司录用？案例对你有何启示？

【案例 1-2】

买地的故事

有一家叫 MC 事务所的公司想扩建厂房，他们看中了一块近郊土地意欲购买，同时有其他几家公司也想购买这块地。为购得这块土地，MC 事务所的董事长多次登门，费尽口舌，但土地的所有者——一位倔强的老太太，说什么也不卖。

一个下雪天，老太太进城购物顺便来到 MC 事务所，她本意是想让董事长死了这条心。老太太推门刚要进去，突然犹豫起来，原来屋内整齐干净，而自己的鞋沾满雪水和泥土，肮脏不堪。正当老太太欲进又退之时，一位年轻的女职员出现在老太太面前："欢迎光临！"

女职员看到老太太的窘态，马上回屋想为她找一双拖鞋，不巧的是拖鞋正好没有了。女职员便毫不犹豫地把自己的鞋脱下来，整齐地放在老人脚前，笑着说："很抱歉，请穿这个好吗？"

老太太犹豫了。女职员热情地说："别客气，请穿吧！没关系。"等老人换好鞋，女职员才问道："阿姨，请问我能为您做些什么？"

"哦，我要找董事长。"老太太说。"他在楼上，我带您去。"女职员就像扶母亲那样，小心翼翼地把老太太扶上楼。老太太在踏进董事长办公室的一瞬间改变了主意，决定把地卖给 MC 事务所。

那位老太太后来告诉董事长："在我漫长的一生里，遇到的大多数人是冷漠的。我也去过其他几家想买我地的公司，他们的接待人员没有一个像你这里的职员对我这么好，那位女职员年纪这么小，就对人这么善良、体贴，真令我感动。真的，我不缺钱花，我不是为了钱才卖地的。"

就这样，一个大企业家倾其全力交涉半年也徒劳无功的事情，竟然因为女职员有礼而亲切的举动无意促成了，真是奇妙之极。

问题：案例中体现了女职员怎样的礼仪修养？案例对你有何启示？

【案例 1-3】

一次让人难堪的接待工作

据报道，一次，某大型企业组织外地金融机构驻本省的 20 余名代表考察该企业的环境，整个考察活动是成功的。然而，给这些金融机构代表留下深刻印象的，除了该企业引进资金的迫切心情及良好的环境，还有一些令他们费解，同时也令人汗颜的片段。

在某开发区，由一个副主任负责向考察团介绍开发区的环境，活动组织者和随行记者都认为一个熟悉情况的领导一定会增强考察团的投资信心。哪知，这位副主任不知是有点紧张，还是没有做好准备，讲话结结巴巴、漏洞百出。而且，外地金融机构的代表一个个西装革履、正襟危坐，而这位副主任却穿着一件长袖衬衫，敞着领口，袖子卷得老高。

考察团在考察该企业下属的一家钢琴厂时，企业负责人介绍钢琴的质量如何好，在市场上如何抢手，其中一个原因就是他们选用的木材都是从某优质林场中专门挑选的同一个品种，而且这个品种的树木生长缓慢。一位代表随口问道："木材这么珍贵，却拿来做钢琴，环保问题怎么解决？"没想到旁边一位陪同人员说："我们这里现在正忙着吃饱饭，还没顾上搞环保。"所有听到这个回答的考察团人员当场瞠目结舌。事后，那个提问的代表对记者说："做钢琴用不了多少木头，我只是随口问问，也许他没想好就回答了。"

该企业安排考察团到一个风景区游览，山清水秀的环境的确令人心旷神怡。考察团刚下车，一位企业的接待人员却当着大家的面把一个或许是变质了的西瓜扔到了路旁。这大煞风景的举动令其他陪同人员感到无地自容。

问题：考察团的接待人员在礼仪表现上有哪些不妥之处？

【案例 1-4】

成功推销的秘诀何在

乔先生是业界有名的汽车推销员，其成功的秘诀何在？乔先生说有以下三点。

（1）树立可靠的形象。乔先生努力改变推销人员在公众心目中的形象。他总是衣着整洁、朴实谦和、脸上挂着微笑，出现在顾客的面前；而且对自己所推销产品的型号、外观、性能、价格、保养期等烂熟于心，保证对顾客有问必答。他乐于做顾客的参谋，根据顾客的财力、气质、爱好、购车用途，向他们推荐适宜的汽车，并灵活地加以比较，举出令人信服的理由来坚定顾客的购买之心，总是主动热情、认真地帮顾客挑选。年复一年，乔先生就这样用自己热情的态度，真心实意地为顾客提供周到、及时的服务，帮助顾客正确决策，与顾客自然地达成了一种相互信赖、友好合作的关系。顾客都把他当作一个值得信赖的朋友，放下了戒备，高兴地接受他的种种建议。

（2）注意感情投入。乔先生深深懂得顾客的价值，他明白推销员的工作重点就是让顾客满意，而顾客都是活生生的人，人总是有感情并且重感情的。所以，他的工作准则是："服务，服务，再服务！"他说："我坚信每个人都可能成为潜在的买主，所以我热情接待我所见到的每一个顾客，以期培养他们的购买热情。请相信，热情总是会传染的。"

乔先生感情投入的第一步是礼貌待客，与顾客以情相通。顾客一进门，他就像老朋友一样地迎接，常常不失时机地奉上坐具和饮料；顾客的每一项要求，他总是耐心倾听，尽可能做出详细的解释或示范；凡是自己能够解决的问题则立即解决，从不拖拉。在这种情况下，绝大多数顾客都不得不对是否买车做出积极的回应，否则，心中就可能产生对不起乔先生的内疚感。

乔先生感情投入的第二步是坚持永久服务。他坚信："售给某个人第一辆汽车时就是跟这个人建立长期关系之时。"他把与顾客建立长期关系作为自己工作的绝招。他坚持在汽车售出之后的几年中持续为顾客提供服务，并不允许别的竞争对手染指自己的老主顾。乔先生的种种服务使他的顾客备受感动，于是在第二次、第三次买车时自然就想到了他。据估算，乔先生每年的销售额中有近 80% 来自老顾客。有位顾客开玩笑说："除非你离开这个城市，否则你就摆脱不了乔先生这个家伙。"乔先生感动地说："这是顾客对我莫大的认可！"

（3）重复巧妙地宣传。乔先生宣传的办法不但别出心裁，而且令人信服。顾客从把订单交给乔先生时起，在每年的重要节日都会收到乔先生的一封信，而且十分准时。乔先生所用的信封很普通，但其色彩和尺寸都经常变换，以至于没有一个人知道信封里是什么内容。这样，它也就不会和免费寄赠的宣传品受到相同的对待——不拆就被收信人扔到一边。这样挖空心思地维护顾客值得吗？乔先生的回答是"太值得了"。想想他每年近 80% 的销售额来自老顾客，相信此言不虚。

然而，这么一位优秀的推销员却有一次难忘的教训。有一次，一位顾客来跟乔先生商谈买车，乔先生向他推荐了一款新型车，一切进行顺利，眼看就要成交，但对方突然决定不买了。乔先生百思不得其解，夜深了忍不住给那位顾客打电话探明原因，谁知顾客回答："今天下午你为什么不听我说话？就在签字之前，我提到我的儿子将进入名牌大学就读，我还跟你说孩子的成绩和将来的抱负，我以他为荣，可你根本没有听我说这些话！你宁愿听另一位推销员说笑话，根本不在乎我说什么！我不愿意从一个不尊重我的人手里买东西！"

通过这件事，乔先生得到了两个教训。第一，倾听顾客的话实在太重要了。自己就是由于对顾客的话置之不理，因而失去了一笔生意。第二，推销产品之前，要把自己推销出去。顾客虽然喜欢你的产品，但如果不喜欢你这个推销员，他也可能不买你的产品。

问题：

1. 乔先生的言谈举止体现了商务礼仪的哪些原则？

2. 一名成功的商务人员需要具备哪些素质和技能？列出你认为重要的 3 条，并说明理由。

实践实训题

1. 实习见面会的礼仪演练

小组讨论本章开篇引例《礼仪是第一课》，分析其中存在的礼仪问题，以该案例为素材，编写实习见面会的脚本（补充情境和人物细节）。小组人员分别扮演总经理、王秘书、导师、林晖和其他实习同学，在班上进行表演，教师和其他小组的同学进行点评。

2. 对礼仪原则和礼仪修养的理解

某公司领导开会时，下属的手机铃声此起彼伏，这位领导非常生气，于是大声说："以后请各位注意，在开会时把手机关机或设成静音状态。相信各位也都学习过商务礼仪，礼仪的学习不只是说说而已，一定要付诸实际行动。如果下次开会时，谁的手机再响，我……"领导的话还没有说完，自己的手机响起来了。

领导的脸一下就红了，尴尬得不知道说什么好。

请对上述行为进行点评。

第2章
个人形象礼仪

本章内容

◎ 仪表礼仪的原则
◎ 男士商务着装
◎ 女士商务着装
◎ 饰品佩戴的选择
◎ 仪容礼仪的基本要求
◎ 发型的选择

◎ 化妆的原则、禁忌与技法
◎ 体姿的展示
◎ 表情的运用
◎ 手势的解析和改善
◎ 风度的培养

引例：尴尬的王小姐

经理派王小姐到南方某城市参加商品交易洽谈会。王小姐认为这是领导对自己的信任，更是见世面、长本领的好机会。为了成功完成这次任务，王小姐进行了精心、细致的准备。

当各种业务准备完毕后，她开始为以什么形象参加会议才合适犯愁了。经过认真的思考，根据对商务形象的认识，她塑造的形象是：身着浅红色吊带上装和白色丝织裙裤，脚上是白色漆皮拖鞋，一头乌黑的长发飘逸地披散在肩上，浑身散发着浓郁的香水味。王小姐认为这样既能突出女性特点，清新靓丽，又很时尚。她相信自己的形象一定能赢得客商的青睐。

结果，出席会议的那天，王小姐看到参会的人们时顿感尴尬，男士个个西装革履，女士穿的都是职业装，唯独王小姐与众不同。整场会议中，王小姐神情都特别不自然。

从案例中可以看出，王小姐尴尬是因为其外在形象与所处的场合不协调。那么在商务场合，个人应该具备怎样的形象礼仪呢？如何让自己的形象优美、得体、适度呢？这些是本章要解决的问题。

良好的个人外在形象是商务人员获得成功的重要条件，它能够透射其文化修养、审美情趣等，能够体现其精神风貌及对待工作和他人的态度。因此，注重设计自身优美得体的外在形象，既是维护自己人格尊严的需要，又是尊重他人的行为规范，这对任何一个商务人员来说都是非常重要的。

个人的外在形象主要通过仪表、仪容、仪态3个方面来体现。广义的仪表，包括容貌、姿态、着装、风度等，本书特指个人在着装方面的外在表现；仪容指的是一个人的容貌，但不单纯指外貌方面，它还包括发型及人体所有未被服饰遮掩的肢体部分；仪态侧重一个人的姿态、举止和风度，也包括人的体态语言。本章从仪表礼仪、仪容礼仪、仪态礼仪3个方面对个人形象礼仪予以阐述。

2.1 仪表礼仪

仪表礼仪是指一个人的着装要与他的职业、年龄、体形和所在的场合相适应。这能让他人产生舒适的感觉，增进互相之间的好感。

2.1.1 仪表礼仪的原则

在人际交往和商务活动中，一个人的仪表与着装往往影响别人对其的印象。曾有人说："你的服装往往表明你是哪一类人。它们代表你的个性。一个和你会面的人往往自觉或不自觉地根据你的衣着来判断你的为人。"英国戏剧大师莎士比亚说："服饰往往可以表现人格。"知名学者郭沫若也说过："衣裳是文化的表现，是思想的形象，更是一个民族文化修养素质的具体化。"的确，服饰在商务交往中往往反映一个人的社会地位、身份、职业、个性特点、性格爱好、文化修养及审美品位。端庄、得体的着装是对自我的尊重，也是尊重他人的表现。用服饰为自己塑造一个美好的外在形象，在商务交往中所产生的效应是不容忽视的。商务交往中的着装应遵循以下 3 个原则。

1. TPO 原则

TPO 原则是国际上通行的着装原则，即着装要考虑时间（Time）、地点（Place）、场合（Occasion）。它要求人们在选择着装、考虑其具体款式时应当兼顾时间、地点、场合，并力求使自己的着装及其具体款式与着装的时间、地点、场合协调一致。

（1）着装的时间原则

一年有春、夏、秋、冬四季，一天有 24 小时，显而易见，在不同的时间，着装的类别、式样应有所变化。例如，冬天要穿保暖、御寒的冬装；夏天要穿吸汗、凉爽的夏装；白天穿的衣服需要面对他人，应当合身、严谨；晚上在家穿的衣服不为外人所见，可适当宽大、随意等。

（2）着装的地点原则

从地点上讲，室内或室外、闹市或乡村、国内或国外、单位或家中，在这些不同的地点，着装的款式理当有所不同，切不可以不变应万变。例如，穿泳装出现在海滨、浴场，是人们司空见惯的；但若是穿着它去上班、逛街，则显得不合时宜。

（3）着装的场合原则

着装要与所处的场合相协调，从而有助于适应自己扮演的社会角色。例如，与顾客会谈、参加正式会议等，衣着应庄重考究；出席正式宴会时，男士应穿正装，女士应穿旗袍或晚礼服；而在朋友聚会、郊游等场合，着装应轻便舒适。

着装的场合原则其实就是要充分考虑着装的目的，如为了表达自己悲伤的心情，可以穿深色、灰色的衣服等。一个人身着款式庄重的服装前去应聘求职、洽谈生意，说明他郑重其事、渴望成功；而在这类场合中，若选择款式暴露的服装，则表示他自视甚高，对求职、生意的重视远远不及其对本人的重视。

2. 整体性原则

正确的着装能起到修饰整体等作用，形成整体的和谐美。服饰整体美的构成因素是多方面的，包括人的形体、气质，服饰的款式、色彩、质地、工艺及着装环境等。

3．个性化原则

着装的个性化原则主要是指根据个人的性格、年龄、身材、气质、爱好、职业等要素，力求在外表上反映一个人的个性特征。

年长者或身份地位高的人，服装款式不宜太新潮，款式应简单且面料质地应讲究一些，这样才能与身份年龄相吻合；青少年着装应着重体现青春气息，以朴素、整洁为宜，清新、活泼更好。形体条件对服装款式的选择也有很大影响。身材矮胖、颈粗、脸圆者，宜穿深色低 V 字形领或大 U 字形领套装，不适合穿浅色、高领服装；身材瘦长、颈细长、脸长者，宜穿浅色、高领或圆形领服装；脸方者，则宜穿小圆形领或双翻领服装。

2.1.2 男士商务着装

西装是男士常见的商务服装，也是现代社交中男士较为得体的着装。国内外很多机构，包括一些大企业，规定工作人员不能穿休闲短裤、运动服上班，要求男士必须穿西服打领带，如图 2-1 所示。

一些剧院和公共场所也规定了活动参与者必须穿着西装。为了塑造良好的个人形象，男士应该学会穿西装。

图 2-1 男士西装

1．西装的选择

① 选择合适的款式。西装的款式可以分为英国款式、美国款式、欧洲款式三大流派。尽管西装在款式上有流派之分，但是各流派之间的差异并不大，只是在后开衩的部位、扣子是单排还是双排、领子的宽窄等方面有所不同。不过，在胸围、腰围、肩围上还是有变化的。因此，在选择西装时，人们要充分考虑自己的身高、体形。身材较胖的人不要选择瘦型的短西装，身材较矮者不宜穿上衣较长、肩较宽的双排扣西装。

② 选择合适的面料和颜色。西装的面料以挺括为宜。用作正式礼服的西装可采用深色（如黑色、深蓝色、深灰色等）的全毛面料制作。日常穿的西装颜色可以有变化，面料也可以不必讲究，但必须挺括。如果穿着皱巴巴的西装，会损害自己的交际形象。

③ 选择合适的衬衣。穿着西装时，要穿带领的衬衣。花衬衣配单色的西装的效果比较好，单色的衬衣配条纹或带格的西装比较合适；方格衬衣不应配条纹西装，条纹衬衣也不要配方格西装。

④ 选择合适的领带。在交际场合穿西装时应打领带，领带的颜色、花纹和款式要与所穿的西装相协调。领带的面料以真丝为优。在领带颜色的选择上，杂色西装应配单色领带，而单色西装则应配花纹领带；驼色西装应配金茶色领带，褐色西装则需配黑色领带等。

📝 **拓展阅读**

男士商务着装的 7 个原则

一、三色原则

三色原则是在国外经典商务礼仪规范中被强调的，国内知名的礼仪专家也多次强调过这一原则。简单来说，男士身上的色系不应超过 3 种，很接近的色彩视为同一种色系。

二、三一定律

鞋子、腰带、公文包三处保持一个颜色，黑色为佳。

三、三大禁忌

左袖商标要拆掉；不能穿尼龙袜，不能穿白色袜子；领带材质选择真丝，除非制服配套，否则不用免打结领带，颜色一般采用深色，短袖衬衫一般不打领带，穿夹克不能打领带。

四、有领原则

正装必须是有领的，无领的服装，如T恤、运动衫等不是正装。

五、纽扣原则

绝大部分情况下，正装应当是纽扣式的服装，拉链服装通常不能称为正装，即使某些款式比较庄重的夹克也不是正装。

六、皮带原则

男士的长裤必须是系皮带的，有弹性松紧带的运动裤不是正装，牛仔裤自然也不算正装。

七、皮鞋原则

正装离不开皮鞋，运动鞋、布鞋和拖鞋是不能搭配正装的。经典的正装皮鞋是系带式的，不过随着潮流的改变，方便实用的无带皮鞋也逐渐成为主流。

2. 男士西装的搭配

① 合体的上衣。合体的上衣应长过臀部、四周下垂，手臂伸直时上衣的袖子恰好位于腕部，领子应紧贴后脖。

穿西装应穿长袖衬衣，衬衣不要太旧，领子要挺括，外露的部分要平整干净。衬衣下摆要掖在裤子里，领子不要翻在西装外。

② 注意内衣不可过多。穿西装时切忌穿过多内衣。衬衣内除了背心之外，不要再穿其他内衣。如果确实需要再穿内衣，内衣的领圈和袖口也不要露出来。如果天气较冷，可以在衬衣外面穿上一件毛衣或毛背心，但毛衣要紧身，不要过于宽松，以免显得过于臃肿，影响穿西装的效果。

③ 打好领带。正式场合的领带以深色为宜，非正式场合的领带以浅色、艳丽为好。领带的颜色一般不宜与服装的颜色完全一样（参加吊唁活动穿黑色西装系黑色领带除外），以免给人以呆板的感觉。具体做法：一是领带底色可与西装的颜色是同色系或邻近色，但二者的深浅明暗不同，如米色西装配咖啡色领带；二是领带与西装同是暗色，但色彩形成对比，如黑色西装配暗红色领带；三是单色的西装配花领带，花领带上的其中一种颜色尽可能与西装的颜色相呼应。

领带的打法有平结法、交叉结法、双环结法、温莎结法等。

④ 裤子合体。西装的裤子要合体，要有裤线，裤长要及脚面1~2厘米。西装裤兜内不宜放重的东西。

⑤ 鞋袜整齐。穿西装时要穿皮鞋，不能穿布鞋或旅游鞋。皮鞋式样要稍保守，颜色与衣服相协调。皮鞋还应擦亮，不要蒙满灰尘。穿皮鞋时还要配上合适的袜子，袜子的颜色要比西装稍深一些，使它在皮鞋与西装之间起到过渡的作用。

⑥ 扣好扣子。西装上衣可以敞开穿，但双排扣西装上衣一般不要敞开穿。在扣西装扣子时，如果穿的是两粒扣子的西装，不要把两粒扣子都扣上，一般只扣上面一粒；如果是三

粒扣子，只扣中间一粒。

拓展阅读

西装的纽扣系法

如果穿单排一粒扣西装，扣与不扣均可。如果是单排两粒扣西装，扣子全部不扣表示随意、轻松；扣上面一粒，表示庄重；而全扣就不合适了。如果是单排三粒扣西装，扣子全部不扣表示随意、轻松；只扣中间一粒表示传统；扣上面两粒，表示庄重；全扣也是不对的。如果是双排扣西装，可全部扣，亦可只扣上面一粒，表示轻松、时髦，但不可不扣。如果穿三件套西装，则应扣好马甲上所有的扣子，外套的扣子不扣。

关于男士西装扣子的扣法还有"站时系扣，坐时解扣"的说法。男士在站立的时候，把西装扣子扣好，这样在讲话、比手势的时候，西装才不会随着肢体动作而乱跑，整体线条看起来更干净利落。在坐下时，男士应解开西装扣，如此西装才能随着身体的弧度，自然顺势而下，线条看起来才比较流畅，自己也不会有被束缚的感觉，从而舒适自在地坐在位子上。

3. 西服便装及其他服装的选择

在日常工作及非正式场合的社交活动中，男士可穿西服便装。西服便装的上下装不要求严格配套。颜色可上浅下深，面料也可以上柔下挺。可以衬衫、领带配西裤，也可以不扎领带、不穿衬衫，而穿套头衫或毛衣配西裤。

男士参加社交活动时也可穿中山装、民族服装或夹克。尤其是在国内参加活动时，如出席庆典仪式、正式宴会、领导人会见国宾等隆重活动，可穿中山装与民族服装。若穿中山装，应选择上下同色同质的深色毛料中山装，一般配黑色皮鞋。中山装要平整、挺括，裤子要有裤线。穿着时要扣好领扣、领钩、裤扣。在非正式社交场合中，男士也可穿夹克等便装。

商务男士着装的
新风潮

2.1.3 女士商务着装

国际上一般认为着装应男女有别，尤其在正式场合，一般认为女士的裤装属于便装和休闲装。因此，女士在商务场合的着装以套裙为宜。通常，套裙是西装套裙的简称。上衣是西装，下身是配套的裙子，如图2-2所示。

1. 套裙的选择

（1）面料

西装套裙的最优面料是天然材料，质地上乘，柔软、有垂坠感，不起球，不起皱。上衣、裙子、背心等应选用同一种面料。

（2）色彩

以冷色调为主，借以体现着装者的典雅、端庄与稳重气质，不宜选择太鲜亮抢眼的色彩。套裙的色彩不要超过两种，否则会显得杂乱。选择套裙色彩时要考虑肤色、体形、年龄和性格，还要考虑

图2-2 女士西装套裙

是否与环境相协调。裙装并不一定要是深色的，可以不受单一色彩的限制。如上衣与裙子可以是一种色彩，也可上深下浅或上浅下深，还可是不同的颜色，以强化给人留下的印象。但

色彩组合要庄重，要适合自己的身形与气质。

（3）图案

按照国际惯例，正式场合所穿的西装套裙可以不带图案，尽量朴素简洁。如果本人喜欢，也可选择带条纹、格子或圆点图案的套裙，但不宜有花卉、宠物、人物、文字等图案。

（4）大小

西装套裙的尺寸要求上衣不宜过长，下裙不宜过短。紧身式的上衣显得较为庄重，宽松式的上衣，看起来更加时尚。

（5）套裙款式

套裙款式的变化主要体现在上衣和裙子方面。上衣的变化主要体现在衣领方面，除常见的平驳领、驳领、一字领、圆形领之外，青果领、披肩领、燕子领也并不罕见。裙子的式样主要有两类：一类是西装裙、一步裙等，款式端庄、线条优美；另一类是百褶裙、旗袍裙、A字裙等，款式新颖、优雅漂亮。

2. 套裙的搭配及穿着礼仪

（1）穿套裙时衬衫的搭配

衬衫应轻薄柔软，基本色是白色，其他颜色只要搭配合理即可，不过不能过于鲜艳，不要有很多图案等。衬衫的款式很多，与套裙配套穿的衬衫不必过于精美，领型不必过于夸张、新奇。

（2）穿套裙时的鞋袜搭配

鞋子宜选择黑色高跟或半高跟船形皮鞋，以牛皮或羊皮质地为宜。系带式皮鞋、丁字皮鞋、皮靴、皮凉鞋等，都不宜与西装套裙搭配。

袜子为尼龙袜或羊毛袜。袜子可以是肉色、黑色、浅灰色、浅棕色等单色的。与套裙配套的皮鞋以黑色为宜。此外，也可选择与套裙色彩一致的皮鞋。但是，不要穿鲜红色、明黄色、艳绿色、浅紫色的鞋子。

穿套裙时要有意识地注意鞋、袜、裙三者之间的色彩是否协调。一般认为，鞋、裙的色彩深于或近似于袜子的色彩。穿袜子时要注意大小相宜，完好无损，不可当众脱下鞋袜，袜口不宜暴露于外。

（3）套裙应当与妆饰相协调

穿套裙时要遵循整体性原则，同时考虑妆容、配饰。其一，穿西装套裙时不可以不化妆，但又不可以化浓妆。其二，穿西装套裙时可以没有配饰，如果要佩戴配饰则以少为宜，合乎身份即可。佩戴的配饰，不应超过3种，每种不能多于两件。

（4）注意适用的场合

西装套裙与其他服装一样，也有适用的场合。着装礼仪规定：女士在正式的交际场合中，一般以穿西装套裙为好。例如，在会议、商务谈判、演讲、商务活动中，要穿西装套裙，或者类似西装套裙的职业装。

女士在出席宴会、舞会、音乐会时，可选择与此类场合相适应的礼服、时装或民族服装。

实例

着装不对，吓到客户

　　小王刚刚以优异的成绩从学校毕业。她从众多竞聘者中脱颖而出，成为一家银行的工作人员。为了熟悉银行的服务工作，领导让她先在营业厅入口处帮助客户取号。小王知道在营业厅工作是要穿制服的，可她的制服还没有发下来，该穿什么好呢？小王心想，反正没有制服，先随便穿好了。于是小王便穿了她在学校时常穿的T恤和短裙，还特意戴上了男朋友为庆祝她应聘成功送的项链和耳环，便高高兴兴地来上班了。

　　九点整，银行准时开门了，客户陆陆续续地走了进来，小王很有礼貌地和客户打招呼，但是客户都对她不理不睬。小王看到一位50岁左右的阿姨犹豫地站在取号机前，似乎不知道该取储蓄号还是理财号。小王便热情地迎上去说："阿姨您好，请问你想要办理什么业务？"阿姨抬头看了小王一眼，竟然转身朝大堂经理走了过去。大堂经理很快带着阿姨走到取号机前，帮她取了号，并说："对不起，阿姨，这位小王是我们新来的同事，我马上让她去换上工作服，让您受惊了，真是对不起！"小王很惊讶，客户竟然把自己当成了坏人。

　　后来，经理对小王说，尽管没有制服，但也不可以穿T恤和短裙来银行上班。这样的打扮是在向客户表明，自己根本不了解银行服务业形象的标准，或不愿意按照这个标准来要求自己。T恤和短裙这类休闲的服装风格与银行服务人员所体现的规范、严谨的风格相去甚远，难怪客户会把小王当成坏人。

　　第二天，小王吸取了昨天的教训，穿了一件简单朴素的白衬衫和一条深蓝色的西服裙，并将行徽别在了左胸前。这身打扮让小王从随意休闲的形象转变至端庄稳重的形象，再也没有客户拿她当"外人"了。

2.1.4 饰品佩戴的选择

　　饰品佩戴有一套规矩。佩戴饰品，既可以传达某种特定的含义，也能表现佩戴者的审美情趣和礼仪修养。

1. 饰品佩戴的原则

（1）饰品佩戴要少而精

　　选择饰品要做到恰到好处，宜锦上添花，而绝不能画蛇添足。切忌把大量饰品都佩戴到身上。饰品过多，如从头到脚，项链、手链、脚链一样不少，会形成一种夸张和奢华的形象。特别是公务人员要树立廉洁勤政、平易近人的形象，不能将自己塑造成珠光宝气、华丽奢侈的形象。一般来说，佩戴的饰品不超过3种，可以取得画龙点睛的效果。一只手一般只戴一枚戒指，戴两枚或两枚以上的戒指都是不适宜的，这不仅不会带来美感，反而会使人感觉杂乱无章。

（2）饰品佩戴要遵守成规

　　饰品通常可以传达某种信息和表达特定的含义，佩戴时要遵守约定俗成的规定。例如，戒指通常要戴于左手，戴无名指表示已经结婚或订婚，戴中指表示尚未结婚，戴食指表示无偶求爱，戴小指则表示终身不嫁或不娶。在一些西方国家，未婚女子把戒指戴在右手的中指上，修女则把戒指戴在右手的无名指上。已婚者应将手镯佩戴在左腕或双腕。

（3）饰品佩戴要注意协调

饰品佩戴应与服装相配。一般领口较低的服装必须配项链，而穿竖领上装可以不戴项链。项链色彩应与衣服颜色相协调。穿运动服或工作服时可以不戴项链和耳环。

饰品要与佩戴者的体形、年龄相配。例如，脖子粗短者，不宜戴多串式项链，而应戴长项链；宽脸、圆脸和戴眼镜的女士，少戴或不戴大耳环和圆形耳环；年轻女士可以戴一些个性、时尚的饰品；年纪较大的女士应戴一些庄重、高雅的饰品。

佩戴饰品时，应力求同色。若同时佩戴两件或两件以上饰品，应使色彩一致或与主色调一致，如选择同色系的手袋和腰带。

饰品佩戴还应遵循一年四季有别的原则。夏季以佩戴色彩鲜艳的饰品为好，冬季则以佩戴一些金、银、珍珠等饰品为好。

（4）饰品佩戴男女有别

女士的饰品丰富多样，除了服装，还包括丝巾、发卡、胸饰、手袋、手表、耳环、项链、戒指、手镯等。这些饰品，有些有实用功能，有些是纯粹的装饰品。只要使用得体，饰品都能为佩戴者增色。男士的饰品相对少些，主要是手表、皮带、领带、胸饰、领带夹等。男性公务人员一般不宜戴耳环、项链之类的饰品。

2. 饰品佩戴的技巧

下面介绍几种常见饰品的佩戴技巧。

（1）项链

项链是最早出现的饰品之一。有些项链除了具有装饰功能，还具有特殊的含义。佩戴项链必须讲究款式合适、尺寸适当，这样才可突出佩戴者的气质与个性，减少或弥补佩戴者脸型或脖子的不足，取得出人意料的装饰效果。对于一般女性来说，短项链可在视觉上使脸型变宽、脖子变粗，因而方形脸、脖子较短的女性适宜佩戴稍长些的项链，搭配领口大一点、低一点的上衣，使项链充分显露出来，这样可以使人看起来脸型较窄、脖子较长，从而增加美感。

（2）耳环

耳环又称耳坠，可以由金属、塑料、玻璃、宝石等物料制成。有些耳环是圈状的，有些耳环是垂吊式的，有些耳环是颗粒状的。佩戴耳环要特别注意与脸型的搭配。

（3）手镯

佩戴手镯时对个数没有严格限制，可以戴一只手镯，也可以戴两只、三只手镯，甚至更多只手镯。如果只戴一只手镯，应戴在左手腕上而不应戴在右手腕上；如果戴两只手镯，则可以左右手腕各戴一只手镯，或都戴在左手腕上；如果戴三只手镯，就应都戴在左手腕上，不可以一手戴一只，另一手戴两只。戴三只以上手镯的情况比较少见，即使要戴也应都戴在左手腕上。不过在此应当指出，这种不平衡应通过与所穿服装的搭配来求得和谐，否则会破坏了手镯的装饰美。如果戴手镯又戴戒指，则应当考虑两者在式样、材料、颜色等方面的协调与统一。

（4）手袋

手袋是我们日常生活中熟悉、常用的饰物。作为整体的一个重要部分，手袋的选择和花色都得花一番心思。手袋的选择应与场合、年龄、身材、身份相符合。身材高大的女性不宜用太小的包；身材较矮的女性的包不宜过大；公文包适用于女性管理人员、办事人员等；手提式手袋适用于中老年人，显得沉稳端庄；斜肩背包则适用于年轻活泼的女孩或学生。另外，选择手袋时要考虑衣服与其他佩饰的颜色，应保持一致或协调。

（5）帽子

帽子有遮阳、装饰、保暖和防护等作用，帽子的种类很多，选择亦有讲究。首先要根据脸型选择合适的帽子。圆脸戴圆顶帽，就显得脸大、帽子小，如戴宽大的鸭舌帽就比较合适。V 字形脸的人戴了鸭舌帽就显得脸部上大下小，更显瘦削，因此戴圆顶帽比较合适。国字脸的人戴所有的帽子都比较合适。其次要根据自己的身材来选择帽子。高的人的帽子宜大不宜小，否则给人头重脚轻的感觉。矮的人则适宜戴小帽子。个子高的人不宜戴高筒帽，否则给人的感觉是"又长高了"。个子矮的女性不宜戴平顶宽檐帽，否则会显得个子更矮。另外，帽子的形状和颜色等应和衣服、围巾、手套及鞋子等配套，才不会显得杂乱无章。

（6）围巾

围巾不仅具有保暖功能，更具有装饰美化的效果。佩戴围巾时应注意与其他服饰相协调。男士一般在冬季室外佩戴围巾，面料多为纯毛、人造毛织物等。而女士佩戴围巾的时间和场合较多，春夏佩戴真丝丝巾或纯棉围巾，冬季佩戴毛、棉围巾和披肩。现在围巾的变化更多了，人们还将长围巾或丝巾绑在头发上或腰间作装饰物，起到画龙点睛的作用。

（7）眼镜

眼镜既是保护眼睛的工具，又是一种装饰品。不同脸型的人佩戴合适的眼镜可改善脸部线条，给人对称、平和的感觉，以增强美感。另外佩戴墨镜时，不仅要考虑其颜色、款式、质地，还要考虑自己的脸型和肤色等。应该注意的是，在室内活动时不要戴墨镜，在室外礼仪性的活动中也不应戴墨镜。

（8）腰带

如今佩戴腰带已经成为一种时尚，特别是男士，几乎每一位男士都要在裤子上系一根腰带。腰带的作用已经延展到了实用性之外，还可作为时尚配饰。腰带的颜色、款式、粗细不仅要与整体服装和饰品相协调，更要适合佩戴者。例如，矮胖的人不宜戴宽腰带，正式场合不宜戴嬉皮风格腰带。

（9）香水

香水是一种无形的装饰品。香水有浓淡之分，浓度越低，涂抹的范围应越广。一般来说，浓香水应以点擦拭或小范围喷洒式用于脉搏跳动处，如耳后、手腕内侧、膝后。淡香水（如香露、古龙水等）因为香精浓度不是很高，不会破坏衣服纤维，可以自由地喷洒及使用，如可喷洒在脉搏跳动处、衣服内里、头发上或空气中。需要注意的是，不要在阳光能照射到的地方涂抹香水，因为酒精在阳光的暴晒下会在肌肤上留下斑点，紫外线也会使香水中的有机成分发生化学反应，引起皮肤过敏。

2.2　仪容礼仪

2.2.1　仪容礼仪的基本要求

仪容礼仪是个人基本礼仪的重要组成部分。仪容的基本含义是人的容貌，但是从礼仪学的角度说，仪容还应该包括头发、手臂和手掌等。仪容礼仪主要涉及两个方面，即仪容的干净整洁和美化修饰，前者体现了仪容的自然美，后者体现了仪容的修饰美。

仪容礼仪的基本要求如下。

① 发型得体。男性头发前不盖眉，侧不掩耳，后不及领；女性根据年龄、职业、场合的不同，要将头发梳理得当。

② 面部清爽。男性宜每日剃须修面，女性宜化淡妆。

③ 表情自然。目光平和，略带笑意。

④ 保持清洁。及时将眼屎、鼻屎、耳垢等分泌物去除；男士除了每日剃须，也应经常检查和修剪鼻毛；定期修剪指甲并保持手部洁净；特别要强调的是，干净的牙齿是仪容不可缺少的组成部分，有的人在外表上精雕细琢，装扮得引人注目，一开口讲话，却露出一口黄（黑）牙，破坏了整体美。因此，保持牙齿清洁很重要。

2.2.2　发型的选择

发型是人体自然美与修饰美的结合体现。发型很大程度上体现了一个人的精神风貌，美观的发型能给人整洁、庄重、洒脱、文雅或活泼的感觉。发型要与性别、发质、服装、身材、脸型等相匹配，还要与自己的气质、职业、身份相吻合，这样才能扬长避短、和谐统一，显现真正的美。

人们对发型的第一印象，首先在于头发的品质，即是否干净、健康和美观。为了保持头发的健康，应该每天梳理头发，并且根据自己的发质决定多久洗一次头发，一般不应超过3天。除了进行日常的保养，我们还要根据不同场合选择不同的发型。一般在正式场合，男士头发的长度不要超过7厘米，短碎发显得干净利落、自然有型，黑色的头发更能体现男性的成熟稳重、干练大方。男士在修饰头发时要做到：前发不覆额，侧发不掩耳。

女士在正式场合下应该选择整洁、干练、美观、大方的发型。在选择发卡、发带时要注意样式应庄重美观，切忌佩戴卡通、动物形象的发饰。在某些工作场合中，女士头发长度不宜超过肩部、不宜挡住眼睛。长发过肩的女士在工作场合中，可以将头发盘起来、束起来、编起来，不可以披头散发。

另外，发型应与自己的体态、年龄、脸型、职业等相匹配，具体如表2-1所示。

表2-1　不同体态、年龄、脸型、职业女士的发型选择示例

类型		发型选择建议
体态	身材苗条	宜选择头发较长的发型
	脖子短	留短发或把头发梳成向上的样式

类型		发型选择建议
年龄	年轻	可选择的发型较多，但不宜选择复杂发型
	年长	忌过分时髦的发型
脸型	鹅蛋型	适合采用中分、左右均衡的发型，可增添端庄美
	圆脸型	应避免后掠式或齐耳的内卷式，可将头发分层削剪，让脸颊旁的头发贴紧，使之盖住脸颊；或将头前部和顶部的头发吹高，给人以蓬松感
	方脸型	脸颊两侧的头发要尽量垂直，以产生紧凑感，缩小脸部的宽度
	长方脸型	可把头发梳平些，刘海儿稍长，齐眉或将眉盖住，以缩短脸部
	下宽上窄型	头前部的头发应向左、右两侧展开，以表现额部的宽度
职业	时尚前卫的职业	发型要活泼大方，以显出职业的朝气与活力
	文秘接待	应选择端庄的发型，以示职业的庄重

2.2.3 化妆的原则、禁忌与技法

容貌是个人形象的重要表现部分，它直接体现了一个人的精神气质、朝气与活力，是给对方直接而生动的第一印象。俗话说"三分长相，七分打扮"，选择符合自己气质、脸型、年龄的妆容能够让人看起来端庄靓丽，增添个人魅力和自信。在商务场合中，针对自身角色，进行必要的仪容修饰有助于取得成功。化妆是修饰仪容的方法，可以突出自身的优势和长处，有效弥补自身的缺陷和不足，这样既能增强自信，又能给他人带来美感，对商务活动可以起到锦上添花的作用。因此，在商务交往中，女士重视和掌握化妆的原则、禁忌与技法是很有必要的。

实例

百变公主

小李是一名刚刚走上工作岗位的大学毕业生，对新的职场生活充满了憧憬与期待。为了尽快地融入职场，她在家人的支持下添置了不少行头，有职业装、化妆品、配饰等，可以说应有尽有。可是每天早上上班前的化妆是令她最痛苦的事情，一是花费时间多，二是她根本不知道自己适合化什么样的妆，每次都弄得自己很尴尬。有一次她被一名男同事笑话是"百变公主"，还有一次她使用了咖啡色的眼影，吓坏了同事。她自己也很苦恼，本来想用深色眼影让自己的脸看起来立体一些，为什么却适得其反了呢？

1. 化妆的原则

化妆是对他人的尊重，是一种必要的礼节。女性在正式场合应该化妆，且只能化淡妆，妆容过浓会显得轻浮、不够端庄。化妆需要遵循以下几个原则。

① 化妆要适度。化妆意在使人变得更加美丽，因此，化妆时要注意适度矫正、修饰得法，让人妆后能够避短藏拙。化妆时不要自行其是、寻求新奇。

② 化妆要自然。"清水出芙蓉，天然去雕饰"，化妆的基本要求就是自然、生动、恰到好处。化妆的最高境界是"妆成有却无"，既没有明显的人工美化痕迹，又好似天然美丽。

自然的修饰使人的面貌真实生动，更显精神；反之，不当的妆容则会使人显得虚假而呆板，缺少真实感。

拓展阅读

《生命的化妆》

作家林清玄在《生命的化妆》这篇文章里引用一位专业化妆师的评述："化妆的最高境界可用两个字来形容，就是'自然'，最高明的化妆术，是经过非常考究的化妆，让人家看起来好像没有化过妆一样，并且这化出来的妆与主人的身份匹配，能自然表现那个人的个性与气质。次级的化妆是把人突显出来，让她醒目，引起众人的注意。拙劣的化妆是一站出来别人就发现她化了很浓的妆，而这层妆是为了掩盖自己的缺点或年龄的。最坏的一种化妆，是化过妆以后扭曲了自己的个性，又失去了五官的协调，如小眼睛的人竟化了浓眉，大脸蛋的人竟化了白脸，阔嘴的人竟化了红唇……"

③ 化妆要得法。化妆虽讲求个性化，却难以无师自通，必须通过学习方能掌握。工作时妆容宜淡，社交时妆容可稍浓，香水不宜涂在衣服上和容易出汗的地方，口红与指甲油的颜色应相同。使用的化妆品应属于同一个系列。因为每种化妆品都有不同的香味，如果混杂使用就会使香味混合，弄巧成拙。

④ 化妆要协调。高水平的化妆强调的是整体效果。所以，女性化妆时应努力使妆面协调、整体协调、身份协调、场合协调，以体现自己独具慧眼、品位不俗。

拓展阅读

化妆的协调原则

一是妆容协调，指化妆部位色彩搭配、浓淡协调，所化的妆适合脸部特点。

二是整体协调，指妆容应与发型、服装、饰物协调。例如，戴粉色的围巾时涂上粉色的唇彩就比较自然协调；如果唇彩是粉色的，衬衫的领子是蓝色的，就会显得反差太大，过渡不自然。

三是身份协调，指化妆时要考虑自己的职业特点和身份，采用不同的化妆手段和化妆品。职业人士应注意妆容要体现端庄稳重的气质。

四是场合协调，指所化的妆容要与所在场合的气氛协调一致。例如，日常办公时，妆可以化淡一些；出入宴会、舞会等场合时，妆可以化浓一些，尤其是舞会，妆可以亮丽一些；参加追悼会时，素衣淡妆，忌使用鲜艳的颜色化妆。女士在不同的场合化不同的妆，不仅会使自己内心保持平衡，也会使周围的人感到舒适。

2. 化妆的禁忌

化妆的禁忌可以总结为"六勿"，具体如下。

① 勿当众化妆。化妆，应事先完成，或在专用的化妆间进行。如果在公共场合当众化妆，则有卖弄表演之嫌，可能会招致别人的反感。

② 勿在异性面前化妆。女士一般不会在异性面前化妆，在异性面前化妆可能会使自己的形象受损。

③ 勿妨碍别人。女士如果将自己的妆化得过浓、过重，则会对他人观感产生影响。

④ 勿出现残缺妆容。妆容如果出现残缺，应及时避人补妆，如果放任不管，则有损形象。

⑤ 勿借用化妆品。借用他人化妆品尤其是口红，是极不卫生和极不礼貌的，应尽量避免。

⑥ 勿非议他人妆容。化妆是个人之事，对他人的妆容不应自以为是地加以评论。由于个人文化修养、皮肤及种族的差异，每个人对化妆的要求及审美是不一样的。不要总认为只有自己化的妆才是好的。在和他人交往的过程中，即便是好朋友，也不要主动为别人化妆、改妆及修饰。

3．化妆的技法

女士化妆应以突出五官中最美的部分并且掩盖不足或弥补缺陷为目的。如参加商务晚宴，则可通过浓妆塑造华丽高贵的形象；如上班，则适宜化淡妆，以塑造自然、大方、优美的形象。那么，商务人员如何通过化妆有效地塑造美的形象呢？其关键就是要掌握化妆的技法（见表 2-2）。

表 2-2　女士面部化妆的技法

前提条件	护肤	护肤十大要诀：一是洁面，切勿不卸妆便睡觉；二是每天喝足量的白开水；三是少吃煎炸食物；四是吃足量的新鲜蔬菜；五是不吸烟；六是经常清洗化妆棉和化妆刷；七是不借用他人的化妆品；八是尽量用非油性的化妆品；九是保证充足的睡眠；十是做有效的运动
化妆的重点	眉毛	修饰眉毛可衬托眼睛，改善脸型。眉毛修饰后的标准是：眉头在鼻翼与内眼角的延长线上；眉毛最高处在鼻翼与眼珠正中的延长线上，大约在眉毛长度的 2/3 处；眉尾在鼻翼与外眼角的延长线上；眉头与眉尾在同一水平线上。修饰方法是握住眉笔顺着眉毛的自然形状一根根描画，画眉尾时稍向下倾斜
		不同的脸型要配以不同的眉形，如长脸型，描画出一字眉较合适；圆脸型宜画上扬眉型，以拉长脸部；宽脸型，宜拉近眉头间的距离；窄脸型，要适当拉开眉头间的距离
	眼睛	如果眼睛过高，应强调下眼线；如果眼睛过低，应强调上眼线及眼尾部分；两眼间距若过宽，用眉笔加画眉头，眼头处应用深色眼影加以修饰；两眼间距若过窄，可拔除一些眉头处的眉毛，并用眼影强调眼尾；下垂的眼睛应强调上眼尾，向上画眼线，并加强眼影；上扬的眼睛要使用色调温和、适度的眼影强调下眼尾，使之平衡
	唇部	唇部是面部最灵活的部分，俗话说："眼取其神，唇取其色。"口红颜色应与服饰颜色相匹配
		化唇妆，先勾画唇线，可用唇刷，也可用唇线笔；再画嘴唇的轮廓，由嘴唇中央向上以弧线画出唇峰，再向嘴角延伸，要一气呵成，左右两边的唇线应对称；画下嘴唇线，应由左右两侧向中间描画，然后张开嘴画嘴角轮廓，上下嘴唇的连接应自然、清晰；最后用唇刷蘸取唇膏或直接用唇膏均匀地涂满整个嘴唇，注意不能超出唇线

实例

某公司关于女性仪容的标准

整体：整齐清洁，自然，大方得体，精神奕奕，充满活力。

头发：头发整齐、清洁，不得披头散发。短发前不及眉、旁不及耳、后不及衣领；长发刘海儿不过眉，过肩要扎起（使用公司统一发夹，用发网网住，夹于脑后），不得使用夸张的发夹。

耳饰：只可戴小耳环（无坠），颜色不艳丽。

面貌：精神饱满，表情自然，化淡妆，不用有浓烈气味的化妆品，不可用颜色夸张的口红、眼影。

手：不留长指甲，指甲长度以不超过指尖为标准；不准涂有色指甲油，手部保持清洁；除手表外，手上不允许佩戴任何首饰。

衣服：合身、无褶皱、清洁、无油污，工牌佩戴于左胸处；长衣袖、裤管不能卷起，夏装衬衣的下摆须扎进裙内；若佩戴项链，饰物不得露于制服外。

鞋：穿公司统一配发的布鞋，保持清洁、无破损，不得趿着鞋走路。

袜子：袜子无勾丝、无破损，只可穿无花、净色的丝袜。

身体：勤洗澡，无体味，不使用气味浓烈的香水。

2.3 仪态礼仪

仪态，又称体态，是指人的身体姿态和风度。姿态是身体所表现的样子，风度则是内在气质的外在表现。人的举手投足、一颦一笑，并不是偶然的、随意的，这些行为举止自成体系，像有声语言那样具有一定的规律，并具有传情达意的功能。人们可以通过自己的仪态向他人展现自身的学识与修养，并交流思想、表达感情。英国哲学家培根说："在美的方面，相貌的美高于色泽的美，而秀雅合适的动作又高于相貌的美。"在社交中，仪态是极其重要、有效的交际工具，它用一种无声的语言向人们展示道德品质、学识、文化品位等。用优雅的仪态礼仪表情达意，往往比语言更让人感到真实、生动。所以，我们在商务交往中应举止优雅，产生仪态美。

2.3.1 体姿的展示

1. 站姿

俗话说"站如松"，一个人的站姿可以较好地展示其精神状态。男士的站姿如劲松，具有刚毅英武、稳重有力的阳刚之美；女士的站姿如静松，具有轻盈典雅、亭亭玉立的阴柔之美。正确的站姿是自信的表现，会给人留下美好的印象，如图2-3所示。

（1）标准的站姿

标准的站姿的要领是：一要平，即头平正、双肩平、两眼平视；二要直，即腰直、腿直，后脑勺、背、臀、脚后跟成一条直线；三要高，即重心上移，看起来显高。

（2）不同场合的站姿

在升国旗、奏国歌、接受奖章、接受接见等庄严的场合，应采取严格的标准站姿，而且神情要严肃。在发表演说、公开发言时，为了减少身体对腿的压力，减轻由较长时间站立造成的双腿的疲倦，可以用双手支撑在讲台上，双腿轮流放松。主持文艺活动、联欢会时，站立时应双腿并拢，女士可

图2-3 站姿

以站成丁字步，让站立姿势更加优美。门迎等服务人员往往站的时间很长，可以平分腿站立，双腿间的距离不宜超过肩宽。双手可以前握垂放于腹前，也可以背后交叉，右手放到左手的掌背上，但要注意收腹。礼仪小姐的站姿，要比门迎等服务人员更美观，一般可采取立正的姿势或丁字步。如双手端、执物品时，上臂应靠近身体两侧，但不必夹紧，下颌微收，面带微笑，给人以优美亲切的感觉。

（3）不良的站姿

不良的站姿主要有以下几类。

① 身躯歪斜。在站立时，若是身躯出现明显的歪斜，将直接破坏人体的线条美，而且还会给人颓废消沉、萎靡不振、自由放纵的直观感受。

② 弯腰驼背。弯腰驼背其实是身躯歪斜的一种特殊表现。除腰部弯曲、背部弓起之外，大多会伴有颈部弯缩、胸部凹陷、腹部凸出、臀部撅起等其他不雅体态。凡此种种，都会显得一个人健康欠佳、无精打采。

③ 趴伏倚靠。在工作岗位上，要确保自己站有站相。站立时，随随便便地趴在一个地方，伏在某处左顾右盼，倚着墙壁、货架而立，靠在桌边，或者前趴后靠、自由散漫，都是极不雅观的。

④ 腿位不雅。应切记：站立时双腿分开的幅度，在一般情况下越小越好，双腿并拢最佳；即使分开，也要注意不可使双腿之间的距离超过本人的肩宽。另外，双腿扭在一起、双腿弯曲等姿势也应避免。

⑤ 脚位欠妥。在正常情况下，双脚站立时呈现 V 字式、Y 字式（丁字步）、平行式等脚位。注意，采用人字式、蹬踏式和独脚式，则是不允许的。所谓人字式，指的是站立时两脚脚尖靠在一起，而脚后跟大幅度地分开，这种脚位又叫"内八字"。所谓蹬踏式，是指站立时为了舒服，在一只脚站在地上的同时，将另一只脚踏在椅面上、蹬在窗台上、放在桌面上等。独脚式即一只脚抬起，另一只脚落地。

⑥ 手位不当。站立时，不当的手位主要有：一是将手插在衣服的口袋内；二是将双手抱在胸前；三是将双手抱在脑后；四是将双手支于某处；五是用双手托住下巴；六是手持私人物品。

2. 坐姿

端庄优美的坐姿给人以文雅、稳重、大方的美感，会给人留下良好的印象。所谓"坐如钟"，就是指坐着时要像钟一样端庄沉稳。

（1）标准的坐姿

① 落座要轻、动作要缓，不论坐椅子还是坐沙发，不要坐满。坐定后双膝并拢或微微分开，双脚自然着地，正视对方，面带微笑。女士就座时，可以双腿并拢，以斜放一侧为宜，双脚可稍有前后之差。穿裙子的女士，落座时应用手把裙子稍稍向前拢一下，既防止裙子起皱，又能表现优雅的风度。

② 离座时缓慢轻稳，不能猛起猛出，不能发出声响；离座时要先将右脚向后收半步，然后起立，起立后右脚与左脚并齐，再从容移步；自左离座，坚持"左入左出"；应等身份高者先离座，若身份同等可同时离座。

③ 通常情况下，与他人谈话时，可把双手轻搭在腿上，但不可手心朝上；也可双手相

交放在腿上。标准的坐姿如图 2-4 所示。

（2）不同场合的坐姿

谈判、会谈的场合一般比较严肃，要正襟危坐，但不可过于僵硬。要求上身挺直，端坐于椅子中部，注意不要让全身的重量只落于臀部，双手放在桌上、腿上均可。双脚的摆放与标准坐姿中的一致。倾听他人教导时，对方若是长者、尊者、贵客，除了要端正坐姿，还应坐在座椅、沙发的前半部或边缘，身体稍向前倾，表现一种谦虚、重视对方的态度。在比较轻松、随意的非正式场合，可以坐得轻松、自然些，全身肌肉可适当放松，还可不时变换坐姿。

图 2-4　标准的坐姿

（3）不良的坐姿

以下坐姿均是不良坐姿。

① 动作幅度过大、过急。在入座过程中，节奏太快、动作不稳，易给人留下做事潦草、忙乱的不良印象；离座时出现急、快的情况，易产生发出声响、碰倒座椅等问题，也会影响个人形象。

② 坐姿不端正。上身放松，半坐半躺在座椅上，或者完全瘫坐在座椅上；上身在坐立的过程中不停地晃动、左右歪斜、前仰后合；双手放脑后，或抱膝盖，或夹在双腿之间。

③ 双腿姿态不规范。两腿过度分开；腿不停抖动；双腿重叠，一条腿跷起（俗称"二郎腿"）；双脚没有平放在地面上，脚尖翘起；用脚蹬踏别的物体。

3. 走姿

走姿也称步态，是指一个人在行走过程中的姿势。它以人的站姿为基础，是站姿的延续。走姿体现的是一种动态美，能直接反映一个人的精神面貌，表现一个人的风度。有良好走姿的人会显得年轻有活力。所谓"行如风"，就是指行走时动作连贯、从容稳健。步幅、步速要根据出行的目的、环境和身份等因素而定。协调和韵律感是步态的基本要求。

（1）标准的走姿

上身基本保持站立姿势，挺胸收腹，腰背笔直；双臂以身体为中心，前后自然摆动，前摆约 35°，后摆约 15°，手心朝向身体；起步时身体稍向前倾，重心落于前脚掌，膝关节伸直；脚向正前方伸出，如图 2-5 所示。

（2）不同场合的走姿

图 2-5　走姿

喜庆场合，步态应轻盈、欢快；悲伤场合，步态应缓慢、沉重；参观展览，步态应轻柔；进入办公场所、登门拜访客户，步态应轻而稳；迎接外宾，步态应稳健、节奏稍缓；办事往来于各部门之间，步态应快而稳重；陪同参观，应照顾来宾行走速度，并善于引路。

（3）不良的走姿

不良的走姿主要包括含胸驼背行走、东张西望行走、双手插兜行走、S 形曲线行走等。

4. 蹲姿

俗话说"蹲要雅"，蹲姿是人在低处取物、拾物、整理物品、整理鞋袜时所呈现的姿势，

它是人体静态美与动态美的结合。蹲姿要动作美观、姿势优雅，如图 2-6 所示。

（1）标准的蹲姿

下蹲时一只脚在前，一只脚在后，向下蹲，前脚掌全着地，一条腿的小腿基本平行于地面，后脚脚后跟不着地，脚尖着地。女士下蹲时双腿应并拢，男士则可适度地分开。臀部向下，基本上以后腿支撑身体。

（2）不同场合的蹲姿

蹲姿是特殊情况下采用的暂时性体姿，如集体合影时前排需要蹲下时、捡拾地上物品时等。

图 2-6　蹲姿

（3）不良的蹲姿

弯腰捡拾物品时，双腿分开、臀部向后撅起是不雅的姿态；双腿分开平行下蹲，其姿态也不优雅。

2.3.2　表情的运用

美国心理学家坦普尔（Temple）在其《推销员如何了解顾客心理》一文中说："假如顾客的眼睛朝下看，脸转向一边，表示你被拒绝了；假如他的嘴唇放松，笑容自然，下颌向前，则可能会考虑你的提议；假如他注视你的眼睛几秒，显出微笑，笑得很轻松，而且很热情，这项买卖就做成了。"由此可见，面部表情在传情达意方面有重要的作用。面部表情是丰富且复杂的体态语言的一个重要方面，它包括脸色的变化、肌肉的收缩，以及眉、鼻、嘴等的动作。

1. 眼神

孟子曰："胸中正，则眸子瞭焉；胸中不正，则眸子眊焉。"一个人的眼神可以表现他的喜、怒、哀、乐，反映他的心灵。最容易表现情感、最难掩饰情感的，不是语言，不是动作，也不是态度，而是眼神。言语、动作、态度都可以伪装，而眼神是无法伪装的。

人们内心深层次的情感，首先反映在视线上，视线的移动方向、集中程度等都表达不同的心理状态。例如，一般而言，人们总是凝视自己喜欢的人，又回避对方的目光；遇到自己不喜欢或感到不舒服的人时，会把目光挪向别处；遇到麻烦，人们总是习惯性地垂下眼皮；有信心的人往往正视对方。

行为科学家断言，只有当你同他人眼对眼的时候，也就是说，只有在相互注视时，彼此的沟通关系才能建立。在沟通中，保持目光接触是十分重要的，甚至有的地区对目光接触的重视远远高于语言沟通。

加拿大社会心理学家杜勒斯曾于 1978 年做过一个实验，他将若干法律系的大学生分成两组，通过电视观看一个虚构的法律调查。两组学生所看到的证人和证词是完全一样的，不同的是第一组学生看到的是证人在作证时，眼睛正视前方；第二组学生看到的是证人在作证时，眼神总是躲闪。事后，第一组的学生都认为证人的证词是可信的，而第二组的学生则大多数都对证词的可信性提出了怀疑。

另外，对目光的运用与不同国家的文化背景也有一定联系。大多数来自英语国家的人在谈话中会使用更多的目光交流。与对方讲话时，或听对方讲话时，要看着对方，否则会被视为对话题没兴趣、心里有鬼不敢正视，或过于羞怯等。就算是地位不等的两个人之间对话时也是如此。

一般来讲，在人际沟通中，目光要朝向对方，适度地注视对方的脸和眼，不要仰视天上，不要俯视地面，也不要不停地眨眼或者斜视对方。而且，注视时既不要一动不动地直视，也不要眼珠乱转。否则，前者会让人感到滑稽可笑，后者会让人觉得莫名其妙。

拓展阅读

曾国藩的识人术

某日，李鸿章带了3个人去拜见曾国藩，请曾国藩给他们分配职务。恰巧曾国藩散步去了，李鸿章示意那3个人在外厅等着，自己则走到里面等候。不久，曾国藩散步回来了，李鸿章禀明来意，请曾国藩来考察那3个人。曾国藩摇手笑言："不必了，面向厅门、站在左边的那位是个忠厚人，办事小心谨慎，让人放心，可派他做后勤供应一类的工作；站在中间的那位是个阳奉阴违、两面三刀的人，不值得信任，只宜分派一些无足轻重的工作，担不得大任；站在右边的那位是个将才，可独当一面，将大有作为，应予重用。"

李鸿章很是惊奇，问："还没有用他们，您是如何看出来的呢？"

曾国藩笑着说："刚才散步回来，在厅外见到这3个人，走过他们身边的时候，站在左边的那位态度温顺、目光低垂、拘谨有余、小心翼翼，可见是小心谨慎之人，因此适合做后勤供应一类只需要踏实肯干、不需要多少开创精神的事情。站在中间的那位，表面上恭恭敬敬，可等我走后，手下人就告诉我他左顾右盼、神色不端，可见是个阳奉阴违、投机取巧的狡猾之辈，断不可重用。站在右边的那位，始终挺拔而立、气宇轩昂、目光凛冽、不卑不亢，是大将之才，将来成就不在你我之下。"

曾国藩所指的那位大将之才，便是日后立下赫赫战功的淮军勇将刘铭传。

2. 眉毛

眉毛也可以传递非语言信息。例如，和一个老朋友见面，你可以不用语言问候，也不用手势招呼，而可以仅仅挑一下眉毛进行示意。研究表明，人们可以运用眉毛来传递多种不同的信息，而且一些眉毛的运动被认为是世界各地人们所共有的，像紧锁眉头表示焦虑、眉毛扬起表示惊讶等。

俗话说"眉目传情"。眉和目总是连在一起来传递信息的。以"目""眼""眉"构成的词语是很多的，如"眉来眼去""眉开眼笑""挤眉弄眼""横眉冷目"等。眉毛的运动有助于眼神的传递。如果你眯起眼睛、眉毛稍稍向下，那表示你可能已陷入沉思；当你眉毛扬起时，那表示你可能在怀疑，也可能是心情激动。

3. 微笑

微笑是面部表情的基本形式，是不显著、不出声的笑。微笑是待人诚恳、友好的表现，是有文化、有风度、有涵养、懂礼仪的体现。它表示的是友好、愉悦、欢迎、赞赏等含义，微笑有时也可以用来表示歉意、拒绝和否定。

（1）微笑的价值

在非语言沟通中，微笑是一种很常见但很有效的沟通方式，微笑对他人有心理学上所谓的移情的效果。俗语说"笑有传染性"。微笑的作用是巨大、多方面的。善于交际的人在人际交往中的第一个行动就是面带微笑。微笑能够使沟通在轻松的氛围中展开，可以消除由陌生、紧张带来的障碍。同时，微笑也显示你的信心，让你能够通过良好的沟通达到预定的目标。真诚的微笑有助于与他人建立良好的关系。

微笑是友好和善意的标志，是一种令人感觉愉快的面部表情，它可以缩短人与人之间的心理距离，为深入沟通与交往创造温馨和谐的氛围。在大多数情况下，人们有一种共同的期待：希望看到笑脸。这种自觉或不自觉的心理期待，是想从微笑中获取友好和充满善意的信息。

微笑是宽容大度的表现。微笑可以缓和气氛、化解矛盾，从而摆脱困境。微笑不是畏惧、退缩，而是宽容大度的写照。微笑作为无声语言，有时其含义是鲜明的，有时其含义却是含蓄的，甚至是神秘的，令人捉摸不透。笑而不语，不置可否，使对方不得不进行种种推测，这无声的语言，似表态又无明确态度，可以达到巧妙回避的目的。

总之，微笑是人际交往的润滑剂，是人们相互沟通、相互理解、建立感情的重要手段。英国诗人雪莱曾经说："笑是仁爱的象征、快乐的源泉、亲近别人的媒介。有了笑，人类的感情就沟通了。"正因如此，一些行业的服务规范中都列出了微笑服务的要求。

实例

高铁公司用软件检测员工微笑

为提高服务质量，某高铁公司近日出现了一个与众不同的监管员——微笑警察，这个监管员会每天对员工的面部进行扫描。微笑警察是公司新引进的一款微笑检测软件，能根据面部特征、嘴唇弧度以及眼部运动引起的皱纹给出微笑分析。在扫描面部后，这款软件就会估算出一个人最大的微笑程度，分为 0～100 级。如果检测到一个低于标准的微笑，一系列的微笑提示信息就会出现在计算机屏幕上，如"你看起来还是太严肃了""提起你的嘴角"等。

公司要求500多名员工使用这款软件，每天开始工作前检测自己的笑脸，并将笑脸打印出来，用这张微笑照片提醒自己一整天都要保持良好的微笑状态。

（2）微笑的技巧

在商务交往和职场沟通中，我们应该清楚地认识到微笑对处理客户、上下级关系的重要性。如果你想让微笑成为传递友好感情的使者，那么应发自内心地微笑。为了赢得客户的好感和顺利处理上下级关系，就要让他们在潜意识里了解你内心的感情，而不是你简单的表情。要做到发自内心的微笑，我们可以从以下几个方面来训练和改善。

① 微笑要真诚自然。但凡令人心动的微笑，无不透露着真诚的情感、自然的神韵。一个与人为善的人，一个尊重他人、关心他人的人，一个古道热肠的人，他的微笑是发自内心的，代表的是友善、愉快和热情，会让对方产生轻松愉快和可信的感觉。而虚情假意地笑，只会给人以做作的印象，甚至会招人反感。

② 微笑要适度得体。微笑有不可忽视的作用，但又不能总是笑。不论对象、场合时时处处地微笑，只会适得其反，弄巧成拙。要使微笑适度、得体，我们需要有自我克制的能力。

心情愉快时容易露出笑脸，心情不好时就绷着脸，把微笑抛到脑后，这怎能达到与人沟通的目的呢？遇到挫折时我们仍能真诚地微笑，才可贵。多想些美好的事情，多为他人着想，对工作、生活充满信心，我们的笑容就会更灿烂、更自然。

③ 要适度地训练。对着镜子练习微笑，使双颊肌肉用力向上抬，嘴里念"一"字音，用力抬高嘴角，注意下唇不要过分用力。普通话中的"茄子""田七""前"等字词的发音也可以辅助微笑口型的训练。注意以下几个技巧：第一，调整自己的嘴型，注意嘴部与面部其他部位和眼神的协调，做使自己最满意的微笑表情，离开镜子时也能保持；第二，采用情绪记忆法，即将生活中令自己最高兴的事情储存在记忆中，在练习微笑时，可以想想那件使自己开心的事，从而自然而然地流露出笑容；第三，练习微笑前要忘掉自我和一切烦恼，让心中充满爱意；第四，训练时可以配上优美的音乐，放松心情，以减轻单调、疲劳之感。

2.3.3 手势的解析和改善

演员、政治家和演说家会通过训练使自己有意识地利用一些手势来加强语气，除此之外，在一般的人际沟通过程中，许多手势都是下意识做出的。例如，当说话者激动的时候，手臂的快速动作可以强调正说着的话。利用肩部、手臂、腿和脚表示的姿势也很丰富，尽管常常只起辅助的作用，但手势也可被有意识地用来代替说话。例如，把食指放在嘴唇前是要求大家安静。又如，当争论很激烈时，有人为了使大家情绪稳定下来，做出两手掌心向下按的动作，意思是"镇静下来，不要为这点小事争执了"。

可以说，手势是人们在交谈中用得较多的一种行为语言。手势可以用来表示强调，或者代替说话，它在传递信息、表达意图和情感方面发挥着重要作用，它在人际交往中是不可缺少的。

有趣的"OK"手势

1. 手势的解析

如果你是个细心的人，你会发现手势有很多种。不同的手势也表达不同的意思。下面列出了一些常见的手势。

① 手掌的手势。说话时伸出并摊开双手，表示态度诚恳、言行一致；掌心向上的手势，表示友好、谦虚、不带任何威胁性；掌心向下的手势，表示控制、压抑、压制，带有强制性，会使人产生抵触情绪。

② 手指的手势。用手指敲打桌面，或胡乱比画，表示对对方的话题不感兴趣、不赞同或不耐烦；两手手指并拢放置于胸脯前上方呈尖塔状，表明充满信心；手与手重叠放在胸腹部的位置，是谦虚、矜持或略带不安的表现；挠头，说明犹豫不决，感到为难；搓手，表示对结束交谈的急切期待；食指伸出，其余手指紧握，呈指点状，表示教训、镇压，带有很大威胁性；手握成拳头，表示想向对方挑战或紧张。

③ 手臂的手势。站立交谈时，若对方手臂交叉放在胸前，表示戒备、敌意和无兴趣；倒背双手，同时身体重心在分开的双腿中间，意味着对方充满自信和愿意合作；若背手时身体做稍息状，则意味着戒备、敌意、不愿合作、傲慢甚至蔑视。

④ 握手的手势。若对方用力握手，表明此人好动、热情，凡事比较主动；手掌朝下握手，表示想取得主动、优势或支配地位；手掌朝上握手的人性格软弱，处于被动、劣势或受人支配的状态；用两只手握住对方一只手并上下摆动，往往表示热烈欢迎、真诚感谢或有求

于人。

2．手势的运用

手势活动的范围，有上、中、下 3 个区域，此外，还有内区和外区之分。肩部以上称为上区，多用来表示愉悦、激昂等情感，表达积极肯定的意思；肩部至腰部称为中区，多表达比较平静的情绪，一般不带有浓厚的感情色彩；腰部以下称为下区，多表现不屑、厌烦、反对、失望等，表达消极否定的意思。

根据手势运用的目的和情境，人的手势可以分为以下 4 种。

① 情意性手势。情意性手势主要用于表达带有强烈感情色彩的内容，其表现方式极为丰富，感染力极强。例如说"我非常爱她"时，用双手做捧胸状，以表达真情。

② 象征性手势。象征性手势主要用来表示一些比较复杂的感情和抽象的概念，从而引起对方的思考和联想。例如，右手五指并齐然后手臂向前方正直伸出这个手势在战斗中表示冲锋。

③ 指示性手势。指示性手势主要用于指示具体事物或数量，其特点是动作简单、表达单一，一般不带感情色彩。例如，当讲到自己时，用手指向自己。

④ 形象性手势。形象性手势的主要作用是模拟事物的形状，以引起对方的联想，给人一种具体明确的印象。例如，说到高山，手向上伸；讲到大海，手平伸外展。

3．改善手势的技巧

沟通时运用手势是为使话语和说话的人显得更加生动活泼，提升话语表达的效果，以更加明确地表达意图。一般来说，手势运用需要注意以下几点。

（1）手势动作要自然得体

手势动作应做到上不超肩 10 厘米、下不过腰 10 厘米，上臂不贴紧身体抱于胸前或小腹前，同时避免双臂或双脚的交叉动作，避免夸张、矫揉造作、单调和呆板的手势。

（2）手势的使用目的要明确

手势要与身体姿势、眼神、表情及口头语言协调一致。在发表演讲时，配合具有鼓动性的手势，可以激发听众的情绪；在侃侃而谈时，加上富有感染力和说服力的手势，也可以起到渲染气氛、把对方带入角色的作用，使其有身临其境的感觉。

（3）手势不要过多

手势过多会给人轻浮的感觉，而且容易分散对方的注意力。

（4）避免消极的手势

消极的手势主要是指抠鼻子、揉眼睛、挠痒痒、捋胡须、理头发、手插裤兜、玩弄衣扣等。另外，在与人交谈时，用手指对对方指指点点也是极不礼貌的。

（5）注意不同文化背景下手势含义的差异

受地域、文化、种族的影响，不同文化背景下的手势也存在许多差异，它们具有独特的文化内涵。因此，在国际交流和跨文化沟通中，要理解不同文化背景下手势的意义，避免误用手势，减少文化矛盾和冲突，确保沟通和交际活动的顺利进行。

拓展阅读

身体语言传递的信息更真实

研究表明，手势、表情、体姿等身体语言，作为非语言沟通的主要形式，在人际沟通中具有重要作用，主要体现在以下两个方面。

① 身体语言能够提供比口头语言和书面语言更丰富的信息。这是因为人类语言所传达的意思大多数在理性层面，经过理性加工所表达出来的语言会把所要表达的大部分，甚至绝大部分信息隐藏起来。而非语言的身体动作常常比语言更能表现人的态度与情感。在表达情感、显示态度和表现气质等方面，非语言沟通所传达的信息往往更准确、内容更丰富，效果也更理想。

② 非语言沟通能更真实地提供人们情感和态度的信息。语言是经过思考和选择，有意识地表达出来的。因此，有些人经常出现口是心非的情形。非语言沟通在很大程度上是无意识的，因而也能更真实地反映人们的情感和态度。人们的非语言行为是一种自然而然的感情流露。人们的姿态动作、面部表情、目光都传达了他们的情感和情绪。从这些非语言行为中得到的关于对方是否愉快、悲哀、恐惧、愤怒和感兴趣的信息，甚至比从语言沟通中所得到的信息更真实、更可靠。

也就是说，不仅人的动作、姿势、表情等传递着丰富的信息，而且，通过这些信号所传递的信息往往比通过语言信号所传递的信息更真实。也正因为如此，在信息传递的过程中，通过不同信号所释放出来的信息就可能存在某些矛盾，从而对沟通者产生不利影响。鉴于此，沟通者就不仅要善于观察理解不同的非语言信号所传递的信息的含义，结合听和读所获得的信息来做出判断，而且要努力保持自身通过不同信号（说、写和做）所传递的信息的一致性。

2.3.4 风度的培养

风度是社交活动中给人深刻印象的内在潜质的综合反映，风度不但是人的一种性格特征的表现，还是人的一种内在涵养的表现。风度是一个人的姿态、举止、言谈、作风等表现出来的美。这种美既是一种外在美，又是一个人内心美的自然流露，也就是内在美和外在美的和谐统一。因此我们既要重视妆容、服饰与姿态的美，更要看重内在的修养，何况外在仪表本身就折射出个人内在的气质。

1. 风度的培养重在内在气质的优化

气质不佳者，难有好的风度。内在气质的优化靠平时修养、陶冶而成，因而有气质的人在日常生活中会不经意地显露风度。可以说，人的气质和风度就体现在其言谈得体、举止端庄、行为文明等基本素养上，而这些素养渗透在人们生活、工作的方方面面。

拓展阅读

曹操的气质风度

据《世说新语》记载，曹操个子较矮，一次匈奴来使，应由曹操接见。可是，曹操怕使者见自己矮而看不起自己，于是请大臣崔琰冒充自己，曹操则持刀扮成卫士站在崔琰的旁边观察使者。崔琰"眉目疏朗，须长四尺，甚有威重"。接见后，曹操派人去探听使者的反应，使者说："魏王雅望非常；然床头捉刀人，此乃英雄也。"曹操具有高度的政治、军事、文化素养，因此，他的风度并不因他身材矮小而受到影响，也不因他扮成地位低下的卫士而被掩盖。

2. 风度的培养离不开良好的德、才、学识

良好的文化素养、脱俗的思想境界、渊博的学识、精深独到的思辨能力，是构成风度美的重要内在因素。拥有宽宏的气度与气量是自古以来君子的特点；知识丰富且善于辞令，时而妙语连珠，时而幽默风趣，也是君子的风范。风度可通过言谈举止和服饰等转换为外在的形式。如鲁迅有"横眉冷对"的铮铮铁骨，其高尚的道德修养与高超的学识造就了卓然的风度。

3. 风度的培养应注意经常训练

培养风度首先要对自己的气质、性格、经历、知识和文化程度，乃至身材、面容等条件有自知之明。我们既不能听之任之，对自己毫无要求，以"本色""自然"自夸；也不能乞求过高、操之过急，以致矫揉造作，生硬别扭，或东施效颦，欲美反丑。而应该审度自己，科学地进行自我设计，持久地实践、训练，这样才能养成风度。例如，根据自身特点坚持训练站姿、坐姿、走姿、言谈举止，在各种场合、环境下都能运用自如、从容自信，风度也随之而来。正如一位艺术家所言："只有你自己才能识别自己的长处和魅力。它也许是你的低回浅笑，也许是你的开怀畅谈，也许是你的亲切和蔼。它可能是你对生活乐趣的领悟，也可能是你的沉静安详。不管你那特有的吸引力是什么，它都会因为魅力的技术因素而得到加强。"

拓展阅读

杜绝人际交往中的冒失行为和不良举止

行为冒失的人，往往目中无人，以自我为中心，不考虑自己的行为是否会对他人造成影响。行为冒失的人的行为特征是手脚太"快"、动作太"硬"、幅度太"大"。有些人是手脚冒失，如在庄重肃穆的场合，冒失的人往往会窜来窜去；他会随便摸展览会上的展品；进别人的房间时，往往忘了敲门；经常将物品损坏。有些人是语言冒失，他们常常不看对象、不分场合、不讲分寸，结果常常闹出笑话或得罪人。例如，初次相识，冒失的人便会向对方提出一些不恰当的问题或要求，连别人是否结了婚都没搞清楚，便贸然问人家的孩子是男孩还是女孩等。有人认为这是性格粗犷、豪爽仗义，其实不然，这些冒失的行为正表现了其在礼仪方面的修养很不到位。

日常生活和交往中的一些不良举止也是需要每个人关注和避免的。例如，在公共场合大声说话，随便吐痰，乱扔垃圾，当众搔痒，当众嚼口香糖，当众挖鼻孔、掏耳朵，当众挠头皮，在公共场合抖腿，当众打哈欠，等等。这些举止不仅不符合社交礼仪，也是不文明的表现。

练习测试题

一、不定项选择题

1. TPO原则是国际上通行的着装原则，即着装要考虑（　　）。

A. 时间　　　　B. 地点　　　　C. 颜色　　　　D. 场合

2. 男士在正式的交际场合穿西装时应该打领带，在领带颜色的选择上，单色西装则应配（　　　）。

    A. 同一颜色的单色领带   B. 花纹领带

    C. 颜色鲜艳的领带   D. 任何颜色的领带

3. 关于女士在正式场合所穿的西装套裙，以下表述正确的有（　　　）。

    A. 面料应是天然材料，质地上乘，而且上衣、裙子、背心等应选用同一种面料

    B. 以暖色调为主，以体现着装者的热情、端庄气质

    C. 正式场合所穿的西装套裙可以不带图案，朴素简洁

    D. 西装套裙上不宜有花卉、宠物、人物、文字等图案

4. 关于女士饰品的佩戴，以下表述正确的有（　　　）。

    A. 一只手一般只戴一枚戒指，戴两枚或两枚戒指以上都是不适宜的

    B. 一只手可以戴两只或两只以上的手镯、手链

    C. 戒指通常要戴于左手，戴无名指表示已经结婚或订婚

    D. 一般领口较低的服饰必须配项链，而竖领上装可以不戴项链

5. 关于女士化妆，下列属于禁忌的行为有（　　　）。

    A. 在办公室当众化妆   B. 在异性面前化妆

    C. 借用他人的口红   D. 出现残缺妆容

6. 沟通时运用手势可以提升话语表达的效果，更加明确地表达意图。下列手势中属于消极手势的有（　　　）。

    A. 揉眼睛   B. 理头发

    C. 手插裤兜   D. 用手指对对方指指点点

二、判断题

1. 出席正式宴会时，男士和女士应穿西服套装，以显庄重。　　　　　　　　（　　　）

2. 身材瘦长、颈细长、脸长者，宜穿浅色、高领或圆形领服装。　　　　　（　　　）

3. 三色原则就是男士身上着装的色系不应超过 3 种，很接近的色彩视为同一种色系。　　　　　　　　　　　　　　　　　　　　　　　　　　　　　（　　　）

4. 男士正装必须是有领的，无领的服装，如 T 恤、运动衫一类不能称为正装。　　　　　　　　　　　　　　　　　　　　　　　　　　　　　　　（　　　）

5. 领带系好后，下端应触及腰带，超过腰带或不及腰带都不符合要求。　（　　　）

6. 在扣西装扣子时，如果穿的是两粒扣子的西装，一般只扣下面一粒；如果是三粒扣子的，只扣中间一粒。　　　　　　　　　　　　　　　　　　　　　　（　　　）

7. 佩戴的饰品不超过 3 种，可以取得画龙点睛的效果。　　　　　　　　（　　　）

8. 男士在修饰头发时要做到前发不覆额，侧发不掩耳。　　　　　　　　（　　　）

9. 女性在正式场合中应该化妆，且只能化淡妆。　　　　　　　　　　　（　　　）

10. 通过身体语言信号所传递的信息往往比通过语言信号所传递的信息更真实。（　　　）

三、简答题

1. 仪表、仪容、仪态各自的含义是什么？有何联系和区别？

2. 着装应遵循哪些原则？

3. 男士西装的穿着和搭配要注意哪些问题？列举你认为非常重要的 5 条。

4. 女士西装套裙的穿着和搭配要注意哪些问题？列举你认为非常重要的 5 条。

5. 在商务场合，饰品佩戴应遵循哪些原则？

6. 请根据周围同学的脸型、体形和个性特点，给他们在服饰上提些合理的建议。

7. 请根据本章中的视频资料，简述领带的不同打法。

8. 仪容礼仪的基本要求有哪些？

9. 如何根据脸型来选择发型？你觉得你的脸型适合哪种发型？

10. 化妆时需要遵循哪些原则？有哪些禁忌？

11. 有人说化妆的最高境界是"妆成有却无"，你如何理解这句话？

12. 根据你的观察，列出职场员工在仪容和服饰礼仪方面容易出现的 5 个问题。

13. 假如你是一名即将毕业的大学生，准备去参加招聘面试，为了更好地展示自己良好的形象，能从众多的应聘者中脱颖而出，在服装搭配和仪容修饰方面，你该如何准备？

14. 正确的站、走、坐、蹲姿有哪些明确要求？

15. 为什么说身体语言信号所传递的信息往往比语言信号所传递的信息更真实？

16. 结合自己的实际，你认为应如何改善自己的微笑和手势？

17. 结合自己的实际，你认为应如何培养自己的风度？

四、连线题

把左列的身体语言和右列的意义表达用线条进行连接。

说话时捂上嘴	优越感
小腿抖动	疑惑
考试时不自觉地把铅笔放到嘴里咬	紧张或有所期待
双手叉腰	紧张不安
揉眼睛或捏耳朵	挑战或不服气
紧握拳头	意志坚决或愤怒
背着双手	说话没把握或撒谎
搓手	需要更多的信息，焦虑

五、自我测试题

1. 男士仪容仪表自我检测

作为男性职业人士，请每天出门前对照表 2-3 仔细审视自己，看看自己哪些方面需要改进。在校大学生也可以参照该表进行自我检测，以养成良好的习惯。

检测项目符合要求的，在"符合要求"一列打"√"；不符合要求的，在"符合要求"一列打"×"，并在最右边的一列中填写实际的整改情况。

表 2-3　男士仪容仪表自我检测表

检测项目		符合要求	整改情况
头发	发型大方，不怪异。头发干净整洁，长短适宜。无浓重气味，无头屑，无过多的发胶、发乳		

续表

	检测项目	符合要求	整改情况
面部	鬓角及胡须已剃净，鼻毛不外露		
	脸部清洁滋润		
	耳部清洁干净，耳毛不外露		
手部	手部清洁，指甲干净整洁		
服装	衬衣领口整洁，纽扣已扣好		
	领带平整、端正		
	衣、裤袋口平整。衬衣袖口清洁，长短适宜		
	衣服上没有脱落的头发和头屑		
	裤子熨烫平整，裤缝折痕清晰。裤腿长及鞋面。拉链已拉好		
鞋袜	鞋底与鞋面都很干净，鞋跟无破损，鞋面已擦亮		
	袜子与鞋同为深色，袜底无破洞		

2. 女士仪容仪表自我检测

作为女性职业人士，请每天出门前对照表2-4仔细审视自己，看看自己哪些方面需要改进。在校大学生也可以参照该表进行自我检测，以养成良好的习惯。

检测项目符合要求的，在符合要求一列打"√"；不符合要求的，在符合要求一列打"×"，并在最右边的一列中填写实际的整改情况。

表2-4 女士仪容仪表自我检测表

	检测项目	符合要求	整改情况
头发	头发保持干净整洁，自然有光泽，无过多发胶；发型大方、高雅、得体、干练，前发以不遮眼、遮脸为宜		
面部	化淡妆：眼亮、粉薄、眉轻、唇浅红		
手部	指甲精心修理过，不太长，不太怪，不太艳		
服装	服饰端庄：不太薄、不太透、不太露		
	领口干净，衬衣领口不过于复杂和花哨		
	衣袋中只放小而薄的物品，衣装不走样		
	衣裤或裙子的表面无明显的内衣轮廓		
	裙子长短、松紧适宜。拉链拉好，裙缝位正		
	衣服上没有脱落的头发和头皮屑		
饰品	饰品不过于夸张和突出，款式精致、材质优良，耳环小巧、项链精细，走动时安静无声		
	公司标志佩戴在要求的位置，私人饰品不与之争夺别人的注意力		
鞋袜	鞋洁净，款式大方简洁，没有过多装饰与色彩，鞋跟不太高、不太尖		
	丝袜无破洞、无修补痕迹		

第 2 章　个人形象礼仪

案例分析题

【案例2-1】

酒店里的遭遇

　　黄先生与两位好友来到某知名酒店小聚，接待他们的是一位五官清秀的服务员。她的接待工作做得很好，可是人却面无血色，显得无精打采。黄先生看到她就觉得心情欠佳，仔细察看后才发现，这位服务员没有化工作淡妆，因此在酒店昏黄的灯光下显得病态十足。上菜时，黄先生突然看到传菜员涂的指甲油缺了一块，他的第一反应就是"不知是不是掉到我的菜里了"。

　　但为了不惊扰其他客人用餐，黄先生没有将他的怀疑说出来。用餐结束后，黄先生叫柜台内的服务员结账，而服务员却一直对着反光玻璃墙修饰自己的妆容，丝毫没注意到客人的需要。自此以后，黄先生再也没有去过这家酒店。

　　问题： 这家酒店的服务人员在礼仪方面存在哪些问题？

【案例2-2】

自尊心严重受挫的记者

　　说起穿衣礼仪，有一段让小张至今无法忘记的尴尬经历，从某种程度上来讲甚至是屈辱的。

　　小张刚进杂志社不久，领导安排小张去采访一位某民营企业的女总裁。听说这是一位既能干又极有魅力的女性，对工作一丝不苟，极其享受生活，最关键的是，即使再忙，她也不会忽视身边美好的东西。她对时尚非常敏感，对自己的衣着和礼仪要求极高。这样的女性会让很多人产生兴趣，还未见到她，仅仅是听人介绍，小张就已经开始崇拜她了，所以小张非常高兴能由自己来做这个专访，事先小张做了大量的准备工作，多次修改了采访提纲，内心激动。那几天，小张始终处于兴奋状态，到了采访当天，穿什么衣服却让小张犯了愁。要面对这样一位重量级人物，尤其还是位时尚女性，小张当然不能太落伍了。

　　小张从来就不是个会打扮的女孩，因为工作和性格的关系，平时穿衣都是怎么舒服、方便就怎么穿。时尚杂志倒也看，但也只是凑热闹而已，现在，小张还真不知道应该穿什么衣服才能让自己在这样一位女性面前显得更时尚些。终于小张在杂志上看到一张女孩穿吊带装的图片，那清纯可人的形象打动了小张，于是小张迫不及待地开始模仿起来。那天采访，小张穿了一件紧身小吊带、一条热裤（虽然小张的腿看起来有点粗壮），梳了个在家乡极其流行的发髻，兴冲冲地直奔采访目的地。

　　当小张站在该公司前台说明自己的身份和来意时，小张明显看到了前台小姐那不屑的眼神，小张再三说明身份，并拿出工作证来，她才勉强带小张进了总裁的办公室。眼前的这位女性，高挑的身材、优雅的举止、得体的穿着，让小张怎么看怎么舒服。虽然小张不是很精通衣着，但在这样的场合，面对这样的采访对象，小张突然感觉自己穿得就像个小丑，来时的兴奋和自信全没了。还好，因为采访提纲准备得还算充分，整个采访过程还比较顺利。

　　采访结束前小张问她，在日常生活中，她是如何理解和诠释时尚、品位和魅力的。她告诉小张："女人的品位和魅力来自内心，没有内涵的女人，是散发不出个人魅力的，也无法凸显品位。而时尚不等同于名牌、昂贵和时髦，它是一种适合与得体。"说完这话，她微笑着看着小张。此时，小张的眼睛看到的只有自己那两条粗壮的腿，小张心里纳闷：这腿为什么会长得如此结实，做热裤的老板一定很赚钱，因为太省布料……小张感觉自己无法正视她，采访结束后，小张逃离了她的办公室。

问题：

1. 为何案例中的记者的自尊心严重受挫？
2. 本案例对你有哪些启示？

【案例 2-3】

一场木炭交易谈判中的礼仪与服饰

某年夏天，S市木炭公司（以下简称"S厂"）经理尹女士到F市金属硅厂（以下简称"F厂"）就木炭的供货合同进行谈判。S厂是生产木炭的专业厂商，一直想扩大市场，因此对这次谈判很重视。会面那天，尹经理脸上的粉底打得较厚，使涂着腮红的脸尤显白嫩，她戴着垂吊式的耳环、金项链，右手戴着两个指环、一个钻戒，穿着大黄衬衫。F厂销售科的王经理和业务员小李接待了尹经理。王经理穿着布质夹克衫、劳动布的裤子，皮鞋不仅显旧，还蒙着车间的硅灰。尹经理与王经理在会议室见面时，互相握手致意，王经理伸出大手握着尹经理白净的小手，但马上就收回了，并抬手检查手上情况。原来尹经理右手上戴的钻戒、指环扎到了王经理的手。看着王经理收回的手，尹经理眼中掠过一丝冷淡。

双方就供货及价格进行了谈判，F厂想独占S厂的木炭供应，以加强自己的竞争力，而S厂提出了最低订货量及预付款的条件作为滚动资金的要求。王经理对最低订货量及预付款条件表示同意，但在"量"上与尹经理分歧很大。尹经理为了不空手而回，提出暂不讨论独家供应问题，预付款也可放一放，等于双方各退一步，先谈眼下的供货合同问题。王经理询问业务员小李的意见，小李没应声。原来他一直在观察研究尹经理的服饰和妆容，尹经理在等小李回话时，却发现小李在观察自己，不禁一阵脸红。但小李随后没提具体合同条件，只是将F厂的"一揽子交易条件"介绍了一遍。尹经理对此未做出积极响应。于是小李提出，若要依单订货，他们可能要货比三家，愿先听S厂的报价，依价下单。尹经理一看事情复杂了，心里着急，加上天热，汗珠顺着脸颊淌下来，汗水将粉底冲出了一条小沟，使原来白嫩的脸变花了。

见状，王经理说道："尹经理别着急。若贵方价格能灵活些，我方可以先试订一批货，也让你回去有个交代。"尹经理说："为了长远合作，我们可以在这笔交易上让步，但还请贵方多考虑我厂的要求。"双方就第一笔订单达成了交易，并同意继续研究"一揽子交易条件"存在的分歧，择期再谈。

问题：

结合案例，分析谈判双方在商务礼仪和服饰上有什么不妥之处。

1. 体姿与面部表情训练

（1）站姿训练

站姿训练可采用以下方法。

① 对镜练习。在他人的帮助下，或自己对着镜子进行训练，便于纠正不良姿势；在找准标准站姿的感觉后，再坚持每次 20 分钟左右的训练。

② 靠墙站立练习。脚后跟、小腿、臀部、双肩、后脑勺都要紧贴墙壁。每次训练控制在 20~30 分钟。

③ 头顶书练习。把书放在头顶，为使书不掉下来，头、躯干挺直，保持平衡。这种训练方法可以纠正低头、仰脸、晃头及左顾右盼等不良习惯。每次训练控制在 20~30 分钟。

④ 背靠背练习。两人一组，背靠背站立，将两人的后脑勺、双肩、臀部、小腿肚、脚后跟紧靠在一起。可以在两人的双肩、小腿肚相靠的地方，各夹放一张卡片，训练中不能让其滑落或掉下。

（2）走姿、坐姿和蹲姿的训练

为保持走姿的平稳性，可使用书本作为工具辅助练习。在行进中将一本厚度适中的书放在头顶中心，躯干挺直，保持平衡。这种训练方法可以纠正不良姿势，如身体左右摇摆、头部晃动等。走路时要摆动髋关节，而不是膝关节，步伐才能轻盈。每次训练控制在 20 分钟左右，可以配合音乐进行练习，音乐可采用慢速和中速节奏。这种训练方法不仅可以起到控制情绪的作用，同时可培养动作的韵律感和表现力。

当行走姿势基本正确后，按照本章前面所述的坐姿、蹲姿标准进行坐姿、蹲姿训练。

（3）微笑训练

日本微笑训练法被日本媒体称为"微笑瑜伽"，其不用借助任何工具，随时随地都可以做。训练步骤：①面对镜子，用上排牙齿咬住下唇；②将上唇用力往上拉起，直到露出牙龈为止；③将嘴角用力提起，直到脸颊肌肉颤抖；④用力睁大双眼，保持 2 分钟。

以上的步骤重复做 8 次，总共耗时十几分钟。这样做的主要目的就是放松、舒缓脸部肌肉。当要牵动嘴角进行微笑的时候，肌肉不会因过于紧绷而呈现不自然、尴尬的表情。跟着上述步骤练习，比较前后的笑容差别。

同时，还要结合本章前面所述的微笑技巧进行反复训练。

2. 体态与面部表情展示

请数位同学依次走上台，教师和其他同学对其站、走、坐、蹲等体态和微笑表情进行总结评价，指出不足之处。

3. 个人礼仪的观察和分析

观察你周围的人，分析他们哪些服饰、妆容和言谈举止符合礼仪要求，哪些不符合礼仪要求。列出其表现，并分析原因。

4. 提交个人形象整体设计方案书

如果你所在的学院将举行首届校园形象礼仪大赛，你准备参加大赛。请为自己撰写一份个人形象整体设计方案书。

5. 化妆实践

作为女士，你能用 15 分钟时间给自己化一个漂亮的工作妆吗？学习化妆方法和技巧，并实际操作，如果结果不令你满意，要继续实践，反复练习，直到取得满意效果为止。

第3章
商务交往礼仪

本章内容

- ◎ 商务会面的称谓、介绍、握手、名片礼仪
- ◎ 商务拜访的准备和礼仪
- ◎ 商务接待的原则、准备和程序
- ◎ 商务接待的方位礼仪
- ◎ 会客、会谈的座次礼仪
- ◎ 乘车礼仪
- ◎ 馈赠的原则和礼仪
- ◎ 受礼和拒礼的礼仪

引例：王秘书的失礼

正大公司的王秘书在一次隆重的公司庆典活动上，担任介绍领导的工作。

王秘书用右手的食指指着正大公司的总经理说："这位是我们公司的总经理。"接着，他又用手指指着其他几位嘉宾说："那位是天达公司的总裁，坐在他旁边的是天达公司的副总裁。还有这位，他是××管理局局长。"说完这些，王秘书接着说道："下面，让我们以热烈的掌声欢迎各位领导的光临！"

会议结束后，公司领导通知王秘书，让他回去好好学习介绍礼仪。

显然，王秘书在介绍来宾时违反了商务交往的基本礼仪。那么，在商务会面、拜访、接待等活动中，我们应该掌握哪些礼仪原则和技巧呢？本章将予以阐述。

3.1 会面礼仪

会面礼仪有一整套规范。掌握了会面礼仪，将有助于你打开社交之门。毕竟会面是正式交往的开始，开好这个头至关重要。

会面是人与人交往的开始，初次见面时恰当的礼节是商务人员给交往对象留下良好的第一印象的重要因素，是商务活动取得成功的重要保证。在正式的商务交往中，会面礼仪主要包括称谓礼仪、介绍礼仪、握手礼仪、名片礼仪。

3.1.1 称谓礼仪

称谓，就是对他人的称呼，是人们在交谈中所使用的、用以表示彼此身份与关系的名称。在商务交往中，选择正确、恰当的称呼既可以反映对方身份、性别、社会地位、双方之间的亲疏关系等，又可以体现自身的良好教养和对他人的尊敬。因此，我们不可随便乱用称呼，更不能与人交往却不用称呼，违反上述做法是极其无礼的，也是一个人缺乏教养的表现。

拓展阅读

该怎么称呼

刚大学毕业的李梅进入一家公司，主管带她熟悉工作环境，并将她介绍给部门的同事。她非常恭敬地称对方为老师，大多数同事都欣然接受了。主管带她到一位同事面前，并告诉她，以后由这位同事带她熟悉业务，当李梅恭敬地称对方为老师时，这位同事却对她说："以后大家都是同事，别那么客气，直接叫我的名字就行了。"李梅一时很尴尬，因为她觉得直接叫名字不尊敬，不知道该怎么称呼对方才比较合适。

职场上，过分亲昵和过分生疏的称呼都不妥。新员工初来乍到，不能想当然地称呼对方，若难以把握如何称呼，可以先询问对方该怎么称呼。通常情况下，对方都会告知新同事可以如何称呼自己。案例中，对方要求李梅直呼姓名，显然是客气话，新员工还是不要直呼老员工姓名。

1. 得体称谓的基本要求

恰当得体的称谓，不仅会使对方如沐春风，而且容易拉近谈话双方之间的距离，成为进一步交往的奠基石。那么，怎样称呼他人才是得体、恰当的呢？

（1）合乎顺序

从礼仪的角度来讲，礼仪是讲究次序的。见面打招呼时的标准做法是，地位低的人首先跟地位高的人打招呼。例如，晚辈跟长辈打招呼；社交场合，男士向女士打招呼；家里来了客人，主人向客人打招呼。

如果与多人见面打招呼，称呼对方应遵循先上级后下级、先长辈后晚辈、先女士后男士、先疏后亲的顺序。例如，秘书人员见到对方公司的经理和秘书同时来到本公司，应当先称呼对方公司的经理，再称呼对方公司的秘书。

（2）合乎场合

称呼要适应场合和环境的需要。在公务场合的称呼要庄重、正式、规范，即使是关系亲密的人，到了正式场合就应按正规的称呼行事。例如一对夫妻，在公司妻子是下级、丈夫是上级，那么在工作场合就不能叫"老公""老婆"，这样不但有损领导的威信，也会让他人感觉其工作态度不够端正。再如一对关系非常好的朋友，一个是上级、一个是下级，在正式场合，不能像私底下那样称兄道弟，互叫小名。生活中，正式场合与非正式场合的称呼是有区别的。

（3）合乎身份

称呼不仅要合乎自己的身份，还要合乎对方的身份。要考虑对方的年龄、性别、职位、职务，还要考虑自己与对方的关系。年长者对年幼者的称呼要体现关爱，而年幼者对年长者的称呼要体现尊敬。因此，一般年纪较大、职务较高、辈分较大的人常称呼年纪较轻、职务较低、辈分较小的人的姓名。相反，年纪较小、职务较低、辈分较小的人直呼年纪较大、职务较高、辈分较大的人的姓名是没有礼貌的。

2. 工作中的称谓

（1）职务称谓

职务称谓，即用对方的行政职务来称呼对方。这种称呼给对方以受尊重、受重视的感觉，同时还能起到提醒对方所承担责任的作用。职务称谓有几种情况：一是仅称职务，如"经理""部长""校长"等；二是在职务的前面加上姓氏，如"张经理""李部长""杨校长"等；三是在职务的前面加上其姓名，如"张山经理""李梅部长""杨雷校长"等。另外，现在流行的"老板"一词，已由过去对私营企业所有者的称呼发展到今天的各行各业。

（2）职称称谓

职称称谓，即用对方的技术职称来称呼对方。不过，这一称呼方式多适用于高级职称者，较少适用于中级、初级职称者。如以教授称呼对方比较常见，但以助教称呼对方就很少见了。职称称谓也有几种情况：一是仅称职称，如"教授""编审""工程师"；二是在职称前面加上姓氏，如"张教授""李编审""杨工程师"；三是在职称的前面加上姓名，如"张山教授""李梅编审""杨雷工程师"。

（3）职业称谓

职业称谓，即以对方从事的职业来称呼对方，带有尊重对方职业和劳动之意。职业称谓也可以分为3种情况：仅称职业、在职业前面带上姓、在职业前面加上姓名，如"医生""杨医生""杨雷医生"等。对文艺界、教育界人士称"老师"，其前可带姓氏。有时实在不知应如何称呼对方时，可用"老师"这一称呼，尤其在文艺界更显得尊敬有礼。

切忌用鄙称去称呼对方，如"开车的""当兵的""唱戏的"等，如此称呼他人是极其不礼貌的。

如果不知道对方从事的职业，可以用"先生""小姐""女士"一类可广泛使用的尊称称呼他人，尤其是在公司、宾馆、商店等场所。"师傅"一词大多用来称呼工、商、戏剧行业传授技艺的人，现在多用在非知识界。不过在我国北方地区，不认识的人都可以互称"师傅"。

（4）学衔称谓

学衔称谓多用来称博士，称硕士和学士的不多。学衔称谓可以增强对方的权威性。使用学衔称谓时可以仅称呼学衔，如"博士"；也可以在学衔前面加姓氏，如"李博士"；还可以在学衔前面加姓名，如"李梅博士"；甚至还可以将学衔具体标明，如"经济学博士李梅"。

以上介绍了在工作场合常用的称谓方式。其实不同性质的单位，在称谓问题上也是有差异的。在有西方文化背景的企业，领导与员工之间的称呼相对灵活一些，员工可以直呼领导的名字，这并不是失礼的行为，因为他们觉得这样的称呼可以起到缓解办公室紧张气氛、建立良好人际关系的作用。在国有企业、日资企业、韩资企业，称呼上大多比较循规蹈矩，尽量不要使用亲昵的或不正式的称呼。在政府机关和一些行政色彩较浓厚的事业单位，就更要严格按照对方的身份来称呼，不可忘记对方的职务。当然，现在各企业的人事情况越来越复杂，管理人员之间的流动也越来越频繁，所以在称呼对方之前，应先观察一下对方的喜好和性格，新员工可多向老员工请教，这样才不至于因称呼不当引起他人的反感。

3.1.2 介绍礼仪

在商务交往中初次见面时，你不认识我，我也不认识你，你不了解我，我也不了解你，因此人们往往需要先向交往对象说明自己的具体情况，即做自我介绍。介绍是会面礼仪中的重要环节，是人与人相识的基本方式。介绍可分为自我介绍和介绍他人。

1. 自我介绍的礼仪

面对听众进行自我介绍，应既简明扼要，又有特色，利用首因效应，给对方留下一个良好的第一印象。自我介绍时应注意以下几点。

（1）态度自然大方、充满信心

一般人对有自信心的人，容易产生好感。相反，如果你在自我介绍时胆怯、紧张、不敢抬头、目光斜视等，可能会使对方对你有所保留，使彼此之间的沟通产生阻碍。不过，也不要走向另一个极端，即在自我介绍时，自吹自擂、夸大其词，这也容易引起他人的反感。因此，在进行自我介绍时，用语一般要留有余地，"很、极、非常、特别、第一"等字词要慎用，"工作能力特别强""非常优秀"等说法，自己还是不说为妙，留待别人评价，效果往往会更好。

（2）根据时机与场合，把握介绍的深度

若只是简单的应酬，介绍姓名和工作单位就可以；若是向他人推荐自己，可以在报出自己的姓名及工作单位后，简要介绍自己的专业、个人特点或爱好等。在工作场合中的介绍，则重点介绍自己供职的单位、部门、担任的职务或从事的具体工作。例如，"您好，很高兴认识您！我叫杨雷，是××广告公司营销部的经理。"

（3）巧用名字介绍技巧，加深对方对自己名字的印象

自我介绍时，精彩的名字介绍能让别人记忆深刻。因此，在介绍自己名字时可以适当使用技巧或方法，如采用适当的自嘲或幽默介绍法，常常会收到意想不到的效果。例如，"我叫鲁星，'山东的明星'""我叫苏丹晓，不是苏丹红，前两个字都一样，只是最后一个字是'拂晓'的'晓'"。总之，介绍名字有多种技巧，要想诠释得好，需要多多琢磨。每个人都可以不断挖掘让他人记住自己名字的最佳方式。

商务人员应当预先设计在不同场合自我介绍的内容，做到表达简练、清晰、真实、流畅，并对着镜子反复练习，直到自己认为满意为止。

实例

自嘲式的自我介绍

相声大师马三立有一段有名的自我介绍："我叫马三立。就是马啊，剩三条腿还立着呢——马三立！三立，立起来，被人打倒；立起来，又被人打倒；最后，又立起来了。"

主持人凌峰在一次晚会上这样介绍自己："在下凌峰。我是以长得难看出名的。两年多来，我在大江南北走了一趟，拍摄《八千里路云和月》，所到之处，观众给予了我们很多支持，尤其男观众对我的印象特别好。因为他们认为本人长相很中国——中国五千年的苦难和沧桑都写在我的脸上。一般来说，女观众对我的长相的感觉就不太良好，

有的女观众对我的长相已经达到忍无可忍的地步！她们认为，我是人比黄花瘦、脸比煤球黑……"

从自己的名字或者长相中寻找特点、亮点，与众不同、标新立异地予以介绍，常会收到意料之外的效果。

2. 介绍他人的礼仪

介绍他人又称介绍第三人。从礼仪上讲，介绍他人时重要的是被介绍者的先后顺序。也就是说，在介绍他人时，介绍者应当先介绍谁、后介绍谁是需要特别注意的。

根据礼仪规范，在介绍他人时，应遵循"尊者优先了解情况"的原则。具体来说，就是做到：介绍不同地位的人时，应先把地位低的人介绍给地位高的人；介绍不同辈分的人时，应先把晚辈介绍给长辈；介绍不同性别的人时，一般应先把男士介绍给女士；介绍亲疏不同的人时，应先把与自己关系亲密的家人（即使是地位更高者）、要好的朋友等，介绍给客人或关系一般的人；介绍先到者与后来者认识时，先介绍后来者，后介绍先到者。

在具体交往中，我们应根据具体情况灵活运用这些原则。例如，当男士位高权重而女士为年轻晚辈时，则应先把女士介绍给男士，即"性别顺序"要让位于"地位顺序"。又如进行集体介绍时，可按座次进行介绍，也可从贵宾开始介绍。

在介绍时，被介绍者如果与对方是平级或地位较低者，一般应起立、微笑、握手致意，并说"您好""幸会""久仰"之类的客套话。如果在谈判桌或宴会桌上进行介绍，则被介绍的双方不必起立，只需微笑点头即可，介绍后可说些客套话。

3.1.3 握手礼仪

握手在许多国家已经成为一种常见的见面问候礼节。握手是一种无声的动作语言，得体的握手能够传递热情、欢迎、鼓励、友好等多种信息；不得体的握手则会传递厌烦、轻视等信息，甚至可能会引发双方的矛盾。握手礼仪如图 3-1 所示。

图3-1 握手礼仪

拓展阅读

握手的起源

握手源于西方人类半野蛮半文明时期，在战争或狩猎时，人们经常拿着石块或棍棒等作为防御武器。他们遇见陌生人时，如果大家都无恶意，就要放下手中的东西，并伸开手掌让对方摸摸手心，表示自己手中没有藏匿武器，以证实自己的友善。这种习惯逐渐演变成今天见面和告辞时的握手礼节。现如今，握手已成为社交中十分普遍的一种礼节。

① 顺序。握手的顺序与介绍他人的顺序一样，应遵循"尊者优先"的原则，也就是尊者先伸手。男女之间，男方要等女方伸手后才能伸手；宾主之间，主人应先向客人伸手；长幼之间，年幼的要等年长的先伸手；上下级之间，下级要等上级先伸手。

② 时间。握手的时间以两三秒为佳。握手时间太短会让人觉得没有诚意，而握手时间过长则会引起别人的反感。当然，如果为了合影留念，可以较长时间握手。

③ 力度。握手时的力度要恰到好处，不同场合中的握手，力度应有所区别。久未谋面的老朋友之间握手，可以紧紧相握，以示亲切喜悦之情；商务谈判时握手，应强有力，以示合作的诚意，若力度不够，则会给人底气不足之感；同女士和长者握手时，不宜太过用力，若给对方造成疼痛感，则会显得非常失礼。

④ 态度。在握手过程中应伴随着微笑和寒暄，同时双眼注视对方，不要面无表情、沉默不语。例如，对远道而来的客人，可以说"旅途辛苦""欢迎光临"之类的话；对第一次认识的朋友可以说"幸会""很高兴认识你"等话语；在送别对方的时候应祝福其"一路顺风"。

⑤ 姿势。握手的标准方式是行至距握手对象 1 米处，双腿伸直，上身略向前倾，伸出右手，四指并拢，拇指张开与对方相握，握手时上下稍晃动三四次，随即松开手。

⑥ 禁忌。4 种不当的握手方式如图 3-2 所示。握手时不要戴着手套或墨镜，女士在社交场合戴着的晚礼服手套除外；不要将另外一只手插在衣兜里，否则会显得不够尊重；不要将对方的手拉过来推过去，或者上下左右不停晃动；多人握手时，不宜交叉握手；握手时不宜发表长篇大论，或点头哈腰，过分客套，以免让对方感到不自在、不舒服；不要在与人握手之后，立刻擦拭自己的手掌，否则会让人有被嫌弃之感。

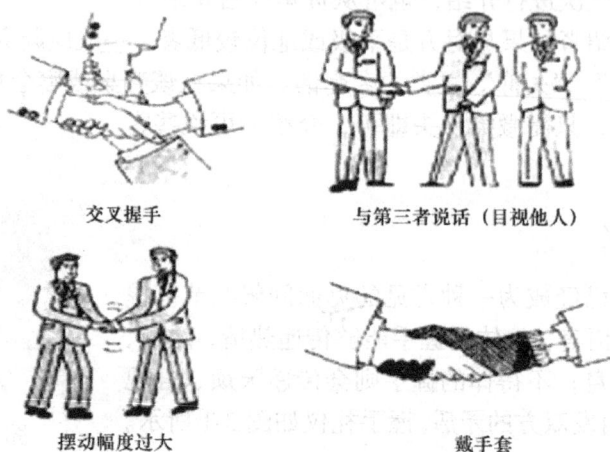

交叉握手　　与第三者说话（目视他人）　　摆动幅度过大　　戴手套

图 3-2　4 种不当的握手方式

会面礼仪除了常见的握手礼仪，还有鞠躬礼仪、拥抱礼仪、合十礼仪等。在一些特殊情境下，人们也会改变传统的礼节，采取一些特别的问候方式。

3.1.4　名片礼仪

商务人员每天都要同各式各样的人打交道，向他人递送名片和接收他人名片的机会也非常多。名片交换应重视礼仪，恰到好处地使用名片，会给人一种文明、现代、彬彬有礼的感觉。

1. 递送名片

当我们经自我介绍或经他人介绍与人初识之后，如果身上带有名片，应立即取出，恭敬地用双手捧交给对方，切不可随意放在桌上，让对方自取或采取别的方式发名片。收到名片的一方若有名片，要迅速递上自己的名片；若没有名片，则应说明情况并道歉。如果双方早已熟悉或经常见面，就不必交换名片。

名片是商务人员的第二张脸，应当干净整洁，折叠或破损的名片不可送给别人。因此，使用精致的名片夹或名片盒不失为一个明智的选择。自己的名片应当放在伸手可及、容易拿出的地方，如西服的内袋或公文包的最外侧夹层里，以便随时取出。应将自己的名片与他人的名片分开放置，否则，容易在忙乱中误将别人的名片递出。

递送名片时通常是地位或职务低者先递出名片。同时向多人递送名片时，可按照"由尊到卑"的顺序依次递送，即先将名片递给职务较高或年龄较大的人。如果这些人的职位和年龄都差不多，可按照由近及远依次递送，或者顺时针递送。

递送名片时，应面带微笑，正视对方，用双手的拇指和食指分别捏住名片上端的两角，将名片递给对方，以示对对方的尊重；递出名片者应使文字正对对方视线，这样对方接收名片后可以直接阅读。递送名片的姿势如图 3-3 所示。递送者如果坐着，应起身或欠身递送，同时可以说"我叫××，这是我的名片，请笑纳！"或"请多关照！"之类的客气话。

图 3-3　递送名片的姿势

2. 接收名片

接收名片的步骤可以总结为：一接、二读、三放。这是个完整的过程，有很多人只关注第一个步骤，其实只有完成了后两个步骤才称得上符合接收名片的礼仪。

① 接名片。接收他人名片时，应起身或欠身，面带微笑，恭敬地用双手的拇指和食指接住名片的下方两角，并轻声说"能得到您的名片十分荣幸！""谢谢！"等。如果对方是地位较高或有一定知名度的人，则可说"久仰大名"之类的赞美之词。

② 读名片。接过名片后，应十分珍惜，并当着对方的面，仔细把对方的名片读一遍。读名片时可以适当地强调对方名片上比较重要的信息，如职务、学衔、职称等，可重复并简单评价以表示敬意和重视。读名片的时候，遇到多音字、不会读的字，或者有不懂之处应当立即请教："尊号怎么念？"接过他人名片之后，一眼不看或漫不经心地随手往衣袋或手袋里一塞，之后又询问人家姓甚名谁，这是糟糕、拙劣、不礼貌的做法，而放进口袋之后又拿出来观看，也会令对方不快，这些都是应当避免的。

③ 放名片。读完对方的名片之后，应当着对方的面郑重其事地将其名片放在适当的地方，如上衣口袋、西装内袋、公文包里或名片夹里，不可随意乱放，也不宜当着对方的面放入自己的裤子口袋或钱包里。

此外，名片不是一张简单的纸，它代表的就是对方本人，因此不要在他人的名片上乱写乱涂。接收他人的名片之后，不要边谈话边玩弄名片，或将名片卷成烟卷状、折成纸飞机等。切记：随意乱塞、乱放、乱扔、乱画名片是对他人的不尊重。

名片的制作

3.2 拜访礼仪

拜访又称拜会，一般是指前往他人的工作地点或私人居所探望对方，或者与之进行其他方面的接触。不论是在公务交往还是在私人交往中，拜访都是人们习以为常的一种社交方式。拜访有事务性拜访、礼节性拜访、私人拜访3种，而事务性拜访又有商务洽谈性拜访和专题交涉性拜访之分。

在商务活动中，商务人员经常需要对客户、合作厂商、友好单位等进行商务拜访。这些拜访，有些是礼节性的，而大多数则是既有礼节性又兼顾事务性的。因此，不论是哪种，礼节、礼仪都是其中非常重要的一个方面。所以，商务人员要懂得有关商务拜访的礼仪规范。唯有如此，商务人员才能在拜访过程中圆满完成任务。

3.2.1 拜访前的准备

1．预先约定

预先约定是拜访礼仪之中十分重要的一条，因为只有预先约定，才能让对方有所准备，从而顺利进行拜访。一般不提倡随意进行拜访，尤其是与交往对象关系一般时。从某种意义上讲，拜访要有约在先，这既体现了个人教养，也是对拜访对象的尊重。

2．确定时间和地点

约定时间和地点尤为重要，一个好的环境会让谈话双方感觉很舒服，从而促进拜访的顺利进行。不论因公还是因私拜访，都要事前与被拜访者进行电话联系，说明拜访的目的、提出访问的内容、询问是否有时间或何时有时间，使对方有所准备。在对方同意的情况下确定具体的时间、地点。不要在对方刚上班、快下班、异常繁忙、正在开重要会议时去拜访，不要在对方休息和用餐时去拜访。

3．拟定拜访计划

在与被拜访者确定了时间、地点后，拜访者可以拟定一份拜访计划，明确拜访目的、谈话主题、思路以及到达的路线和时间等。

拟定拜访计划，需要认真做调查分析工作。以推销拜访为例，销售人员约见重要顾客前，只要时间和条件允许，应尽可能多地收集与该顾客有关的信息，以便设计出切实可行的推销拜访计划，保证拜访活动的效率。表3-1所示为推销拜访计划。

表3-1 推销拜访计划

（1）顾客是谁
顾客的姓名、职务
顾客的特点、习惯、爱好
顾客的问题、愿望、要求（包括顾客本人及其所在的部门和公司）
其他重要问题（如谁有决策权等）
（2）顾客需要什么
顾客的态度
顾客的反对意见
顾客主要的购买动机
顾客的购买方针、策略

（3）我能提供什么 产品的特色与优势 产品与顾客需要的结合点 其他服务项目
（4）我应怎样进行推销拜访 洽谈要点（怎样洽谈） 顾客的注意力、兴趣、欲望、购买行为
（5）我要达到什么目的 拜访的目的（推销、促成顾客购买、介绍情况） 前后两次业务洽谈的联系（如有）

4. 注意形象

一个人的形象在拜访中显得尤为重要，因为那是身份与性格的象征。肮脏、不修边幅、不得体的仪容仪表，是对被拜访者的不尊重。被拜访者会认为你不把他放在眼里，对拜访效果有直接影响。一般情况下，登门拜访时女士应着深色套裙、中跟浅口深色皮鞋配肉色丝袜；男士应选择深色西装配素雅的领带，外加黑色皮鞋、深色袜子。无论是初次拜访还是再次拜访，礼物都不能少。礼物可以起到联络双方感情、缓和紧张气氛的作用，所以在礼物的选择上要认真对待。既然要送礼，就要了解对方的兴趣、爱好及品位，有针对性地选择礼物，尽量让对方感到满意。

5. 检查携带物品

拜访者在出发前要检查所带的东西是否齐备，包括名片、笔、记录本、笔记本电脑、公司和产品介绍手册、合同书、礼品等。

3.2.2 拜访过程中的礼仪

1. 守时践约

守时践约不仅是讲究个人信用的体现，有助于提高办事效率，而且也是对交往对象尊重、友好的表现。拜访者在出发前应与客户通电话确认一下，以防临时发生变化；如果对方临时有事，切忌与对方争执，这样对双方都没有好处。如果拜访可以如约进行，拜访者就要在算好的时间出发，按照提前规划的时间到达。如因故不能赴约，拜访者就要及时通知对方，以便对方及时调整工作安排，同时向对方说明原因并道歉，请求谅解，必要的话还可以将拜访改期。

2. 入门有礼

抵达约定地点后，未与被拜访者直接见面，或者对方没有派员在此迎候，则在进入对方的办公室或私人居所的正门之前，向对方通报一下，得到对方允许后再推门进入。若企业有接待处，拜访者要向接待员或秘书通报，告诉接待员你的名字和约见的时间，并递上名片由其安排见面，然后从容地等待接待员将自己引到会客室或被拜访者的办公室。如果是雨天，拜访者不要将雨具带入办公室。在会客室或办公室等候时，拜访者不要翻看对方的文件资料。接待员奉茶时，拜访者要表示谢意。等候超过一刻钟，拜访者可向接待员询问有关情况。如被拜访者实在脱不开身，拜访者则留下自己的名片和相关资料，请接待员转交。

如果无人引见，进入办公室或寓所前，拜访者应轻轻叩门或按门铃，待有回音或有人开门相迎后方可进入。拜访者敲门时要用食指，力度适中，间隔有序，敲三下，等待回音。如无应声，拜访者可稍加力度，再敲三下。如有应声，拜访者侧身立于右门框一侧，待门开时再向前迈半步，与开门之人相对。如果门口装有门铃，拜访者应当按门铃而不要敲门。拜访者开关门时注意不要用力过猛，以免引起他人不悦。

3. 举止有度

当主人开门迎客时，拜访者应主动、热情地向对方问好，行见面礼。如果是初次见面，拜访者还应清楚、简洁地进行自我介绍。如恰巧有其他客人在场，拜访者还应在主人的介绍下，行点头礼或握手礼，并简单地和对方寒暄几句。就座时，拜访者要与主人同时入座。如果对方是年长者或上级，其不坐，自己不能先坐。主人递上茶，拜访者应双手接过并表示谢意。如果主人没有吸烟的习惯，自己也不要吸烟，以示对主人习惯的尊重。

在拜访的时候应尽量不要接听或拨打电话，将手机等通信工具设置成震动或静音，以免影响交谈的效果。如果拜访者确有要事需要使用通信工具，应先征求主人的同意后再接听；如果主人接听电话，应请示主人自己是否需要回避。

4. 言谈得体

与人交谈，要谦恭有礼。若讲话让对方听得很舒服，那么对方谈话的欲望就会比较强；如果一方言谈无礼或说话空洞无味，对方就会产生厌烦心理，会提早结束谈话。拜访时，双方会适当寒暄几句。通常由主人主动寒暄，花三五分钟就可以了，不可过长。交谈时拜访者要注意倾听对方讲话的内容，注意对方情绪和周围环境的变化，并及时回应。对方发表自己的观点时，拜访者应认真倾听，并适当插话或附和，不要用争辩和补充说明打断对方讲话；自己在讲话时，拜访者应注意留有对方插话或发表意见和建议的时间与机会。作为拜访者，过多闲谈是不礼貌的，相关的谈话内容说清楚就可以了，不要过多重复。

5. 适时告辞

在商务拜访过程中，时间为第一要素，拜访时间不宜太长，否则会影响对方其他安排。如果双方在拜访前已经设定了拜访时间，则应把握好已规定的时间。如果没有对时间提出具体要求，一般情况下如果是初次拜访，拜访时间应控制在半小时之内。拜访时间不宜超过两个小时。有些重要的拜访，往往需要宾主双方提前议定拜访的日期和时间，绝不可单方面延长拜访时间。

结束谈话时要根据对方的反应和态度来确定告辞的时机。在交谈过程中，如果发现主人心不在焉，有厌倦情绪，经常看表、蹙眉或感觉其有急事想办又不好意思说，拜访者应该及时收住话题，适时起身告辞。一旦提出告辞，拜访者便要"言必信，行必果"，不要"走了"说几遍，却口动身不移。拜访者辞行时既要道别，又要感谢主人的热情款待。出门以后，拜访者应与主人握手作别，并请主人就此留步。如有意邀请主人回访，拜访者可在同主人握手告别时提出邀请。待主人留步后，拜访者走几步再回首并挥手致意。从对方的寓所或办公室出来后，拜访者切勿在回程的电梯及走廊中自言自语，以免被人误解。

3.3 接待礼仪

迎接，是给客人留下良好第一印象的重要工作，这将为日后的深入接触打下良好基础。我们在接待宾客的过程中，要遵循接待礼仪。

3.3.1 接待的原则

商务交往有其特殊性，商务接待和一般的待客不大一样，和一般企业的前台接待也有所区别。在商务接待工作中，商务人员应按照商务礼仪的惯例和规范，坚持身份对等和讲究礼宾秩序的原则。

1. 身份对等

身份对等，是指己方作为主人，在接待客户时，要根据对方的身份，同时兼顾对方来访的性质及双方之间的关系，安排接待的规格，以便使来宾得到与其身份相称的礼遇，从而促进双方关系的稳定、融洽发展。

身份对等，是商务礼仪的基本原则之一。这项原则要求在接待工作中，接待人员应把对方的身份置于首要位置，一切具体的接待事务均应依此来确定。

根据身份对等原则，己方出面迎接来宾的主要人员应与来宾的身份大体相当。若己方与来宾身份对等的人员身体不适、忙于他事难以脱身或不在本地，不能亲自出面迎接来宾，应委派副手或与其身份相近的人员出面接待，并在适当的时候向来宾做出令人信服的说明和解释，以表示己方的诚意。

在与来宾进行礼节性会面或举行正式谈判时，己方到场的人数与来宾的人数应基本相等。另外，己方在为来宾安排宴请活动或为其准备食宿时，亦应尽量做到档次、规格等方面与来宾的身份相称，并符合来宾的生活习惯，体现东道主对来宾的关心与照顾。在接待外商时，接待人员更应注意这一点。

在商务往来中贯彻身份对等的原则，是为了更好地确定宾主双方都能够接受、感到满意的接待标准，也是为了充分地表达东道主对来宾的尊重与敬意。在某些特殊的情况下，有的企业为强调自己对宾主双方特殊关系的重视和对来宾的敬重，特意打破常规，提高对来宾的接待规格，也是可行的，但不宜多用。

2. 讲究礼宾秩序

该原则所要解决的是多边商务活动中的位次和顺序的排列问题。在正式的商务活动中，礼宾秩序可参考下列方法确定。

（1）按身份与职务的高低顺序排列

如接待不同的代表团，确定礼宾秩序的主要依据是各代表团团长职务的等级。

（2）按姓氏笔画排列

在国内的商务活动中，如果双方或多方关系是对等的，可按参与者的姓名或所在单位名称的汉字笔画的顺序排列。具体做法是：按个人姓名或组织名称的第一个字的笔画，依次按由少到多的次序排列；当两者第一字笔画数相等时，则按第一笔的笔顺（横、竖、撇、捺、点、折）的先后关系排列；当第一笔笔顺相同时，可依第二笔，依此类推；当两者的第一个字完全相同时，则用第二个字进行排列；依此类推。

（3）按国家或组织名称的英文字母顺序排列

在涉外活动中，一般应按参加者的国家或组织名称的英文或其他语言的字母顺序进行排列。具体方法是：按第一个字母进行排列；当第一个字母相同时，则依第二个字母的先后顺序排列；当第二个字母相同时，则依第三个字母的先后顺序排列；依此类推。但每次只能选一种语种的字母顺序排列。

（4）其他排列方式

除了上述方式，接待人员也可以按照有关各方正式通知东道主自己决定参加此项活动的先后顺序，或正式抵达活动地点的时间先后顺序排列。

3.3.2 接待的准备

1. 了解客人基本情况

对前来访问、洽谈业务、参加会议的外国或外地客人，接待人员应首先了解对方到达的车次、航班，了解客人特别是重要客人的个人简况，包括职务、性别、生活习惯、饮食禁忌等。在了解对方基本人数时，接待人员不仅要准确无误，而且应着重了解对方由何人负责、有几对夫妇等。要了解客人来访的意图、要求，以及在仪式和日程安排上的计划，还要了解客人的来访路线、抵达和离开的具体时间等。

2. 制订接待方案

了解客人基本情况后，应及时向主管领导汇报，以确定接待规格，并通知有关部门及相关人员。接待一般客人，接待人员可根据惯例直接接待。但接待重要客人和高级团体，接待人员就要事先制订接待方案。方案大致包括以下几点内容。

① 按照客人的基本情况，决定接待人员的分组，详细地列出陪同人员及迎送人员名单。

② 准备好交通工具。

③ 制定接待过程中的活动方式及日程安排。

3. 布置接待环境

良好的接待环境能体现对客人的尊重与礼貌。在客人到来前，接待人员应按照客人的饮食习惯、兴趣爱好安排食宿。接待室应该明亮、安静、整洁，还应配置沙发、茶几、衣架、电话、计算机等，以备客人进行谈话和通信。同时，我方可以在接待室内适当点缀一些花卉、字画，还可以放置报刊和与本单位或企业有关的宣传材料，供客人翻阅。

3.3.3 正式接待的程序

1. 迎客

对如约而来的客人，接待人员要表示热情、友好。对贵客或远道而来的客人，接待人员要指派专人出面，提前到达机场、码头、车站或其他约定地点迎候客人，以示对客人的尊重。客人抵达后，若宾主双方早就认识，双方直接行见面礼。若是初次见面，一般由礼宾人员或我方迎接人员中身份最高者先将我方迎接人员一一介绍给客人，再由客人中身份最高者将客人按照一定顺序介绍给主人。对来自本地的客人，一般应提前在单位大门口或办公楼下迎候。

2. 待客

（1）安顿客人

客人抵达后，不宜立即谈公事，应先安排客人休息。若是远道而来的客人，接待人员应把客人送到事先安排好的酒店休息。若是本地的客人，接待人员可以先将其安顿在待客厅或会议室休息，并送上茶水或饮料等。接待人员向客人告别前，应告知其就餐地点、时间，并将自己的联系方式留下，以便及时联络。

（2）协商日程

进一步了解客人的意图和要求，接待人员应与客人共同商议活动的内容和具体日程，如有变化，及时通知有关部门以便进行准备工作。

（3）组织活动

客人食宿问题解决后，接待人员应该按照接待方案和协商日程组织客人参与一系列活动，如商务洽谈、参观游览等。对客人在商务洽谈、游览活动中所提出的意见应及时向有关领导反馈，尽可能满足客人的需求。活动结束后，接待人员安排时间让有关领导和客人见面，以示对客人的尊敬。倘若整个活动中客人都没有见过企业领导，则可能会对企业产生不好的看法，影响企业的形象。

3. 送客

了解客人返程时间后，接待人员可以根据其需要，帮助预订机票、车船票。

根据客人的身份地位和迎接的规格确定送别的规格。一般来说，主要接待人员都应参加送别活动。在客人登上交通工具之前，送行人员应按照身份和职位的高低一一与客人握手告别。送客的基本原则是，送到客人乘坐的交通工具离开视线为止。

客人向主人告别时，常伴以"请回""请留步"等语言，主人则以"再见""慢走"等语回应。如果客人是远行，主人可说"祝你一路顺风""一路平安""代问××好"等告别语。

3.3.4　商务接待的方位礼仪

在商务接待活动中，位置的排序在一定程度上反映了对参与商务活动的各方人员及其所代表的组织利益的认可度，以及各方利益的关联度。在会议、乘车以及宴会等各种场合，恰当地安排各参与者的空间位置以及遵循约定俗成的方位礼仪显得非常重要。

通常，尊者指长者、女士、客人、上级等。在商务场合，上下级之间，原则上没有年龄、性别之分，上级为尊；同级间则遵循通常的长者、女士、客人为尊的原则。

1. 行走方位礼仪

陪客走路要遵循方位礼仪，两人同行时，一般右为尊。因此，主人陪同客人行走时，应让客人走在自己的右侧。同理，上级与下级同行时，长者与年轻人同行时，女士与男士同行时，上级、长者、女士为尊，走在下级、年轻人、男士的右侧。

三人同行时，中为尊。同级间，两男一女同行，女士在中间；两女一男同行，男士走在最左侧。

四人或四人以上同行时，不能并行，应分为两排或多排，前排为尊。

另外，还要注意，若自己是主陪，应并排走在客人左侧，不能落后；如果自己是随同人员，应走在客人和主陪后面。

2．陪同客人的引导方法

（1）在走廊的引导方法

接待人员在客人两三步之前，配合步调，让客人走在内侧。当然如果接待人员是主陪，可以与客人并排行走。

（2）在楼梯间的引导方法

引导客人上楼时，应该让客人走在前面，接待人员走在后面；若是下楼，接待人员应该走在前面，客人走在后面。上下楼梯时，接待人员应该注意客人的安全。

（3）在电梯间的引导方法

接待人员先进入电梯，等客人进入后关闭电梯门。到达时，接待人员按"开"的按钮，让客人先走出电梯。

（4）在客厅的引导方法

当客人走入客厅时，接待人员用手指示，请客人坐下。看到客人坐下后，才能行点头礼后离开。如客人误坐下座，应请客人改坐上座（一般靠近门的一方为下座）。

3.3.5　会客、会谈的座次礼仪

会客、会谈的座次礼仪一般遵循"面门为上，以右为上，离远为上"的原则，具体要求如下。

1．会客座次礼仪

会客座次分为相对式位次和并列式位次。

（1）相对式位次

双方就座时分为左右两侧，面对面。通常以右为上，即进门后，右侧一方为上座，应留给客人；左侧一方为下座，留给主人。双方陪同人员分别在主人或客人一侧就座，如图 3-4 所示。

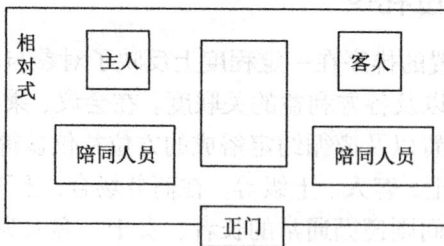

图 3-4　相对式位次

（2）并列式位次

并列式位次多运用于礼节性会客。宾主双方并排就座，暗示双方平起平坐。宾主双方一同面门而坐，主人应请客人坐在自己的右侧，双方陪同人员同样分别在主人或客人一侧就座，如图 3-5 所示。

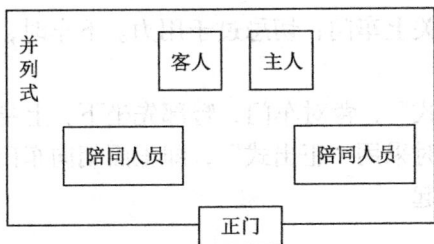

图 3-5 并列式位次

宾主双方并排坐在室内的右侧或左侧，这时讲究"以远为上"。即距门远处为上座，让给客人；距门近处为下座，留给主人。

如果宾主双方就座沙发交谈，长沙发座位为上座，给客人；单人沙发为下座，留给主人。

2. 会谈座次礼仪

商务会谈或者谈判时，使用长条桌或者椭圆桌，各方主谈人员应在自己一方居中而坐。若是有翻译人员，则坐在主谈人员右侧，其他人员应遵从右高左低的原则，依照职位高低自近而远分别在主谈人员两侧就座。各方座次的安排有两种情况：会议桌横放在厅内，正对门一侧为上座，留给客方，如图 3-6 所示；会议桌竖放在厅内，以进门时右侧为上座，留给客方，如图 3-7 所示。

图 3-6 横式谈判桌位次

图 3-7 竖式谈判桌位次

需要说明的是，在会谈座次的排列上，一般来说，"居中为上""前排为上""以远为上""面门为上"这些规则是统一的，没有争议，只有"以右为上"这个规则有时要做一些变通。按照国际惯例，"以右为上"是普遍适用的次序原则。但在我国，从古至今，"尊左"还是"尊右"不是一成不变的，有年代和地域的区别，至今仍存在争议。因此，不能简单地认为我国"以右为尊"。在座次安排上，首先要看会议的性质。政务会议、国有企业内部的大型会议，一般遵守"以左为上"的原则；但目前国际流行右高左低，因此会议主办方安排商务会议、涉外会议时，应按国际惯例安排。正式会议中每个座位的桌前要安放好姓名牌，既方便入座，也便于台下与会者和新闻采访人员辨认有关人士。

3.3.6 乘车礼仪

1. 上、下车的礼仪

乘坐轿车时，应请位尊者最先上车、最后下车。但为了上车的方便，后排中座的人应比后排左座的人先上车。

上车时，接待人员应先打开车门，用手遮挡车门的上边框，防止客人出现碰撞的情况。

等客人上车坐稳后，再轻轻关上车门，切忌过于用力。下车时，接待人员应首先下车，打开车门，请客人下车。

上车时一般采用"背入式"，背对车门，臀部先坐下，上身和头部再进入车内，最后再将双腿并拢收入车内。下车时采用"正出式"，即正面朝向车门，双腿先伸出车外，踩稳后弯腰将上身探出车外，再站起。

2．乘车座次礼仪

专职司机驾车时，后排右座是上座，这便于乘车人上下车；左座次之，中间座位再次之，副驾驶座位为末席。主人亲自驾车时，副驾驶座位是上座，后排右侧次之，左侧再次之，而后排中间座位为末席。双排五人座车的座次具体如图 3-8 所示。

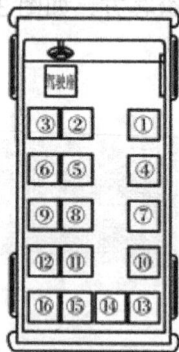

乘坐四排座或以上的中型或大型轿车时，应遵照"以右为尊"的原则，驾驶员身后的第一排为尊位，其他各排座从前往后依次递减。各排座的座次安排，讲究"右高左低"，从右到左依次递减。多排大中型车的座次讲究由前向后、自右向左，如图 3-9 所示。

乘坐公共汽车、火车或地铁时，基本规矩是：临窗的座位为上座，临近通道的座位为下座；与车辆行驶方向相同的座位为上座，与车辆行驶方向相反的座位为下座。

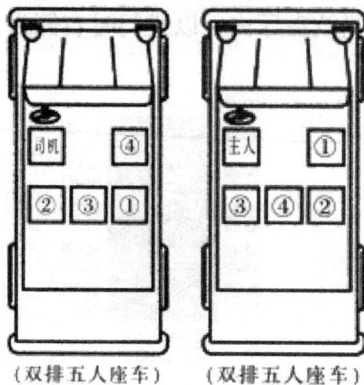

图 3-8　双排五人座车的座次　　图 3-9　多排大中型车的座次

3.4　馈赠礼仪

馈赠是人们在交往过程中通过赠送交往对象礼物来表达对对方的尊重、友谊、纪念、祝贺、感谢、慰藉、哀悼等情感与意愿的一种交际行为。馈赠也是商务活动中不可缺少的交往内容。得体的馈赠，恰似无声的使者，以物表情，礼载于物，起到寄情言意的无声胜有声的作用。我们只有在遵循馈赠基本原则的前提下，注重馈赠活动对礼仪的要求，才能真正发挥馈赠在商务交往中的重要作用。

3.4.1　馈赠的原则和礼仪

馈赠的原则和礼仪具体如下。

1．礼轻情意重

馈赠礼品要突出纪念意义，不需要过分强调价值、价格，礼品是用于表情达意的。在商务交往中提倡"礼轻情意重",过分贵重的礼品会让受礼者产生"重礼之下,必有所求"的猜测。选择礼品,应根据双方关系、身份、送礼的目的和场合而定。一般来说,礼品应小、巧、少、轻。小指小巧玲珑,易送易存;巧是指立意新颖;少,指少而精;轻,则指价格适中。

拓展阅读

千里送鹅毛

《路史》载,唐朝贞观年间,云南土司缅氏为了表示对唐王朝的拥戴,派特使缅伯高带了一批礼物和一只长得十分可爱的白天鹅去京城朝见唐太宗。一路上缅伯高对白天鹅精心照料。谁知到了沔阳湖(今称排湖)边时,缅伯高看到白天鹅口渴,便慈心大发,放白天鹅到湖边饮水。白天鹅拍着翅膀"扑腾扑腾"地来到湖边饮水,饮足后却展翅高飞而去。缅伯高赶紧扑上去,只抓住了一根鹅毛,急得顿足捶胸,号啕大哭。后来,他只好硬着头皮把这根鹅毛用锦缎包好,并写了一首诗去见唐太宗。诗云:"天鹅贡唐朝,山高路远遥。沔阳湖失宝,倒地哭号啕。上复唐天子,请饶缅伯高。礼轻情意重,千里送鹅毛。"

唐太宗看了这首诗后,不但没有责怪缅伯高,反而高兴地收下礼物,并回赠丝绸、茶叶、玉器等物品。缅伯高深受感动,久跪谢恩。后来,人们就用"千里送鹅毛"来形容"礼轻情意重"了。

2. 投其所好,因人赠礼

礼品要有特点,送礼前应先了解受礼人的身份、爱好、生活习惯等,应该根据对方兴趣爱好去选择一些富有意义、品质不凡的礼品。这样的礼品才能投其所好,对方才会喜欢。因此,选择礼品时要因人而异,考虑它的思想性、艺术性、趣味性、纪念性等多方面因素,力求别出心裁、不落俗套。一般来说,要考虑以下几点。

① 赠礼要针对不同个人的需要。对家贫者,以实惠为佳;对富裕者,以精巧为佳;对恋人,以纪念性为佳;对朋友,以趣味性为佳;对老人,以实用为佳;对孩子,以启智、新颖为佳;对外宾,以特色为佳。

② 赠礼要考虑是赠送给单位还是个人。一般来说,赠送给单位的礼品要考虑单位的性质、经营规模、经营项目;赠送给个人的礼品则要考虑其性格、品位、爱好等。

③ 赠礼时要根据馈赠目的选择礼品。礼品是感情的载体,表示送礼人的心意,起到酬谢、求人或联络感情等作用。喜礼,如朋友结婚,可送鲜花、书画、工艺品、衣物等;贺礼,如企业开张、大厦落成、厂庆等可送花篮、工艺品等。

3. 避开送礼的禁忌

得体的礼品馈赠,能给交际活动锦上添花。若是把一些不宜作为礼品的物品赠送出去,则会影响关系,甚至产生负面影响。

① 我国普遍有"好事成双"的说法,因而凡是喜庆之事,所送之礼,均好双忌单。

② 不能给健康人送药品,不能为异性朋友送贴身的用品,不要送带有价格标签的礼物。

此外,一般因公赠礼时,不允许选择以下几类物品作为正式赠予交往对象的礼品:一是现金、信用卡、有价证券;二是价格过于昂贵的奢侈品;三是烟、酒等不合时尚、不利于健康的物品。

拓展阅读

表 3-2　不同国家的馈赠风俗

类别	风俗
英国人	一般送价钱不贵但有纪念意义的礼品。切记不要送百合花，因为百合花对英国人而言意味着死亡。收到礼品的人要当众打开礼品
美国人	送礼品要送单数，且讲究包装。美国人认为蜗牛和马蹄铁是吉祥物
法国人	送花不要送菊花、杜鹃花和其他黄色的花，因为在法国，菊花、杜鹃花代表哀伤，其他黄色的花象征夫妻间的不忠贞。不要送带有仙鹤图案的礼品，不要送核桃，因为法国人认为仙鹤是愚蠢的标志，而核桃是不吉利的
俄罗斯人	送鲜花要送单数；忌讳送钱给别人，这意味着施舍与侮辱
日本人	盛行送礼，探亲访友、参加宴请都会带礼品。接送礼品要用双手，不当面打开礼品。在接受礼品后，再一次见到送礼的人一定要提及礼品的事，并表示感谢。送礼品忌送梳子，切记不要送带有狐狸、獾图案的礼品，因为梳子的发音与"死"相近，而狐狸、獾在日本是贪婪的象征。普通人送礼时不要送菊花，因为菊花是日本皇室专用花卉

4. 适度包装

精美的包装可使礼品的外观更具艺术性和高雅的情调，显示送礼人的文化艺术品位。因此，送给他人的礼品，尤其是在正式场合送人的礼品，一般应认真地进行包装，应用专门的纸张包裹礼品，或者把礼品装入特制的盒子、瓶子。

包装礼品，要量力而行，反对华而不实。进行包装时，要讲究材料、图案，以及捆扎、包裹的具体方式。

5. 把握赠礼的时机和场合

赠礼要注意时间，把握好机会。

① 节假良辰。遇到我国传统的节日，如春节、端午节、中秋节等，还有法定节日，如五一劳动节、六一儿童节、教师节、国庆节等都可以送些适当的礼物表示祝贺。

② 喜庆日子。晋升、获奖、厂庆等日子，可考虑送礼品以示庆贺。

③ 企业开业庆典。在参加某一企业开业庆典活动时，要赠送花篮、牌匾或室内装饰品以示祝贺。

④ 拜访、做客。这种时候可以备些礼物送给主人，特别是女主人或小孩。

⑤ 当你在生活或工作中遇到困难得到别人的帮助时，为了表达感激之情，可送些礼品。

馈赠的场合选择也很重要，尤其是那些出于酬谢、应酬或有特殊目的的馈赠，更应注意赠礼场合的选择。通常情况下，当众只给一群人中的某一个人赠礼是不合适的，因为这样做可能会使受礼人有受贿和受愚弄之感，而且可能会使没有受礼的人有受冷落和受轻视之感。给关系密切的人送礼也不宜在公开场合进行。只有礼轻情意重的或能表达特殊情感的特殊礼品，如锦旗、牌匾、花篮、纪念品等才可在众人面前赠送。

6. 注意赠礼时的表达方式

馈赠的效果不仅受礼物的影响，还受馈赠方式的影响。赠送礼品时，只有态度平和友善、落落大方并伴有礼貌语言，才容易让受礼人接受礼品。例如，向受礼人说明送礼原因时，可说一些"祝贵公司前程似锦""愿我们合作愉快"等客套话。千万不要说"没有准备，临时才买来的""没有什么好东西，凑合着用吧"，虽然你的本意可能是劝对方不要拒绝，但这些话容易被对方当真。你应该说"这是我为你精心挑选的""相信你一定会喜欢"。

若同时向多人赠送礼品，应先长辈后晚辈、先女士后男士、先上级后下级，按照次序，有条不紊地进行。

3.4.2　受礼礼仪

作为商务活动的重要内容之一，馈赠活动越来越受重视。大多数人都收到过礼品，却并不是每个人都能礼貌、得体地接受别人的礼品。

1. 双手捧接

当他人口头宣布有礼相赠时，不管自己在做什么事，都应立即中止，起身站立，面向对方，以便有所准备。在对方取出礼品、预备赠送时，不应伸手去抢、开口询问或者双眼盯住礼品，但求先睹为快，也不宜反复推让礼品。此时此刻，需要保持风度。

在送礼人递上礼品时，要尽可能地用双手前去捧接。不要一只手去接礼品，特别是不要单用左手去接礼品。在接受礼品时，勿忘面含微笑、注视对方的双眼。接过来的若是对方所提供的礼品单，则应立即从头至尾细读一遍。

2. 表示感谢

你可能对礼品赞不绝口，但这是不够的。在双手接过他人礼品的同时，你应立即向对方道谢。"谢谢你"三个字表明你谢的不是礼品本身，而是对方的美意。

你可以感谢送礼人所花费的心血，如"你能想到我真是太好了"；你可以感谢对方为买到合适的礼品所付出的努力，如"你竟然还记得我收集茶具"等。

接受了他人的馈赠，如有可能应予以回礼。有礼节的馈赠活动，有利于拉近双方的距离、增加合作的机会。

3. 当面拆封

如果现场条件许可，如时间充裕、人数不多、礼品包装考究，那么，在接过他人相赠的礼品之后可以当着对方的面将礼品拆封。这表示自己看重对方，同时也很看重获赠的礼品。在拆封时，动作要文明，不要乱扯、乱撕、乱丢包装用品。

4. 表示欣赏

当面拆开包装之后，要以适当的动作和语言，表示你对礼品的欣赏。例如，可将他人所送的鲜花捧在身前闻闻花香，随后再将其装入花瓶，置于醒目之处，并向送礼人说："我很喜欢它的颜色。"要是别人送了一条围巾给自己，则可以马上把它围上，照一照镜子，并告诉送礼人及其他在场者："这条围巾真漂亮。"千万不要拿礼品开玩笑，除非那是一件恶作剧的礼品。

拓展阅读

东西方礼品馈赠的差异

在中国，人际交往特别讲究礼数，重视礼尚往来，往往将礼作为人际交往的媒介和桥梁。

东方人馈赠礼品的名目繁多，除了重要节日互相拜访需要馈赠礼品，婚、丧、生日、升职、加薪等都可以作为馈赠礼品的理由。

西方礼仪强调务实，在讲究礼貌的基础上力求简洁便利，反感繁文缛节、客套造作。西方人一般不轻易送礼给别人，除非相互之间建立了较为稳固的人际关系。西方人在送礼形式上较为简单。一般情况下，他们既不送过于贵重的礼品，也不送廉价的礼品，非常重视礼品的包装，特别讲究礼品的文化格调与艺术品位。

在送礼和接受礼品时，东西方也存在很大差异。西方人送礼时，总是向受礼人直截了当地说明"这是我精心为你挑选的礼品，希望你喜欢"，或者说"这是最好的礼品"之类的话。西方人一般不推辞别人的礼品，接受礼品时先向送礼人表示感谢，接过礼品后当面拆开，并对礼品赞扬一番。东方人则不同。中国人或者日本人在馈赠礼品时也费尽心思、精心挑选，但在受礼人面前却总是谦虚而恭敬地说"微薄之礼不成敬意，请笑纳"之类的话。东方人在受礼时，通常会客气地推辞一番；接过礼品后，一般不当面拆开，避免对方因礼品过轻或不尽如人意而难堪，同时也不会显得自己重利轻义、有失礼貌。

3.4.3　拒礼礼仪

一般情况下，不应当拒绝，但如果觉得送礼人别有所图，应向他明示自己拒收的理由，态度可坚决但方式要委婉。符合社交礼仪的拒收礼品的方法因人因事而异，一般常见的有以下方式。

1. 婉言相告

采用委婉的、不失礼貌的语言，向送礼人暗示自己难以接受对方的礼品，并用亲切友好的态度耐心向对方解释拒收的原因，同时表示感激。例如，当对方向自己赠送手机时，可告知："谢谢，我已经有一部了。"

2. 直言缘由

直截了当地向送礼人说明自己难以接受礼品的原因。在公务交往中拒绝礼品时，此法尤其适用。例如，拒绝他人所赠的大额现金时，可以这样讲："我们单位有规定，接受现金要按受贿论处。"拒绝他人所赠的贵重礼品时，可以说："按照有关规定，你送我的这件东西，必须登记上缴。"

3. 事后退还

有时拒绝他人所送的礼品，若是在大庭广众下进行，往往会使送礼人尴尬异常。遇到这种情况，可采用事后退还法加以处理，即当时接受礼品，不拆其包装，事后，尽快（通常情况下不超过 24 小时）把礼品退还给送礼人。

练习测试题

一、不定项选择题

1. 关于商务社交场合的介绍他人的顺序，（　　　）是错的。

A. 介绍不同地位的人时，应先把地位低的人介绍给地位高的人

B. 介绍不同辈分的人时，应先把晚辈介绍给长辈

C. 介绍不同性别的人时，一般应先把男士介绍给女士

D. 介绍先到者与后来者认识时，先介绍先到者，后介绍后来者

2. 关于商务社交场合的握手顺序，（   ）是错的。

A. 宾主之间，主人应先向客人伸手

B. 上下级之间，上级要等下级先伸手

C. 男女之间，男方要等女方伸手后才能伸手

D. 长幼之间，年幼的要等年长的先伸手

3. 下列关于方位礼仪规范的表述，（   ）是错的。

A. 中国历史上的各朝代都以左为尊，到了现代则与国际惯例相同，以右为尊

B. 在商务场合，上下级之间，原则上没有年龄、性别之分，以上级为尊

C. 同级之间通常遵循长者、女士、客人为尊的原则

D. 四人或四人以上同行时，不能并行，应分为两排或多排，前排为尊

4. 在商务场合，多人一同行走时要遵循方位礼仪，（   ）是错的。

A. 两人同行时，右为尊

B. 三人同行时，中为尊

C. 同级间，两男一女同行，女士走在最右侧

D. 同级间，两女一男同行，男士走在最左侧

5. 小刘是总经理秘书，一次陪总经理去机场送一位客户。司机开的是一辆双排五人座轿车，小刘应该选择坐在（   ）。

A. 副驾驶位　　　B. 后排左侧　　　C. 后排中间　　　D. 后排右侧

6. 因公赠礼时，可以选择（   ）作为赠予交往对象的礼品。

A. 白酒　　　　　B. 工艺品　　　　C. 卷烟　　　　　D. 奢侈品

二、判断题

1. 客户来访，应当先把客户介绍给自己公司的同事，然后再把同事介绍给客户。（   ）

2. 当我们见到任何人时，都应当主动握手。（   ）

3. 见到客户单位总经理时，要等对方给自己递出名片以后，自己再向对方递出名片。
（   ）

4. 接过对方递过来的名片以后，应当立即放到裤子口袋里。（   ）

5. 引导客人上楼时，应该让客人走在前面，接待人员走在后面；若是下楼，接待人员应该走在前面，客人走在后面。（   ）

6. 陪同客人在办公楼走廊行进时，主人应该走内侧，客人应该走外侧。（   ）

7. 迎接客户走到电梯门口时，接待人员应先进入电梯，按住"开"按钮，请客户入内。
（   ）

8. 会客、会谈的座次礼仪都遵循"面门为上，以右为上，离远为上"的原则。（   ）

9. 在接待室里等待要拜访的客户时，绝不翻动对方的东西。（   ）

10. 客户来访进屋后，请客人坐下，把水壶、水杯端过来，让客人自便。（   ）

11. 送别客户时，要送到楼下，看到客户走远再回去。（　　）
12. 在欧美国家，收到礼物后，应在客人走后打开，当面撕开精美包装是不礼貌的。
（　　）

三、简答题

1. 得体称谓的基本要求有哪些？
2. 在商务场合为他人进行介绍的礼仪顺序是什么？
3. 握手礼仪有哪些禁忌？
4. 递送名片有哪些注意事项？
5. 接收名片的步骤有哪些？
6. 商务拜访前需要准备什么？
7. 预约拜访时间要注意哪些问题？
8. 拜访过程中要注意哪些礼仪？
9. 为什么说商务接待工作中必须坚持身份对等的原则？
10. 如何根据来宾的需要有针对性地开展接待工作？
11. 陪同来宾走路时要注意哪些方位礼仪？
12. 根据开车人的不同，在安排乘车座次时要注意哪些问题？
13. 在礼品馈赠方面应注意哪些原则和礼仪？
14. 接受对方礼品时应注意哪些礼仪？
15. 拒收对方礼品的方式有哪些？

案例分析题

【案例 3-1】

难以把握的称呼问题

某公司的老员工刘健已经 40 岁了，工龄 20 年。他的上司王锴经理年纪比他小，工龄也没他长。几年前他们还是一个办公室的同事时，王锴管刘健叫"刘师傅"，刘健则称他为"小王"。但没几年，王锴被提升到了现在的经理职位，两个人之间的称呼就有了麻烦。刘健觉得像其他人一样叫"王经理"，自己叫着别扭，别人听着也别扭。于是刘健把心一横，自己都有这么多年工龄了，就仍然叫"小王"，王经理也哼哼哈哈地答应着。

问题：刘健的称呼方式有什么不妥之处？

【案例 3-2】

一次失败的拜访

某公司新建的办公大楼需要添置一系列办公用品，价值数百万元。公司李总已初步决定，向 A 公司购买这批办公用品。这天，A 公司的销售部负责人张经理打来电话，表明要上门拜访李总。李总打算对方来了就在采购合同上盖章，定下这笔生意。不料对方提前了两个小时到。原来张经理听说这家公司的员工宿舍要在近期落成，希望员工宿舍的家具也能在 A

公司购买。为了谈成这件事，张经理还带来一大堆资料，摆满了桌面。李总没料到对方会提前到访，刚好手边又有事，便请秘书让对方等一会儿。张经理等了不到半小时，就开始不耐烦了，一边收拾资料一边说："我还是改天再来拜访吧。"

这时，李总发现对方在收拾资料准备离开时，将自己刚才递上的名片掉在了地上，对方并未发觉，走时还无意间从名片上踩了过去。这个举动令李总改变了想法。最终，A公司不仅没有机会与对方商谈员工宿舍的家具购买事宜，而且连几乎到手的数百万元办公用品的生意也弄丢了。

问题：

1. A公司的生意为何没有谈成？
2. 拜访他人应该注意哪些问题？

【案例3-3】

金先生失礼

风景秀丽的某海滨城市的朝阳大街上耸立着一座高楼，楼顶上"远东贸易公司"6个大字格外醒目。某照明器材公司的业务员金先生按照原计划，带着公司新设计的照明器材样品，兴冲冲地登上6楼，脸上的汗珠都未擦一下，便直接走进了业务部张经理的办公室，把正在处理业务的张经理吓了一跳。

"对不起，这是我们公司新设计的产品，请您过目。"金先生说。

张经理停下手中的工作，接过产品，随口赞道："好漂亮啊！"他请金先生坐下，倒了一杯茶递给他，然后拿起产品仔细研究起来。

金先生看到张经理对新产品如此感兴趣，如释重负，便往沙发上一靠，跷起二郎腿，一边吸烟，一边悠闲地环视着张经理的办公室。当张经理问他电源开关为什么装在下方时，金先生习惯性地用手挠了挠头。好多年了，别人一问他问题，他就会不自觉地用手挠头。尽管金先生解释详尽，张经理还是半信半疑。

谈到价格时，张经理强调："这个价格比我们的预算高很多，能否降低一些？"金先生回答："我们经理说了，这是最低价格，一分也不能降了。"张经理沉默了半天。金先生有点沉不住气，不由自主地拉松领带，盯着张经理。张经理皱了皱眉，问："这种新产品的先进性体现在什么地方？"金先生又挠了挠头，反反复复地说："造型新、寿命长、节能。"

张经理托词暂时离开了办公室，只剩下金先生一个人。金先生等了一会儿，感到十分无聊，便非常随意地拿起办公桌上的电话，同一个朋友闲谈起来。这时，门被推开了，进来的却不是张经理，而是他的秘书。

问题：金先生的失礼具体表现在哪些地方？

【案例3-4】

一次漏洞百出的接待

小张今年大学毕业，刚到一家外贸公司工作，经理就交给他一项任务，让他负责接待最近将到公司的一个法国谈判小组。经理说这笔交易很重要，让他好好接待。

小张一想这还不容易，大学时经常接待外地同学，难度不大。于是他粗略地想了一下接待顺序，就着手准备。小张提前打电话和法国公司核实了一下该谈判小组的人数、乘坐的航班以及到达的时间。然后，小张向单位要了一辆车，用打印机打了一张 A4 纸大小的接待牌，还特地买了一套新衣服，到花店订了一束花。小张暗自得意，一切都在有条不紊地进行。

到了接机那天，小张准时到达了机场，谁知等了半天都没等到人出来。他左右看了一下，有几位外国人比他还倒霉，等人接比他等得还久。他想：该不会就是这几位吧？于是朝他们晃了晃手中的接待牌，对方没有反应。等到人群散去很久，小张仍然没有接到客人。于是，小张去咨询处问了一下，咨询处的工作人员说该国际航班提前 15 分钟降落。小张怕弄错了，赶紧打电话回公司，公司回答没有人来。小张只好接着等，直到周围只剩下那几位外国人了，他才想到问一问也好。

谁知一询问，就是这几位。小张赶紧道歉，并献上一大束黄菊花，对方看看他，露出一副很尴尬的样子，但还是接受了鲜花。接着，小张引导客人上车，客人便拿着大包小包上了车。

小张让司机把车直接开到公司指定的酒店，谁知因为处于旅游旺季，酒店早已客满，而小张没有预订，当然没有空的房间。小张只好把客人带到一个离公司较远的酒店，这家酒店的条件要差一些，至此，客人已露出非常不快的神情。小张把他们送到房间，一心想将功补过的他决定和客人好好聊聊，这样可以让他们消消气，谁知在客人房间待了半个多小时，客人已经有点不耐烦了。小张一看，好像又吃力不讨好了，心想："以前同学来，我们都聊通宵呢！"于是小张告辞，并和他们约定晚上 7 点在宴会大厅等他们，公司经理准备宴请他们。

到了晚上 7 点，小张在大厅等客人，谁知又没等到。小张只好请服务员去通知客人，就这样，晚上 7:30 客人才陆续来齐。小张想："客人怎么这样，非得让我等。"到了宴会地点，经理在宴会大厅门口迎接客人，小张一见，赶紧给双方做了介绍，双方寒暄后进入宴席。小张一看宴会桌，不免有些得意：幸亏我提前做了准备，给他们都安排好了座位，这样总万无一失了吧。谁知经理一看对方的主谈人正准备坐下，赶紧请对方到正对大门的座位，让小张坐到刚才那个背对大门的座位，并狠狠瞪了小张一眼。小张有点莫名其妙，心想：又错了吗？突然，有位客人问："我的座位在哪里？"原来小张忙中出错，把这位客人给漏了。客人都露出了一副很不高兴的样子。好在经理赶紧打圆场，神情愉快地和对方聊起一些趣事，对方这才不再板着面孔。一心想弥补的小张在席间决定陪客人吃好喝好，于是频繁敬酒，弄得对方有点尴尬，经理及时制止了小张。席间，小张还发现自己点的饭店的招牌菜辣炒泥鳅，对方几乎没动，小张拼命劝对方尝尝。经理面露愠色，告诉小张不要劝，小张不知自己又错在哪里。好在经理在席间和客人聊得很愉快，客人很快就忘记了这些小插曲。

等双方散席后，经理当即更换了负责接待的人员，并对小张说："你差点坏了我的大事，从明天起，请你另谋高就吧。"小张就这样被炒了鱿鱼，但他仍不明白自己究竟错在哪里。

问题：

本案例中小张究竟错在哪里？谈谈作为一名优秀的商务人员，应该注意哪些基本的礼仪。

实践实训题

1. 自我介绍训练

在班级里，分别用一句话介绍你自己、用一分钟时间介绍你自己、用 5 分钟时间介绍你自己。

2. 拜访的情景训练

实习生王佳要去拜访未曾谋面的客户，请你为他准备一份拜访的礼仪要求和注意事项表。

3. 馈赠礼物的方案设计

假设你是一位事业有成的企业家，你的母校 A 中学 30 周年校庆邀请你出席，你该准备什么馈赠礼物呢？以 5 人为一组，设计馈赠礼物的方案，方案包括赠送的礼物（低费用）及赠送时机和方式。最后以票数高的小组方案作为实施的方案。

4. 商务会面的角色扮演

作为上海 A 公司的业务主管，林森去上海虹桥机场接从北京前来洽谈设备采购事宜的 B 公司总经理陈先平（男，50 岁，高级工程师）、项目经理吴一凡（男，36 岁，哈佛大学博士后）和办公室主任张梅（女，30 岁）。在顺利接到北京来的客人后，林森首先向对方进行了自我介绍，B 公司的张梅也向林森介绍了一行人。之后，林森将一行人带到自己公司总经理安排的酒店。在酒店门口遇到了前来迎接的公司总经理周一平（男，45 岁，高级工程师）、销售经理郑姣姣（女，36 岁，高级营销师）和职员张楚（男，24 岁）。林森当即为双方进行了介绍，双方交换名片，周一平向北京来的客人表示了欢迎。

角色扮演要点：①林森向对方进行自我介绍；②林森为谈判双方相互介绍；③周一平总经理向北京来的客人表示欢迎；④双方握手并交换名片。注意其中的个人礼仪、交往礼仪是否恰当。

数日后，北京来的客人离开上海，上海 A 公司总经理周一平、销售经理郑姣姣、业务主管林森及职员张楚一起分乘 3 辆车将客人送到机场，握手送别。

角色扮演要点：①安排乘车座位次序；②上、下车礼仪；③客人向主人告别。注意乘车、握手告别礼仪。

5. 安排座位练习

某市第一中学即将迎来百年华诞，在庆典上，在主席台就座的有下列人员：该校校长、该校副校长、该校党委书记、该市教育局局长、该市分管教育工作的副市长、该校办公室主任（兼庆典主持人）、教师代表、学生代表。请为他们安排好座次，画出座次安排图。

第4章
言谈礼仪

本章内容

◎ 人际沟通的一般原则　　◎ 有效倾听的技巧

◎ 有效的口头表达　　　　◎ 建设性反馈的特征

◎ 倾听的效果和障碍　　　◎ 给予建设性反馈的技巧

引例：为什么他的建议石沉大海

张萌是经济管理类专业的一名大学毕业生。经过几年学习，他不但掌握了经济管理类专业知识，而且具备了一定的人际沟通技能，因此对自己的期望很高。

他选择了一家物流公司，该公司规模适中，发展速度很快，最重要的是该公司的人力资源管理工作还处于尝试阶段，他认为自己发展空间很大。当进入公司实习后，张萌发现公司中的关键职位都由领导的亲属担任。而他的上司就是领导的大儿子——王经理，这个人主要负责业务运营，没有管理概念，更没有人力资源管理概念，在他眼里只有生意最重要，公司只要能赚钱，其他的一切都无所谓。

一个星期后，张萌走进了王经理办公室。张萌对王经理说，我来公司一个星期了，据我对公司的了解，我认为公司主要的问题在于：职责界定不清；员工的自主权力太小致使员工觉得公司对他们缺乏信任；员工薪酬结构和水平的制定随意性较强，缺乏科学合理的基础。王经理说："张萌，你说的这些问题我们公司确实存在，但有个事实，那就是我们公司一直在盈利，这就说明我们公司目前实行的体制有它的合理性。"

张萌和王经理的对话就这样结束了，张萌给王经理的建议也石沉大海。

张萌和王经理的沟通为什么失败了？在商务交往中如何提升沟通的有效性？本章将从人际沟通的一般原则、口头表达技巧、倾听技巧、建设性反馈等方面予以阐述。

在商务、公务、社交等场合和日常生活中，沟通交流的礼仪和技巧都十分重要。人们主要运用语言符号系统，即利用口头语和书面语进行交流。口头语交流，即言语沟通，作为口头形式的语言活动，被视为人际沟通中最普遍、最常用、最主要的交际手段之一。言语沟通通常分为两种类型：第一种是正式言谈，即双方事先商定交谈的主题、目的，如会谈、谈判等；第二种是非正式言谈，即双方没有任何准备地、比较自由和随意地及随机地交流。无论哪种言语沟通类型，为使言谈能有效达到沟通目的，人们都应遵守一定的沟通原则和要求。

4.1　人际沟通的一般原则

　　本节从有效沟通和礼仪修养的角度，提出了人际沟通应遵循的一般原则。只有遵循这些原则，人们想要传递的信息才能如预期那样及时、准确、完整地被沟通对象接收和理解，进而才能获得对方的理解，问题才能得到有效解决，良好的人际关系才能顺利建立。

　　需要说明的是，下面这些沟通原则并不是完整的，本书第 1 章提出的商务礼仪的原则，如尊重、诚信、平等、适度、宽容等原则，同样适用于人际沟通，此处不赘述。

1. 同理心原则

　　同理心又可称为换位思考、移情、共情，指的是从他人的角度来体验世界。同理心原则要求我们在人际交往过程中，能够体会他人的情绪和想法、理解他人的立场和感受、真诚地关心对方的需求，并站在他人的角度思考和处理问题。同理心就是设身处地为他人着想，即想人所想、理解至上的一种处理人际关系的思考方式，在沟通过程中，将心比心、设身处地为对方着想是达成理解与共识不可缺少的。这就要求我们要学会互相体谅、宽容、理解、信任，做到宽以待人、严于律己，做到己所不欲勿施于人、己所欲者亦施于人。

2. 主动原则

　　主动是指个体按照自己设置的目标行动，而不依赖外力推动的人格特质和行为品质。人的本质是主动而非被动的，个人行为更多取决于自身的抉择，而不是外在的环境。积极主动的人会慎重思考，选定价值观并将其作为自己行为的内在动力，他们能够营造有利局面，使事情按照自己的意图发展；而消极被动的人则截然相反，他们感情用事，易受环境或条件作用的驱使。在人际沟通中，无论面对的是家人还是朋友、是教师还是同学、是管理者还是被管理者，都可以采取积极主动的沟通态度，营造鼓励性的沟通氛围，不应被动消极地等待，而是通过主动交流、主动反馈、主动支持和主动跟进，争取第一时间获得理解，解决问题，达成目标。具体来看，主动原则的要求主要如下。一是应秉持主动与他人交流信息、思想、情感等的沟通理念，如在工作中，我们应主动向领导汇报工作的进度与所遇到的困难，提出所需的支持，而不是等到无法按时完成时才向领导抱怨。二是我们应对沟通过程中存在的阶段性问题、达成的阶段性共识进行总结并与沟通对象进行分享，进一步达成共识，为下一阶段沟通的有效进行提供保障。三是我们应事先对沟通对象进行分析，了解他们的利益需求，并在沟通中不断地假设、观察、追问以发现对方的需求，从而主动提供支持以满足其需求，进而拉近双方距离。四是我们应密切注意沟通对象的细节表现，根据对方细微的行为特征，不断调整自己的沟通方式以达到最佳的沟通状态，从而保证沟通的有效性。

3. 礼貌原则

　　俄国文学家、哲学家赫尔岑说："生活中最主要的是有礼貌，它比最高的智慧，比一切学识都重要。"人们的印象形成过程始于通过感官觉察对方，社会交往中的人总是以一定的仪表、服饰、言谈、举止来表现自身的存在，这些也是影响人们印象的主要因素。因而，礼貌原则是指沟通双方通过上述影响因素表现出谦虚、恭敬、相互尊重等态度的原则。人际沟通中，我们要注重礼节、礼貌，要了解、掌握和遵循通行的社交礼仪，如日常交往中，言谈举止要文明、优雅、自然、大方、得体；服饰应遵循国际通行的 TPO 原则，即时间原则、地点原则、场合原则；待人接物应注重文明礼貌等。显然，一个人以何种形象出现在他人面前，已经成为人们非常重视的问题。因为它在一定程度上影响着人与人之间的沟通效果，甚至决定着人际交往的成败。而个体所表现出来的良好的礼仪风度，在交往中会给对方留下深刻而美好的印象，从而建立起稳固的关系。

4. 文化情境原则

文化情境原则是指人际沟通策略的选择应适用于特定的文化情境。文化背景与实际情境都会对沟通产生重要的影响，处理不好则会阻碍有效沟通，甚至导致沟通失败。不同国家、不同区域的文化不同，这使得人们的沟通习惯不同；而不同沟通对象的个性、需求不同，不同情境下的实际情况不同，这都使得沟通技巧的运用必须更具灵活性。换言之，在沟通过程中，我们应重视文化情境因素的影响，做到实际情况实际分析，选择适合该文化情境的沟通策略。

5. 信息对称原则

信息对称是指沟通双方所掌握的沟通信息是完全的、一致的，即所传递的信息是完全的和精确的。信息的完全性就是要求沟通者提供的信息是真实的、全面的，即不存在信息欺骗行为，并且要求沟通者向沟通客体提供"5W1H"，即 Why、What、Where、When、Who、How（原因、事件、地点、时间、人物、怎么做）6 个方面的信息，不要让对方去猜测；信息的精确性就是要求信息发送者所编码的信息能被接收者完全接收，即信息在传播与接收过程中基本不改变原意或不偏离原意。信息对称原则要求在沟通过程中以事实为基础，采用"观点+理由+事实"的表达方法以客观地陈述所发生的事实，用数据和事实沟通。例如，小李是三好学生（观点）。理由有三：其一，他学习好；其二，他思想好；其三，他身体好。具体事实是：他学习好，发表高水平论文 10 多篇，连续 3 年获得国家奖学金；他思想好，曾被评为优秀共产党员；他身体好，每天坚持锻炼身体，曾获得学校游泳比赛冠军。

6. 问题导向原则

问题导向原则是指沟通应以解决问题和达成目标为出发点和工作重点。有效沟通应该具有明确的沟通目标，即解决目前存在的问题，以达成一致的协议。问题不清晰，目标不明确，将导致发送的信息混乱、模糊不清，接收者只能靠经验和情境去揣摩、猜测对方的用意，从而产生沟通误差或导致沟通失败。除了清晰界定问题，问题导向原则还要求对事不对人，因此我们在沟通过程中应学会克制情绪，不搞人身攻击，不轻易下结论，从解决问题的角度来考虑沟通的策略。

4.2 有效的口头表达

4.2.1 选择合适的话题

语言学家普遍认为，成功的交谈首先应注意选择合适的话题。双方在交流和沟通中，应以选择共同感兴趣的话题为宜。不合适的话题通常有 3 种：一是只有自己感兴趣的话题；二是让对方无法继续的封闭式话题；三是有关个人隐私的话题。

与他人进行沟通式的交谈时，开始不妨采用对对方表示关心的提问，而在谈话即将结束时，可适当地运用感谢的话语。如交流开始时可采用以下话语："您最近在忙些什么？""您的事情进展如何？""我能为您做些什么？"交流结束时可说："谢谢您的帮助和建议，我将重新整理一下我的思路。""这次交谈，真令我获益匪浅。"

在正式的商务谈判中，谈判开局被称为破冰期，通常需要运用中性话题来加强沟通。素不相识的人在一起谈判，极易出现停顿和冷场，谈判一开始就进入正题，更容易增加"冰层"的厚度。因此，谈判人员应在进入谈判正题前，留出一定的时间，就一些非业务性的、轻松的话题，如时事新闻、气候、体育、艺术等，进行寒暄，缓和气氛。

4.2.2 准确清晰地传递信息

为了实现有效的沟通和交流，参与交谈的双方应尽可能做到准确清晰地传递信息。这主要包括以下几点。

1. 慎选用语

一般来说，在沟通过程中，如果信息的接收者不能理解发出者所传递的信息，那么沟通是无效的。因此，选择传递信息的用语极为重要。在交谈中，应尽可能选择通俗的用语，语义表达应清晰、完整。要根据交谈对象的实际情况，选择合适的、对方容易理解的话语，尤其要选择容易让人接受、美好的语言，而要避免使用有伤害性或攻击性的语言。如生活中有些人开口就说："不是这样！""你说的根本不是事实！""你在胡说八道，谁会相信这种鬼话！"试想：这样的语言谁能接受呢？因此，采用类似的语言是无法顺利进行沟通的。反之，若我们在与人沟通中，时常将"您说的也很有道理"作为导语，其效果则会大不相同，这会让对方主动意识到去改变自己。

2. 语速适中

在运用言语与人进行交流的过程中，语速对阐述效果的影响也很大，语速过快则对方易听不清、记不住；语速过缓则对方会感到拖拉冗长、难辨主次。陈述的语速应快而不失节奏、慢而不失流畅，给人以轻松、动听之感。语句之间稍微停顿一下，目光与对方交流一次再继续陈述的效果颇佳。

一般来说，电视台新闻播音员的语速较快，基本上每分钟说 300 个字左右。平常人们的语速是每分钟说 200 个字左右。对于日常生活中非常熟悉的语言，在短时间内（几秒内），人每秒可处理七八个字，甚至更多；一般情况下，人的辨析能力是每秒四五个字，即每分钟 240 ~ 300 个字，语速超过这个速度，听者在理解时就会有一定的困难。

我们应警觉，在交谈中过快的语速、尴尬的停顿，都可能在无意间传递一些不好的信息，让对方觉得我们可能隐瞒了某种事实，以至于对我们说的话产生怀疑，妨碍沟通的有效进行。因此，交谈者对交流和沟通语速的把握不可忽视。

3. 语调的掌控

同一句话的语调不同，所赋予的含义就不同。例如，"您的一番话对我启发很大呀"这样一句话，在谈判中由于语调的不同，可以有赞赏、讥讽、敷衍等意思。在正式的交谈中，交谈者通过对方说话的语调，可以判断其感情或情绪的状态。在陈述问题时，交谈者要让对方从你的语调中感受到你的坚定、自信和冷静；我们要避免使用过于高亢、尖锐或过于柔和、轻细的语调。还应注意的是，情绪因素可直接影响说话时的语调。所以，交谈者应时刻注意调整自己的情绪状态，努力克制自己，避免因自己不好的情绪状态影响说话的语调，从而在无意间传递一些不好的信息，阻碍双方的有效沟通。

4.2.3　言谈风范

正式的沟通和交流需在一种良好的氛围中进行，而交谈者应具有良好的言谈风范，如用词积极正面、礼貌相待、谈吐幽默等。

1. 使用积极正面的字词

语言具有很强的能量。我们所说的话，其实对沟通双方的态度及情绪影响很大。在言谈中，我们应该有意识地使用积极正面的字词来取代消极负面的字词。

一般而言，在日常生活中所使用的字词可以分成 3 类：积极正面的、消极负面的以及中性的字词。消极负面的字词，如"问题""失败""困难""麻烦""紧张"等。如果我们常使用这些消极负面的字词，恐慌及无助的感觉就会随之而起。高情商的人很少会用这些消极负面的字词，他们会用积极正面的字词来代替。例如，他们不说"有困难"，而说"有挑战"；不说"我担心"，而说"我在乎"；不说"有问题"，而说"有机会"。如果使用积极正面的字词，人就更积极、更有动力去面对生活。

我们在商务活动中，介绍价格时，不要说"贵"，要说"物有所值"；不要说"不值钱"，要说"物美价廉、经济实惠"；不要说"对不起，现在没货，10 天后才能到货"，而要说"只要 10 天，属于你的货就到了"；不要说"失败的概率是 20%"，而要说"成功的概率是 80%"；不要说"没有"，而要说"请稍等"。

消极负面的字词与积极正面的字词的对比如表 4-1 所示。

表 4-1　消极负面的字词与积极正面的字词的对比

消极负面的字词	积极正面的字词
别忘了在下班前把货送到	记住在下班前把货送过去
这次的报告写得好多了	这次的报告写得更好了
我们不允许刚参加工作就上班迟到	对刚参加工作的人来说，保证按时上班很重要
免费早餐仅限于 20 元以内，超出部分请自付	你可以免费享用 20 元以内的早餐
如果您对我们的服务不满意，可不再续约	这次与您合作得非常好，让我受益匪浅，望我们继续合作
外派工作本身就是不确定的，困难比较多	外派工作非常有利于丰富你的职业生涯，但也的确需要你克服一些意想不到的困难

所以，我们在与人沟通时其实需要字字琢磨。将消极负面的字词换成积极正面的字词，我们能取得更好的沟通效果。

2. 遵循礼貌规则和非暴力沟通

礼貌可谓言语沟通的基础，也是实现与各类人有效沟通的基本规则。礼貌言谈主要体现在文雅、得体、谦逊 3 个方面。交谈者应遵循交谈中的礼貌规则，应懂得礼貌风范是言谈风范的重要体现。

沟通的礼貌风范要求人们掌握非暴力沟通的技巧。在我们的日常生活中，暴力沟通十分普遍，如"你还知道回来啊，你怎么不'死'在外面呢？"又如，"你这么不爱学习，将来长大了能有什么出息？"类似的暴力沟通在生活中随处可见。暴力沟通只会导致矛盾激化，让他人和自己都陷入痛苦。非暴力沟通提供了一种新的沟通方式，它帮助我们认识到日常沟通中潜藏的"暴力"，强调以真诚倾听的方式与人交流。道德评判、比较、强人所难、回避责任等异化的沟通方式非但不能解决问题，反而容易造成心灵隔阂。非暴力沟通意味着让爱融入生活。让尊重、理解、欣赏、感激和友爱，而非自私自利、贪婪、憎恨、偏见、怀疑和敌意来主导生活。

拓展阅读

非暴力沟通

非暴力沟通（Nonviolent Communication，NVC）概念是美国学者马歇尔·卢森堡博士在 1963 年提出的。2003 年，联合国教科文组织将 NVC 列为全球正式教育和非正式教育领域非暴力解决冲突的最佳实践之一。2009 年《非暴力沟通》一书在我国出版。这本书将非暴力沟通方式划分为"表达"和"倾听"两个方面，其中表达又细分为"观察""感受""需要""请求"4 个要素。《非暴力沟通》通过对这些方面和要素的详细解读，帮助人们扭转负面的思维趋势，用温和的方式化解人际冲突，以维持轻松和谐的人际关系。

也许我们并不认为自己的日常谈话方式是暴力的，但我们的语言确实常常让自己和他人痛苦。卢森堡博士提出的非暴力沟通，也被称为"爱的语言"。依照它来谈话和倾听，有助于我们情谊相通、乐于互助。

3．表现幽默感

社会生活及人际关系的复杂，要求我们在交际中使用的语言要表现灵活性，而幽默是一种有趣的、富有感染力的传递艺术，是为人处世高情商的表现。在人们的交谈中，交谈者所具有的幽默感，不仅能令自身谈吐生辉，还能为交谈增添一种轻松、愉快、和谐的气氛，并可消除疑虑和隔阂。因而，人们恰当地使用幽默的语言不失为一种促进人际沟通的有效方式。不可否认，有时在交谈中，交谈者会处于十分尴尬的境地，这时便需要以幽默的话语作为润滑剂。

实例

聪明的蚊子

美国作家马克·吐温有一次到某地旅店投宿，他在服务台登记房间时，一只蚊子正好飞来。换作其他人，可能会毫不犹豫地批评旅店的卫生没有做好。但马克·吐温对服务员说："早听说贵地蚊子十分聪明，果不其然，它竟会预先来看我登记的房间号码，以便晚上对号光临，饱餐一顿。"服务员听后不禁大笑，立马和其他的旅馆职员进行驱蚊工作，为了不让这位博得众人喜爱的作家被"聪明的蚊子"叮咬。

幽默的话语不仅能化解尴尬的局面，而且以愉悦的方式表达了对对方的真诚、大度和友善。幽默如同一座桥梁，有助于建立良好的人际关系，也能表现交谈者机智地处理复杂问题的应变能力。正如心理学家特鲁·赫伯所说的，幽默是现代人必备的文明品质，幽默是一种才华，是一种力量，是人类面对共同的生活困境而制造出来的一种超脱方式。

但应注意的是，实际交谈中的语言有多种幽默风格，如高雅的、通俗的、含蓄的、滑稽的语言等，因此，我们应根据不同的场合、时机选择恰当的幽默方式，这样才能收到良好的效果。

4.2.4 提问的技巧

1. 提问方式

提问方式有很多种，如引导式提问、证实式提问、探索式提问、澄清式提问、暗示式提问、迂回式提问、反诘式提问等。所有的提问方式都可以归纳为两种基本的提问方式，即闭合式提问和开放式提问。

（1）闭合式提问

闭合式提问就是为获得特定信息或确切的回答的直接提问方式，又叫确认式或证实式提问，主要目的是确认结果。提问常用的词汇有："能不能""对吗""是不是""会不会"。例如，"您是否认为这门课程值得学习？""贵方10天之内能否发货？""您是否愿意与我们合作？""您是说贵方同意我方的主张，准备在双边贸易问题上进一步加强合作，对吗？"对方的回答一般只能用"是""不是""对""不对""能""不能"等形式。这种提问方式，单刀直入，直接指向问题的要害，答案比较明确、简单，便于收集比较明确的信息。

（2）开放式提问

开放式提问是要从对方处获得更多、更全面的信息的提问方式，主要目的是收集信息。这种提问方式常用的词汇是"什么""告诉""怎么样""为什么""想法"等，如"您对本方案有何建议？""您觉得哪些方面需要改进呢？""您为什么会有这种想法呢？"开放式提问可以使对方打开自己的心扉，说出自己的想法和感受，提问者也因此有机会深入对方的内心世界，获得一些深层次的信息。

实例

保险推销中的提问

在保险业务谈判中，你要想了解对方更多的信息，采用开放式提问尤为重要。下面举例来说明。

你想了解对方目前的保险合作情况，如果选择直接询问：

"马先生，贵公司目前跟哪家保险公司合作呢？费率是多少呢？"（闭合式提问）

对方的答复可能是："这个不方便透露，你们先报个价格吧！"这"皮球"又踢回来了。

如果这么问：

"马先生，您公司业务规模这么大，一定经常跟我们保险公司打交道吧？您对之前的合作伙伴的评价如何？"（开放式提问）

他至少要简单评价一番，哪怕是说"还不错"，你也能找到继续说下去的话题了。

例如：

"您看您对我们这边的要求是什么呢？"（开放式提问）

对方接下来的答复就不会是简单的"是"与"不是"，而很有可能是长篇大论。只要对方再说，他说的话就能给你透露不少信息。

又如，在了解费率方面，你不必直接询问对方的费率是多少，如果能了解到对方的年投保金额，再了解到对方的年保险费，就可以大致推算出对方的费率了。实际上你在跟对方聊天时就可以获得这两个数据，而且不会引起对方的反感。

表 4-2 对以上两种提问方式分别给出了一些例子，便于大家比较。

表 4-2　不同提问方式的比较

闭合式提问	开放式提问
你在本月底以前可以完成作业吗	你什么时候可以完成作业
我们是共同验收还是委托买方验收	验收条件怎么确定
这是你们的最后价格吗	你们的价格怎么会是这样的呢
这就是你这样运输安排的理由吗	你为什么要这样安排呢
发动机下方 40 厘米处是这个部件的位置吗	发动机下方是什么
你看今天晚上 8 点以前我们见面行吗	你什么时候有空

两种提问方式互相补充，各有所长。闭合式提问的特点是针对性强、容易控制问题讨论的方向、制造的气氛比较紧张、节奏较快、给予对方的压力较大、应答受制；开放式提问的特点是随意性强、对方回答问题的方向难测、气氛缓和、节奏较慢、应答自由。前者大多用于辩论性场合，后者大多用于社交性场合。在谈判中很难说清哪种提问方式更好。例如，律师进行盘问，总是设法避免那种有不可控回答的提问以达到特定的目的；而销售人员或头脑风暴会议的主持者常运用开放式提问，以缓和关系、启发思维。

提问时除了善于选择适当的方式，还应注意提问的言辞、语气和神态，要尊重对方的人格，避免使用讽刺性、审问性和威胁性的提问方式。

2. 提问效果

从提问效果看，提问可以分为有效提问和无效提问两类。有效提问是确切而富于艺术性的一种提问。无效提问是强迫对方接受，或迫使对方消极地去适应预先制定的模式的一种提问。案例如下。

① "你根本没有想出一个主意，你凭什么认为你能提出一个切实可行的方案呢？"

② "你对这个问题还有什么意见？"

③ "不知各位对此有何高见？请发表！"

④ "这大米发霉吗？"

第①句的提问，是典型的压制性的、不留余地的提问，把对方逼得不知如何回答。第②句的提问，是缺乏情感色彩的、例行公事式的提问，无法引起对方的兴趣。第③句的提问，虽然从表面上看没问题，但实际效果并不好，十有八九的与会者会不出声，毕竟，谁敢肯定自己的见解高人一等呢？谁好意思开口呢？第④句提问，是一位顾客在黄梅时节去商店买大米时，怕大米受潮发霉随口问的，但他得到的回答是："发霉？请到别处买！"因此，掌握有效提问的技巧很重要。

有效提问的技巧涉及下述两个方面。

第一，有效提问，应于"问者谦谦，言者谆谆"的氛围中进行，这有助于给人真诚和值得信赖的感觉，形成坦诚、信赖的心理感应，从而使答问者产生平和而从容的感受，以便提问者达到预期的目的。

第二，有效提问必须使用一定的提问模式，具体如下。

有效提问=陈述句式+疑问词

根据这一模式，可将上述无效提问的4个例句改为以下模式。

① "你能提出一个切实可行的方案，这很好，你能先说一说吗？"

② "你是能帮助解决这个问题的，你有什么建议吗？"

③ "不知各位意下如何，愿意交流一下吗？"

④ "大米是刚到的货，对吗？"

据语言学家的分析，人们的任何提问几乎都可以转化为这种模式，即先将疑问的内容用陈述句式表述，然后在陈述句式之后附以一些疑问词，与此同时配以赞许的一笑，这样的提问就会有效。即使要对方按照你的意见去做，也要用这一模式提问。例如，"我知道要做很多工作，可是我们必须在今晚干完它，行吗？"这种提问方式能调动对方回答的积极性，调动对方更深层的智力资源，充分满足对方的社会赞许动机，即渴求社会给予嘉许与肯定的心理。这种提问之所以有效，系因陈述句后面加了疑问词，具有一种向他人征询、洽商，顾及他人的意味。即便对孩子也是如此，试着比较下面两句。

① "伟伟，给叔叔、阿姨唱一首歌！"

② "听说伟伟会唱许多歌，还上了晚会表演，叔叔、阿姨没看到，给叔叔、阿姨唱一首歌好吗？"

例句①是命令式，没有引发孩子渴求社会给予嘉许与肯定的心理，孩子可能僵在那里，就是不唱；例句②是征询式，能激发孩子的表现欲望，幼儿园老师常采用这种提问方式。

4.3 倾听

4.3.1 倾听的效果和障碍

1. 倾听的效果

在人际沟通过程中，倾听起着非常重要的作用。一方面，听是获取信息的基本手段，面对面沟通中大量信息都要靠倾听来获得。另一方面，交谈者在沟通过程中对听的处理本身也可以向对方传递一定的信息。认真地听，既能向对方表明你对他的讲话十分感兴趣，同时也表示了你对对方的尊重，从而能够起到鼓励对方进行更充分的阐述，使己方获得更多信息的作用。

2. 倾听的障碍

倾听在沟通中起着十分重要的作用，但人们实际听的效果如何呢？美国学者利曼·史泰尔在其对听的开拓性研究中发现，听是运用得最多的一种沟通能力，也是人们在听、说、读、写等各种沟通能力中最早学会的一种能力。但人们在如何"有效地听"这方面所接受的教育与训练却很少。在学校期间，人们通常都可以得到说、读和写等方面的教育与训练，但对听却很少重视。

人们对听不予以足够重视的原因在于，一般情况下人们始终认为，在沟通的各方面能力中，听是最简单的一种。只要没有语言障碍，就不存在听的问题。但是，事实上，人们对听的实际效果的研究与人们对听的这种认识却大相径庭。有关研究表明：听对方讲话的人通常只能记住不到 50% 的讲话内容，而在讲话人所阐述的全部内容中，通常有 1/3 是按照原意听取的，1/3 是曲解地听取的，剩余 1/3 则完全没被听取。

要完整而又准确地理解对方表达的含义和意图并不容易。在沟通过程中，人们面临着多种有效倾听的障碍，如当人们与他人讲话时，往往只注意与自己有关的内容，或者只顾考虑自己头脑中的问题，而无意去听对方讲话的全部内容；受到自身知识或语言能力限制，无法理解对方表达的全部内容；仅仅根据自己的情感和兴趣来理解对方的表述，从而很容易误解或曲解对方的意图；等等。

4.3.2　有效倾听的技巧

人们要实现有效倾听，就要设法克服上述障碍。事实上，由于人们精力状况的限制，交谈者不可能在妥当地回答对方的问题的同时，又一字不漏地收集并理解对方表达的全部内容的含义。因此，听的关键在于了解对方阐述的事实，理解对方表达的显式和隐式含义，并鼓励对方进一步表述其所面临的问题及有关想法。要达到这些要求，人们在听的过程中，掌握一些技巧是必要的。

1．耐心地听

积极有效倾听的关键在于交谈者在双方沟通过程中必须能够耐心地倾听对方的阐述，不随意打断对方的发言。随意打断对方的发言不仅是一种不礼貌的行为，而且不利于对方完整而充分地表达其意图，也不利于己方完整而又准确地理解对方的意图。

2．对对方的发言做出积极回应

交谈者在耐心倾听对方发言的过程中，还要注意避免被动地听。沟通的关键在于要达成相互理解，因此交谈者不仅要善于做一个有耐心的听众，而且要善于做富有同情心、善于理解对方的听众。在听的过程中，应当通过适当的面部表情和身体动作，对对方的表述做出回应，鼓励对方就有关问题进行进一步的阐述。交谈者还可以利用适当的提问，加深对对方有关表述的理解，引导对方表述的方向。高效的倾听者的标志是他能对他人的话做出合适的反应，利用这种反应来加强人际关系。

鼓励对方发言的技巧

3．保持开放的心态，从肯定对方的角度倾听

倾听的前提是对沟通对象抱有虚心受教的态度，不得先入为主。正确的倾听态度应该是：

① "我对你很感兴趣，我认为你的说法很重要"；

② "我相信你是有理由这么做的，我认为你的想法值得听听"；

③ "我尊重你的想法，即便我不赞同，我知道这些想法对你是重要的"。

要认识到，通常沟通情境下的倾听是为了双方更好地交流思想和观点，联络情感，而不是为了辩论。在辩论中，倾听是为了反驳、为了分清正误、为了压倒对手；在通常的沟通交流中，倾听是为了理解、为了求同存异、为了帮助对方。另外，你不要为了面子，或者因为担心自己的权威或地位受到挑战，就不接受与自己观点相左的思想，要以"有容乃大"的气度去倾听。

4. 正确运用距离语言

交谈时应注意保持合适的身体距离，以商务谈判为例，双方的交谈距离一般为 1～1.5 米。如果过远，双方会交谈不便，有相互之间听不清、谈不拢的感觉；如果过近，双方会感到拘束，而不利于表达自己的意见。双方到底保持多远的交谈距离，要根据双方的关系亲疏以及所处的场合来确定，同时还会受到双方所处的文化背景的影响。美国心理学家霍尔在他的《无声的空间》一书中，将人们所处的空间划分为 4 个层次，如表 4-3 所示，可以供我们在运用距离语言时做参考。

表 4-3　人与人之间空间层次的划分

空间层次	距离	适用范围	与社交活动的关系
亲密空间	15～46 厘米	亲密的人	在社交活动中陌生人不能侵犯这一区域
私人空间	47～120 厘米	亲朋好友	在社交活动中按照适当的方式适时地进入这一空间，会增进彼此的情感与友谊，取得社交活动的成功
社交空间	1.3～3.6 米	凡有交往关系的人都可进入的空间	在社交活动中，彼此保持这一距离，会产生威严感、庄重感
公众空间	大于 3.6 米	任何人都可进入的空间	在此空间，看见曾有联系的人，一般都要礼貌地打招呼；对不认识的人，不能长久地注视，否则会被视为不礼貌

5. 做适当的记录

在长时间及较复杂的问题的沟通中，交谈者应考虑对所获得的重要信息做适当记录，作为后续沟通的参考。当然，在做记录前，人们应当对现场记录是否与有关文化价值、观念相冲突有所了解。在某些文化中，人们将听者记录其言论视为对其发言的重视；但在另一些文化中，人们则将记录视为一种对其不信任的表现。在某些场合，由于讨论的问题的敏感性，人们则不希望对方进行记录。

4.4　建设性反馈

4.4.1　建设性反馈的特征

在生活、学习和工作中，我们经常会遇到这样的情形，出于好心给别人提建议或意见，反而得罪了人。倾听时难免需要给对方反馈，可是我们发现，即使一个听上去无伤大雅的评价或建议，也可能会让对方感到被嘲讽、被亏待或被威胁，进而使对方愤怒、焦虑。如何做到在提醒、指导、建议和批评他人时，让对方不反感，甚至能够愉快接受呢？这就要运用建设性反馈的一些技巧了。

所谓建设性反馈，是指当沟通对象的行为没有达到沟通者期待的结果时，沟通者具体指出问题所在，并提示改善方向，在解决问题的前提下，保持与对方良好的人际关系。建设性反馈有 3 个特征。

1. 解决了实际问题

建设性反馈是针对对方存在的实际问题而提出的，不仅是为了讨他人喜欢或被社会认可。

2. 实现了信息的准确传递

沟通者要围绕沟通目标，准确高效地传递信息，保证信息被对方接收和理解，而不是使信息模糊不清或偏离主题。

3. 保持了积极的人际关系

给予建设性反馈，沟通者需要用一种表示尊重与支持的方式陈述自己的反馈，并且给对方主动解决问题留出余地，而不是简单地指责对方，或命令对方。也就是说，建设性反馈要求沟通者做到既解决了现实问题，又与沟通对象保持了良好的人际关系。

4.4.2　给予建设性反馈的技巧

在给对方提意见时，如何让"忠言不逆耳"呢？李映霞等学者提出的"五步法"可以让你在给予建设性反馈时取得较好的效果。

1. 表达你积极的意图

明确、积极的沟通意图有助于表明你是客观的及尊重对方的，将使对方更容易听取你的反馈。积极的意图应该指向沟通双方的共同目标。这种对事不对人的表述方式，有助于避免对方误解你在责备他。例如：

"我们需要如期完成这个发货计划，但我们现在晚了，让我们看一下能做什么。"

"我们能否讨论一下新的结账程序？我认为这个新的结账程序并没有达到我们的目标——更快地为客户服务。"

2. 描述你所观察到的不良情况

要使反馈生效，需要让对方相信你说的话是真实且有依据的。要做到这一点，你的意见必须是明确且具体的，并且只简单地陈述事实而不进行评价或解释。这里需要注意以下两点。

第一，要具体简明地描述不良情况。尽可能地使用事实和数字来描述不良现象，这样才有说服力。但要注意不能冗长，否则就会变成数落别人。

"笼统抽象的描述"和"具体简明的描述"的范例如表 4-4 所示。

表 4-4　"笼统抽象的描述"和"具体简明的描述"的范例

笼统抽象的描述	具体简明的描述
你交来的记录不完整	我仔细核对了你交来的记录，发现少了 13 个数据
你的工作台总是乱七八糟的	你工作台上有些工具没有放在恰当的位置
你从未按时交给我	时间只剩一半了，可计划只完成了 1/3
你的车技真够差的	我注意到你刚才没打转向灯

第二，描述不良情况时要对事不对人。如果批评话语的主语是"你"，那么对方很容易理解成这种批评是针对他的。如果将主语换成"事"或"行为"，那么批评针对的就不是某个人了。对人与对事的反馈的范例如表 4-5 所示。

表 4-5　对人与对事的反馈的范例

对人的反馈	对事的反馈
你的工作没有条理	工作要注意轻重缓急
你的车技真够差的	拐弯一定要打转向灯

续表

对人的反馈	对事的反馈
你从未按时交给我	工作进度要跟上，否则会影响团队绩效
你没有按我们同意的方式安排这些项目	这些项目没有按我们同意的方式安排

3. 说明不良情况的恶劣影响

我们需要客观、冷静地提醒对方，其不良行为带来了一些需要重视的后果。这里需要注意以下 4 点。

（1）将后果与共同的工作目标联系起来

沟通的前提是解决问题、达成共同目标，因此时刻提醒自己和对方别忘了这个前提。例如，"进度比计划落后了 3 天，这样会影响我们部门的绩效"。

（2）点到为止

选择几个十分严重的后果来进行说明，否则你的反馈可能被视为数落和攻击，而不是一种支持。尤其是对职位比你高的人或自尊心很强的人，一定要留面子。

（3）保持客观

描述一个行动或行为的负面后果可能会使你情绪激动，因此你应当提醒自己尽量客观描述，而不是主观评价。

（4）慎用消极负面的字词，用积极正面的字词

没有人喜欢被直截了当地严厉批评，你需要把否定词包装一下，从而委婉批评。例如，"小刘，这个报告写得太啰唆了"不妨改为"小刘，这个报告可以更精练一些"。

4. 征求对方的答复并倾听

你需要了解对方的想法，否则就有将谈话变成单方演讲的危险，也就不能达到解决问题或互相学习的目的。这里要用到倾听的各种技巧，此处不赘述。

5. 一起讨论解决方法

请注意，建设性反馈是一种建议，而不是批评。你需要将这个过程看成一次对话交流，而不是单方面的倾诉。双方可以交换意见，一起讨论，讨论的中心不在于问题而在于解决方法。这样不仅可以解决问题和互相学习，而且确保了客观的意见交换。这里特别需要注意的是，每当提出选择方案时，你只需说明你自己会如何尝试去解决问题，尽量避免表现得像个专家。如果需要对方负责改进，那就让他负责，这是帮他培养责任心的好办法。

练习测试题

一、不定项选择题

1. "己所不欲勿施于人，己所欲者亦施于人"主要体现沟通中的（　　　）。
   A. 同理心原则　　　　　　　　　B. 文化情境原则
   C. 信息对称原则　　　　　　　　D. 问题导向原则

2. 在沟通过程中要求客观地陈述所发生的事实，用数据和事实去沟通，这符合沟通中

的（　　）。

    A. 同理心原则   B. 文化情境原则

    C. 信息对称原则   D. 问题导向原则

3. 关于非暴力沟通，下面正确的表述有（　　）。

    A. 非暴力沟通提供了一种新的沟通方式，它帮助我们认识到日常沟通中潜藏的"暴力"，强调以真诚倾听的方式与人交流

    B. 道德评判、比较、强人所难、回避责任等沟通方式非但不能解决问题，反而容易使沟通双方产生隔阂

    C. 非暴力沟通意味着让爱融入生活

    D. 非暴力沟通强调在人际沟通中要做到不卑不亢、以理服人

4. 沟通中为了从对方处获得更多、更全面的信息，我们应该采用的提问方式是（　　）。

    A. 闭合式提问   B. 开放式提问

    C. 暗示式提问   D. 反诘式提问

5. 一般认为建设性反馈有 3 个特征，包括（　　）。

    A. 解决了实际问题   B. 恰当运用肢体语言

    C. 保持了积极的人际关系   D. 实现了信息的准确传递

6. 美国心理学家霍尔在他的《无声的空间》一书中，将人们所处的空间划分为 4 个层次，其中，社交空间的距离是指（　　）。

    A. 15～46 厘米   B. 47～120 厘米

    C. 1.3～3.6 米   D. 大于 3.6 米

二、判断题

1. 问题导向原则要求人们在沟通过程中应学会克制情绪，不人身攻击，不轻易下结论，从解决问题的角度来考虑沟通的策略。（　　）

2. 在正式的商务谈判中，谈判一开始就应该进入正题，不宜谈一些非业务性的、轻松的话题。（　　）

3. 在交谈中，我们应该有意识地使用积极正面的字词来取代消极负面的字词。（　　）

4. 在沟通的各方面能力中，听是最简单的一种，只要没有语言障碍，就不存在听的问题。（　　）

5. 要想让谈话继续下去，并且有一定的深度和趣味，就要多提闭合式问题。（　　）

6. 在给对方提意见时，先给出一个明确、积极的沟通意图，将使对方更容易听取你的反馈。（　　）

三、简答题

1. 人际沟通应遵循哪些原则？你认为最重要的原则是什么？

2. 举例说明在人际沟通中应如何遵守同理心原则。

3. 在与他人开始沟通时，如何选择合适的话题？

4. 在人际沟通中如何做到准确清晰地传递信息？

5. 交谈者如何具备良好的言谈风范？

6. 提问方式有哪些？如何才能做到有效提问？

7. 有效倾听的障碍有哪些？如何才能做到有效倾听？

8. 建设性反馈具有哪些特征？

9. 建设性反馈"五步法"包括哪些步骤？

四、自我测试题

【测试1】

人际沟通测试

对照自己的实际情况，对以下问题给出"是"或"否"的回答。

1. 跟别人谈话，会试着从对方的角度看问题。

2. 如果错了，不会害怕承认错误。

3. 让别人理解的办法，是把想法和感受明确地告诉对方。

4. 你如果觉得自己伤害了别人，会马上道歉。

5. 乐于接受批评。

6. 对别人正在讲的话题，通常会表示感兴趣。

7. 入学后能很快喊出同宿舍同学的名字。

8. 时不时会跟教师聊聊天。

9. 善于从别人的话里听出弦外之音。

10. 别人开自己的玩笑可以接受，但不主动拿别人开玩笑。

11. 做事有原则，但遇到特殊情况，也有灵活性。

12. 讲话简明扼要，不啰唆。

13. 懂得如何说"不"而不使对方难堪。

14. 脸上常挂着微笑。

15. 懂得如何适度地赞美别人而又没有拍马屁的嫌疑。

16. 很少抱怨，从不在公开场合与人发生争执。

17. 跟陌生人接触，善于发现彼此之间的共同点。

18. 不会表现得比朋友更精明，但也不会让人觉得愚蠢。

19. 总是勇于表达自己的想法。

20. 注重细节，经常通过观察细节得出与众不同的结论。

结果解释：

回答"是"的题目不超过8个：不及格，需要好好学习有关沟通的常识。

回答"是"的题目超过8个但不超过15个：虽然了解沟通之道，但还不够完美，要加把劲。

回答"是"的题目超过15个：非常善于与他人沟通。

思考与讨论：

评估自己的人际沟通能力。

【测试2】

你善于倾听吗

根据自己的实际情况，针对表4-6的问题给自己评分。

表 4-6　倾听能力测试表

测试题目	分值
1. 你喜欢听别人说话的程度	1　2　3　4　5
2. 你鼓励别人说话的程度	1　2　3　4　5
3. 你不喜欢的人在说话，你也注意听的程度	1　2　3　4　5
4. 无论说话者是男是女、年长还是年幼，你都注意听的程度	1　2　3　4　5
5. 朋友、熟人、陌生人说话时，你都注意听的程度	1　2　3　4　5
6. 你从不目中无人或心不在焉的程度	1　2　3　4　5
7. 你会注视说话者的程度	1　2　3　4　5
8. 你能忽略足以使你分心的事物的程度	1　2　3　4　5
9. 你会微笑、点头以及使用不同的方法鼓励他人说话的程度	1　2　3　4　5
10. 你会深入考虑说话者所说的话的程度	1　2　3　4　5
11. 你试着指出说话者所说的意思的程度	1　2　3　4　5
12. 你试着指出说话者为何说那些话的程度	1　2　3　4　5
13. 你会让说话者说完他的话的程度	1　2　3　4　5
14. 当说话者在犹豫时，你会鼓励他继续说下去的程度	1　2　3　4　5
15. 你会重述说话者的话，弄清楚后再发问的程度	1　2　3　4　5
16. 在说话者讲完之前，你会避免批评他的程度	1　2　3　4　5
17. 无论说话者的态度与用词如何，你都注意听的程度	1　2　3　4　5
18. 若你预先知道说话者要说什么，你也注意听的程度	1　2　3　4　5
19. 你会询问说话者有关他所用字词的意思的程度	1　2　3　4　5
20. 为了请说话者更完整地解释他的意思，你会询问的程度	1　2　3　4　5
合计得分	

分值说明：5 表示几乎都是；4 表示常常；3 表示偶尔；2 表示很少；1 表示几乎从不

评分标准：

90～100 分——你是一个优秀的倾听者。

80～89 分——你是一个很好的倾听者。

65～79 分——你是一个勇于改进、尚算良好的倾听者。

50～64 分——在有效倾听方面，你确实需要再多多训练。

50 分以下——也许你根本就没有在听。

案例分析题

【案例 4-1】

一次失败的约会

吴亮这个星期一直被一件事困扰，所以几天都没出去打篮球。原来，他快 30 岁了，谈了好几次恋爱都没有成功，至今单身。家里人挺着急，于是托人给他介绍对象，约好这个周六在大华影院见面。可是，吴亮很发愁，不知见了面怎么与这个女孩交谈。前几次他一直表现得斯斯文文，光听女孩说，自己只是回答"是""嗯"，让女孩以为他很腼腆。他想不出来这次见面应该咋办，最后一想，管他呢，到时候再说，还是出去打篮球吧。

星期六下午5点一刻，吴亮着一身新衣赶往目的地。由于他家在西城区，那个女孩的家在东城区，相距较远，所以他把约会时间定在下午6点半，地点定在离女孩家较近的大华影院门口。从吴亮家坐车到大华影院一般要45分钟。谁知这天堵车，吴亮赶到的时候，已经晚了10多分钟。

吴亮走到女孩面前，急忙说："不好意思，路上堵车，早不堵晚不堵，偏偏这时候堵，真是对不起。"

女孩随意地说："没什么，我也是刚到。这个城区人多，车也多，所以常常堵车……"

"就是嘛！唉，都挤到这个城区了。"吴亮急忙说，"你看这条路，到处都是人，每年还有不少外来人口涌入。每天叫喊要修快速路，也不见行动……"女孩眉头一皱，不过也没说什么，任凭他说下去。

"哦，你吃了晚饭吗？"女孩趁吴亮说得口干之际插了一句。

"吃了，现在不饿。"吴亮随便应了一句。两个人都沉默了。

吴亮忽然冒出一句："咱们去看电影吧。""嗯。"女孩细声答道。

刚到门口，吴亮"唉"了一声，女孩忙问："怎么了？"

"也没什么，今晚的两个片我都看过。《××××》虽是大片，却让人看了觉得不着边际。《××××》太老了，真没劲。"吴亮没兴趣地答道。

女孩迟疑了一下，说："那咱们别看了吧。"

"行呀！不看这破电影，咱们上街随便遛遛。"吴亮大声说道。

街道中间车流不息，十分喧闹。两人一时间都沉默了。吴亮心想：她怎么不像那几个女孩一样，主动说话呢？

忽然，吴亮兴奋地问道："你喜欢看篮球比赛吗？"女孩愣了一下，轻轻地说："还行。"吴亮一听"还行"，心中一喜，心想总算找到了她也喜欢的话题。于是，他不停地跟她讲今年的篮球联赛的状况，以及运动员的流动情况。女孩一直默默地听，偶尔问上一两个小问题。

吴亮说到最后也觉得兴趣索然，两人又陷入了沉默。

"天色不早了，我得回家了。"女孩打破了沉默。

"哦，行，要不我送你回家吧。"吴亮有些沮丧地说。

女孩说："不用，你家远，晚上坐车不方便，我一个人走就行。"

吴亮心想也是，便不再坚持。于是，吴亮跟女孩说了声"再见"就回家了。

当然，吴亮又一次相亲失败了。

问题：

1. 吴亮又一次相亲失败，你认为他在言谈礼仪上存在哪些问题？
2. 你觉得吴亮在沟通过程中违反了哪些人际沟通原则？
3. 你有什么能使吴亮成功与这位女孩约会的建议？

【案例 4-2】

爱争对错的姑娘

大鹏是我的朋友。有一天，在大鹏女朋友小英的推荐下，我们三人来到一家大型购物中心看电影。

购物中心超级大，我们在里面一会儿上楼、一会儿下楼地找了很久都没找到电影院。这个时候大鹏有点急了，就问他女朋友："小英，我们到底是要上楼还是下楼啊？"小英说："不是上楼、下楼的问题，是找电影院的问题。"小英的语气当中夹杂着抱怨，嫌大鹏明知故问。可能是我在的缘故，大鹏并没有继续说什么，而是低头跟着小英往前走。

看电影的时候，大鹏随口问了一句："这个男演员是不是演过《潜伏》啊？"小英马上怼了一句："怎么可能是《潜伏》呢！明明是《红色》啊！"语气跟之前一样，生硬、不留情面，还带着些优越感。

从电影院出来，我们仨经过一家男装店，我正好想买件外套，于是就走了进去。挑衣服的时候看了一眼价格，我自言自语道："还挺贵啊。"没想到这话被小英听见了，她也看到了价格，来了一句："不是挺贵，是非常贵！"我和大鹏互相看了一眼，笑了笑，走出了这家店。

我跟小英也认识好多年了，我知道她其实是挺善良的一位姑娘。总体来说，对大鹏也不错，可就是她的说话风格经常让大鹏很恼火，也很无奈。大鹏说："和小英说话总有一种马上要吵起来的感觉，因为她说的每句话几乎都要从否定我开始，而且什么事情都爱争个对错。"

问题：
1. 谈谈你对小英的说话风格的看法。
2. 结合案例，你觉得在与人沟通时主要有哪些注意事项？

【案例 4-3】

辅导员的沟通技巧

周日早上，学生会干事李斌在一个重要活动中迟到了几分钟，被他的部长见到了。部长很生气，怒气冲冲地说："我们部门就数你最不卖力，每一次迟到、早退都有你。如果再这样，你干脆不用来参加活动了。"李斌听完部长的话，顿时生气了，对部长说："你算老几？不过一个小小的部长，你管好自己就行了，别在我面前指手画脚，我可不吃你这一套。"接着，两个人大吵起来。

这时，辅导员闻讯赶来，制止了这场争吵。临走时，他拍拍李斌的肩膀说："请你午休时到我办公室来一趟。"

中午，李斌来到辅导员办公室，辅导员为他搬来一把椅子，倒了一杯茶，请他坐下来慢慢谈。原以为要挨一顿批评的李斌，看到辅导员态度和蔼，脸色开始好转。聊了一会儿家常后，辅导员问李斌："你为什么和你的部长吵架？"

"他一直看不惯我。"李斌的心里话全倒出来了，"平时我工作勤快，别人没干好，我干好了，他却说我工作不认真。我有摄影这一项技术特长，希望他在安排工作时考虑一下，他不但不支持，反而常常讽刺我。"

"那么，今天上午你为什么迟到呢？"辅导员温和地问道。李斌的脸顿时红了，不好意思地说："昨晚与同学玩游戏，睡觉晚了一点，早上起晚了。"

"这样说来，今天上午的争吵是你不对。"辅导员严肃地说。

"是的，是我不对，我迟到了应该接受批评。如果换成别人批评我，我一定会虚心接受，但我就是不买部长的账。"李斌轻声地说。

"好吧。"辅导员站起来轻轻地拍了拍李斌的肩，说，"你无故迟到是不对的，要正确地对待部长的批评，不要太计较他的态度，部长那里我会找他谈一下，请他注意一下工作方法。另外，我们会研究一下，把像你这样有专门技术的干事安排到能发挥专长的岗位上去。如果想通了，不妨找部长承认一下错误。"

李斌走出辅导员的办公室时，心情十分舒畅。第二天吃午饭时，他还特意和部长一起吃饭，承认了自己的错误，在以后的工作中也明显变得更积极认真了。

问题：
分析辅导员在沟通中采用了哪些有效倾听的技巧。

实践实训题

1. 填写表 4-7，用积极的说法代替消极的说法

表 4-7　用积极的说法代替消极的说法

消极的说法	积极的说法
这个报告写得太啰唆了	
这样做，真的很笨啊	
我们这次任务失败了	
已经过了时间，你不能退货	
这个产品并不比上次那个差	
这个事情不是我管的	

2. 练习给予建设性反馈的技巧

在年终的绩效考评中，小李因为以往表现有欠缺被评为 C 等，她有点想法。如果你是其领导，要找小李谈话，应如何进行谈话？按照本章所讲的建设性反馈"五步法"，填写表 4-8。

表 4-8　建设性反馈"五步法"

描述项目	建设性反馈
表达你积极的意图	
描述你所观察到的不良情况	
说明不良情况的恶劣影响	
征求对方的答复并倾听	
一起讨论解决方法	

3. 通过游戏来训练口头表达能力

全班每个人在纸条上写下一个题目，然后教师把纸条折好放进盒子里用力摇。请学生来抽题目，然后立刻上台就抽到的题目发表 3 分钟左右的演讲。

这个游戏会大大提升学生口头表达的能力，使学生学会在短时间内，根据一个题目去组织思路发表演讲。

4. 通过故事接龙训练即兴表达的能力

先由一个学生开始讲故事，然后再由其他人接下去。举例来说，第一个学生可能这么开始："有一天晚上，我正骑着自行车回学校。忽然发现远处有许多飞碟向我飞来。我非常惊慌，赶快停下车。这时，我发现一架飞碟降落在前面不远处，舱门打开，一个人向我走来……"

这时，钟声响了，表示第一个学生讲的故事到此为止，接下来由第二个学生继续把故事讲下去，直到每个学生都进行了接龙。

第5章
通信礼仪

微课导学

本章内容

◎ 电话沟通的准备
◎ 打、接电话的礼仪
◎ 商务信函的特征和类型
◎ 商务信函写作的基本要求及礼仪
◎ 商务信函的结构

◎ 不同商务信函的写作
◎ 电子邮件的特点及使用情形
◎ 电子邮件的使用技巧和礼仪
◎ 即时通信概况
◎ 使用即时通信工具的礼仪

引例：如何接听电话

"请问，李先生在吗？"李先生的助理听到电话里是一位年轻女士的声音，便问："你是谁啊？哪个单位的？你找他有什么事吗？"打电话的女士一听对方爱刨根问底，而且这种问话方式简直是在侮辱自己，便马上说："没什么事，不用找了！"于是，她就挂断了电话。

这位助理在接电话的时候有何不妥之处？应该怎样接这个电话？这就是本章要探讨的主题之一——商务电话礼仪。

商务交往活动是一个信息传递和交流过程，主要通过人际交往中的语言沟通（包括书面语、口头语）和非语言沟通（体态语）等形式，达到交往主体预期的目的。而且，随着时代发展和技术进步，商务沟通形式也在不断变化，除了传统的电话沟通、信函沟通，网络沟通（如电子邮件、QQ、微信）也逐渐普遍。较好地掌握和恰当地运用这些沟通形式及礼仪技巧，是确保人际沟通流畅、建立和改善人际交往关系的有效途径。

5.1　商务电话礼仪

电话是现代人工作、生活和人际交往离不了的媒介，也是与业务伙伴和顾客沟通、联系的重要工具。有时顾客会通过电话沟通粗略地判断你的人品、性格，决定见不见你。很多时候，一笔生意的成败、一场谈判的效果，可能就取决于一通电话。因此，在商务活动以及平常交往中，要想让对方通过电话感受到你的热情友好，对你的印象良好，期待见到你本人，就要学习和掌握基本的商务电话礼仪。

5.1.1　电话沟通的准备

1．电话形象：言辞和语气

电话是双方不见面的一种沟通方式，它是通过电话线或电磁波来传递信息的。因此，你无法通过肢体语言来帮助自己传递情绪，就只有在语言上下功夫。如果你尊重对方、礼貌热情，就会给对方留下良好的印象。这就是电话沟通基本但也是十分重要的要求。

无论是拨打电话，还是接听电话，都可以反映一个人或公司的形象。电话是公司对外交流的一个窗口，接打电话时应有"我代表单位形象"的意识。一个规范的拨打和接听电话过程，留给对方的是一个好的印象，因此在电话沟通中你应该特别注意言辞与语气，要做到声音清晰、悦耳、吐字清脆。成功的推销来自顾客对你和产品的认同和信任，所以，你在电话中的言辞和语气让顾客感觉到了被尊重、被关注，是你感染并打动顾客、赢得顾客信任的关键。

需要提醒的是，尽管对方看不到你的表情，但无论是接电话、打电话还是转接电话，在拿起电话前，你都应该准备好微笑，让每一次电话沟通都带给对方开心和愉快，从而让每次电话沟通都有成效。

2．打电话的时机

在与人进行电话沟通时，你要换位思考、关注对方的感受。

应避免在早晨 8 点以前、晚上 10 点以后往对方家里打电话，也要避免在下班前 10 分钟往对方单位打电话。如果不是紧急情况，不宜往对方家里打公务电话，也尽量不在非上班时间打公务电话。

对方不方便接听电话时，如开车、吃饭、有重要的事情时，不宜继续谈话。

5.1.2　打电话的礼仪

第一阶段：打电话前的准备事项。

① 确认对方的电话号码、公司名称及姓名。

② 准备好纸、笔及相关资料。

③ 写下要说的事情及重要次序。

④ 打重要的电话前要准备好开场白。

第二阶段：打招呼（语言"握手"）。

① 电话被接通后，要先通报自己的公司名称或姓名，如"您好，我是来自××公司的×××。"然后确认对方的名字。

② 礼貌地询问对方是否方便之后，再开始交谈。

③ 如果自己打错了电话，礼貌的做法是发自内心地道歉，可以说："噢，电话打错了，对不起。"默不作声就放下电话会使对方不快。

④ 在给身份地位较高的人士打电话时，直呼其名是失礼的，应说："您好，我是××，我想跟×先生谈谈××事情，不知是否方便？"

第三阶段：讲述事由。

① 讲述事由时要简明扼要、声音平和，遵守"5W1H"原则，即：When、Where、Who、

What、Why、How（时间、地点、人物、事件、原因、怎么做）。

② 如果讲述时间较长，最后应该简单地重复一遍事由，总结提示重点，同时也要听取对方的回应。

第四阶段：结束通话。

在通话结束前，你要表示谢意并道再见，如"×先生，谢谢您，再见！"

5.1.3 接电话的礼仪

第一阶段：打招呼（语言"握手"）。

① 完美的接电话时机是在电话铃响第三声时接起来。如果你在电话铃响的第一声后就接起来，对方会觉得突然；如果你在电话铃响了很多声后才接，对方多少有点不悦。

② 无论对方是谁，你都要让对方感到他得到了友好的接待，尽量使用礼貌用语，如请、请稍等、谢谢、对不起、再见等。

③ 告诉对方自己是谁，以免对方打错了电话，或避免因对方询问而浪费时间。

④ 确认对方是谁，然后问候，如"对不起，请问您是哪一位？……您好！"

第二阶段：专心聆听并提供帮助。

① 放下手头上的事情，左手拿电话，右手做好记录准备，专心致志地听对方讲话。

② 不要在接听电话的同时做其他事情，如吃东西、打字、看手机、阅读资料等。不要让任何事情分散你的注意力，否则是很不礼貌的，对方也很容易觉察到你心不在焉。

③ 如果对方要找的人不在或正在忙其他事而不能抽身，不要只告诉对方要找的人不在或正忙，还要告诉对方你想怎样帮助对方，让对方感到你乐于帮助他。例如，你可以说："对不起，陈先生现在正在接另一个电话/陈先生刚刚出去了，需要我告诉他给您回电话吗/您可以五分钟后再打来吗"等。

④ 以请求或委婉的语气，不要以要求的方式让对方提供信息。不要说"你叫什么名字"或"你的电话号码是什么"，而要说"请问我可以知道您的名字吗""王先生有您的电话号码吗"。

⑤ 转接电话的过程中，要捂住话筒，使对方听不到这边的其他声音。

⑥ 重复和确认是电话沟通中非常重要的技巧之一，以避免误会、不致遗漏重要的信息等。通话中提及的金额、日期、数字、人名、地址等信息是要再次确认的。

⑦ 如果是顾客的投诉电话，忌争辩，明智的做法就是洗耳恭听，让顾客诉说不满，自己则认真琢磨对方不满的原因，找到正确的解决方法，从而解决顾客的问题。

⑧ 负责地回答所有问题，如遇不清楚的事情，或说其大意，或请了解情况的人接电话。回答问题不能含糊不清。

第三阶段：结束电话。

① 在通话结束前，要让对方感受到你非常乐意帮忙，然后表示谢意并道"再见"；若使用座机要等对方挂断后，再轻轻放下话筒。

② 在对方还在说话时就挂断电话是很不礼貌的。

商务电话的关键
技巧

5.2 商务信函礼仪

5.2.1 商务信函的基本内容

1. 商务信函的含义和特征

商务信函是商务文书的一种类型。商务文书按用途可以分成两类：一类是通用的商务文书，如通知、会议纪要、商务合同、请示、批复、总结以及各种报告等；另一类是通信类或礼仪性的商务文书，如贺信、贺电、邀请书、请柬、慰问信以及催收函、询答函等各种往来函件。后一种类型统称为商务信函。

商务信函简称"商函"，是指企业与企业之间在各种商务场合或商务往来过程中所使用的简便书信。其主要作用是在商务活动中用来建立经贸关系、传递商务信息、联系商务事宜、沟通和洽商事宜、询问和答复问题、处理具体交易事项等。虽然，如今电话和网络给人们的沟通带来了很多便利，但在商务交往中，表达尊重和敬意的方式莫过于一封正式的书面信函或电子邮件。

与其他商务文书相比，商函有几个比较明显的特征。

① 内容单一。商函以商品交易为目的，以交易磋商为内容，一般不涉及与商品交易无关的事项。即使是以董事长、总经理等名义往来的商函，内容也不应掺杂交易磋商以外的私人及其他事务。商函内容单一的特点还体现在一文一事上，即一份商函只涉及一项交易，而不同时涉及几项交易。

② 结构简单。商函因为内容单一，一般段落比较少，篇幅也比较短，整体结构比较简单，能使人一目了然。这种简明扼要的结构便于对方阅读和把握，也体现了商函的实用功能。

③ 语言简练。商函以说明为主，或介绍业务范围，或报告商品的品种与价格，或提出购买商品的品种与数量，或要求支付货款，或告知有关事项，直截了当，言简意赅。

④ 平等对话。与国家行政机关公文中的函一样，商函也是一种平行文，因此要以诚恳的态度与对方平等对话。特别是对初次交往的对象，更要营造友好协商的气氛，以示合作的诚意。即使双方有意见分歧，也要心平气和、耐心磋商，摆事实、讲道理，以理服人，使收文者能够理解、接受，这样才能最终达成交易或解决问题。

2. 商务信函的类型

根据商函的发函缘由和内容，商函可以分为 4 种类型：联系函、询答函、交涉函以及告知函。

① 联系函，用于建立商务关系。原来没有业务往来的商业企业，其中一方发现彼此之间有建立业务关系的必要，就通过发函联系，介绍自己企业的经营范围以及产品特点，表明合作意愿。

② 询答函，有问函和答函两种。问函用于一方向对方询问买卖商品的范围，或要求对方对商品进行进一步的介绍，或要求对方报价、递价等。答函用于回答问函的询问，即对问函中所提的问题进行回答，以解决对方的问题和疑惑。

③ 交涉函，用于就商务活动中的某个问题进行交涉以求得问题的解决。

④ 告知函，用于当企业拓展新业务、搬迁新址或有其他变动时通知有联系的企业或用户。

5.2.2　商务信函写作的基本要求及礼仪

如何才能很好地进行商函写作，并符合礼仪要求呢？李映霞等学者提出了"5C"标准，即准确（Correctness）、完整（Complete）、简洁（Concise）、礼貌（Courtesy）、体谅（Consideration）。

1．准确

"准确"就是准确无误地把要说的话写出来，让别人一目了然，这是商函写作起码的要求。准确包含两个要求。

① 意思表达准确。即要求用词应准确无误，清晰明确地表达真实的意图，避免模棱两可，保证观点鲜明无误，论据材料真实可靠，推理合乎逻辑。

② 书写形式准确。即要求书写工整，格式规范。商函并非国家法定公文，因此在格式规范上，国家没有统一的规定，但是这并不意味着商函在格式方面可以任意为之。其实，许多商务文书格式有其约定俗成的要求。数字运用、结构层次、计量单位、标点符号的使用要符合国家标准，排版格式要选用符合文章的样式，印刷装订要美观规范。

2．完整

写作要求完整地表达所要表达的内容和意思，符合"5W1H"原则。每类商函都有其完整的构成要素，我们在写作前需要先熟悉这些构成要素。

当然，完整并不意味着要把所有的事实、观点都罗列在纸上。我们可以通过排序的方法，把不太重要的事项删除，也可以进行总结，把琐碎的、没有太大价值的文字精简，使文章言简意赅。

3．简洁

语言表达有一个 KISS 原理，即 Keep It Simple & Short。简单来说，就是在无损礼貌的前提下，用尽可能少的文字清楚地表达真实的意思，即"句中无余字，篇内无赘语"。记住，你的读者不太可能花大量的时间来阅读。

以下几个小窍门有助于你行文简洁。

① 尽量使用"小词"、短句。"小词"是商函写作中大家熟悉的一些缩略语。例如，将"来函收悉"4 个字，换成"来信收到，内容尽知"，文字数量多了一倍，意思却一点也没增加。

长句的逻辑结构太复杂，读者常常需要反复读，才能弄明白句子的含义，影响阅读。写作商函时一句话尽量不超过 20 个字，不需要太多修饰。

② 一事一段。把意思相似的信息分为一小段。每小段句子不要太多，主旨句尽量放在段首，便于读者迅速了解段落意思。

③ 另加附件。如果在正文中实在有太多内容需要说明补充，可以将冗长的内容部分以附件的形式列出，以与正文分开。附件说明要放在正文之下，内容另附一页。

④ 使用列表或表格。通过列表或表格对信息分门别类，有助于读者发现规律。

4．礼貌

文字表述应表现出你的职业修养，客气而且得体，因此需注意两个原则。

（1）多使用敬语

敬语也叫敬辞，是表示尊敬、礼貌的词语，多用于表达高兴、感谢、祝愿、慰勉之情，如"请""尊""蒙""惠""贵方""谨此""敬启者""迟复为歉"等。

汉语中的敬语大多为文言词语，庄重典雅、委婉含蓄、言简意赅，既简洁又能充分体现写作者对客户的尊重。例如，"希望得到你们的回信"与"惠复是盼"，前者用词简单、表意平淡，后者采用了敬语"惠复"，文辞含蓄优美，能给对方留下很好的印象。又如，"敬希阁下提供有关资料，不胜感激"，句中"敬希""阁下"等敬语，形式简洁凝练，语气庄重得体，反映了写作者的良好素养，使信函具有较强的亲和力，自然易使对方产生合作的意愿。

（2）尽量用正面语言阐述观点

否定句常用于传达负面信息，如果使用不当，很容易让对方失望，甚至激怒对方。为使语言表达礼貌谦和，商函写作应尽量避免粗鲁、命令式的否定语气，要顾及对方的情感、愿望和要求，着重正面礼貌，避免消极否定。消极否定的语气与正面礼貌的语气的比较如表 5-1 所示。

表 5-1　消极否定的语气与正面礼貌的语气的比较

消极否定的语气	正面礼貌的语气
我们无法在双休日洽谈业务	您要求在哪个工作日洽谈业务均可
你的来信写得不清楚	为了保证能正确理解您的意思，麻烦再核实一下条款
目前货物太多，我们无法保证你的货何时到达	尽管货物很多，我们也会尽快帮您将货物按时送到
我们不能理解为什么你方会提出退货	我们推断，贵方提出退货的要求，想必是有原因的

商函写作中，要想表达拒绝的意思，同时又要让对方感受到你的诚意，一般可采用下面两种方式。

一是采用条件句，利用虚拟语句尽量减少否定带来的负面影响。例如，"如果贵方的价格能适当降低，我们将从贵公司大量订货"，句中采用的虚拟语句，使得增加了肯定的色彩，给对方的感觉就好得多。

二是采用转折句，尽量弱化消极信息。在现实生活中，当既有好消息又有坏消息时，人们往往先说好消息，以减轻坏消息给对方造成的刺激，写作商函也应该如此。例如，"我们很欣赏贵方产品的质量，但遗憾的是贵方报价偏高，歉难接受"，此句先赞扬对方，之后才委婉拒绝，减轻了负面影响，言辞真诚恳切，态度礼貌谦和。

5. 体谅

商函写作不同于写诗歌和日记，其不是自我感情的宣泄，写作的目的是说服或打动对方采取行动，所以要做到"体谅"，即做到换位思考。体谅需要努力做到读者为尊，我们要为对方着想，站在对方立场，以对方的观点来看问题，根据对方的思维方式来表达自己的意思。要做到体谅，则要注意以下 3 个方面。

① 涉及正面或中性信息的时候，主语多用"你"这个称谓。写作时，把读者想象成你认识的人，直接使用"你"这个称谓，这样可以提高亲和力。同时，先提及读者而非自己，表明写作者非常关心读者的利益和情感。非体谅表达与体谅表达的比较如表 5-2 所示。

表 5-2　非体谅表达与体谅表达的比较

非体谅表达	体谅表达
我们很高兴地宣布，我们的新图书馆会在 6 月对外开放，欢迎光临	从 6 月开始，您可以用新图书馆来完善您的研究，欢迎您的光临
我们仅能在星期二保证快速处理订单，其他时间我们都很忙	如果您需要快速处理订单，请在星期二提交购买订单
我们同意你在租车时享受 20%的折扣	您是我们的贵宾，可以在租车时享受 20%的折扣

② 涉及负面信息（如否定、批评、指责）的时候，尽量不用"你"，应该对事不对人，减弱对方的防备感。例如，"你是新员工，还不能享受国外休假待遇"，这样的表述容易让对方产生受歧视感，应改为"公司政策规定所有正式员工都可以享受国外休假待遇。"又如，"你没有按时传送顾客的订单"，应改为"顾客的订单没有被按时传送"。

③ 把读者的要求和指令具体化。在商函写作中涉及读者的要求或期望时，要具体指明而不是泛泛而谈，这样会显得你很重视读者的需求。例如，"你的订单我们收到了"，应改为"您上周发来的电动玩具订单我们收到了"。

5.2.3　商务信函的结构

1. 信头

信头一般包括本单位的名称、地址、邮政编码、电话等。写作商函一般使用本单位的特制信笺，其上方一般已经印好信头，故不予赘述。

2. 标题

商函一般是有标题的，设置标题的目的是使对方迅速把握商函的主旨。标题位于信头之下、行文对象之上，居中排列。商函的标题应当准确简洁地概括商函的主要内容，一般格式是"事由+文种"，如"关于要求支付××货款的函"。

3. 行文对象

商函的行文对象指的是商函的接收者，即发文者要求办理事务或答复的对方单位。这一部分在标题之下，正文之上，顶格书写，后面加冒号。商函的行文对象只有一个收文单位，在具体表述时一般写对方单位的名称，有时写对方单位的领导人，写对方单位的领导人时一般写其姓名与职务。

4. 正文

商函的正文可以由多个段落组成，也可以由一个或两个段落组成。由多个段落组成时，其结构一般可以分为开头、主体、结尾 3 个部分；由一个或两个段落组成时，结构就比较单一。无论由几个段落组成，从内容或内在逻辑上说，商函的正文一般可以分为发函缘由、发函事项、发函者意愿 3 个层次。

① 发函缘由。如果初次给对方发函，你可以先做一下自我介绍，使对方对本企业的业务范围或产品情况有初步了解；如果与收文单位有着长期的合作关系，可以简述合作关系以示亲近；如果双方来往频繁，则可以直截了当地说明发函目的；如果回答对方的询问，则要引据对方的来函日期和标题或事由。

② 发函事项。无论在逻辑上还是在内容上，发函事项都是商函正文的重点。在表述这一部分内容时，你应该根据不同的发函目的，或介绍具体情况，或告知有关事项，或说明具

体意见，或提出解决问题的方法，或对对方提出的问题进行解答。如果事项比较多，你可以分条列项，使表述清楚，便于把握。

③ 发函者意愿。发函的事项交代清楚之后，要用一两句话表明对对方的希望或要求，如希望对方同意、要求对方知道、要求对方办理等。在语气上，一般商函语气恳切，但有些交涉函和索赔函的语气比较严肃。有些商函没有发函者意愿这部分内容，这时往往使用"特此函商""特此函复""务希见复"等结语收束全文。

5. 祝颂语

一般公函是不使用祝颂语的，但商函使用"谨祝台安""此致商安""谨祝财安""顺颂商祺"等作为祝颂语，表示问候、祝愿、赞美之意。

6. 附件

附件指正文所附材料。商函的附件一般是商品目录、价格表、订货单、发货单等。商函如有附件，应在正文之后、生效日期之前注明附件的数量、顺序和名称。

7. 生效标志

生效标志位于正文或附件之下偏右位置，内容包括发函单位印章、签署和发函日期。签署是由发函单位领导人在商函上签字或盖章，以证实商函的效用。发函日期关系到商函的时效性，因此应该完整地写出发函的年月日。

5.2.4　不同商务信函的写作

根据发函目的和写作风格，商函可以分为说明性信函、肯定性信函、负面性信函和劝说性信函 4 种。

① 说明性信函。其目的是向读者说明情况，便于读者了解有关信息，如评估信、确认信、证明信等。

② 肯定性信函。其目的是向读者提供好消息，便于读者正确理解、消除负面影响，如同意做某事、答应某个要求，包括致谢函、邀请函、祝贺信和含有好消息的投诉回复信等。

③ 负面性信函。其目的在于告知读者坏消息，让读者阅读、理解并接受该消息，同时保持所在组织和写作者已有的良好形象和信誉。负面性信函包括拒绝信、处分信、不良业绩评估信、辞退信等。

④ 劝说性信函。其目的是宣扬某个观点，推销某个产品、某项服务，努力改变读者的态度，使他从不感兴趣或漠不关心到产生兴趣、最终做出你希望他做的事情。例如，让对方同意要求、采纳建议、购买产品、接受服务等。劝说性信函包括建议书、催收函、推荐信、推销信、求职信等。

以上几种信函的写作形式和风格有着一定的联系和区别。一般来说，通用的正文逻辑结构如下：陈述主要观点或报告消息；细节描述、解释和背景资料介绍；列出读者的受益处并解释；表明善意、祝愿及乐意提供帮助。

说明性信函和肯定性信函的写作形式比较接近，基本上按以上逻辑结构展开即可。负面性信函和劝说性信函相对来说对写作技巧的要求更高，除了遵循以上逻辑结构，负面性信函的写作还要注意以缓冲性语言开头，用积极的口吻论述其中的消极因素，并介绍一些解决问题的办法等；写作劝说性信函时，你要考虑如何在开头就吸引读者的注意力，激发其阅读兴趣，并在最后提出行动建议。

以下列举了一些常用的信函实例供参考。

实例

确认信

××公司：

现答复贵公司××××年××月××日来函。经核实，×××确系我公司在江苏的独家代理商。根据与其签订的合同，其代理时间为20××年××月××日至20××年××月××日。

若有进一步需要，请来函告知，本公司将尽最大努力提供帮助。

××公司
××××年××月××日

邀请函（请柬）

××公司××先生：

首先向阁下致以亲切的问候！

二月八日是本公司创建二十周年纪念日，本公司能有今日之事业，与您多年的关照、支持是分不开的，特此表达谢意。

现将纪念日有关庆典安排开列如下，请您务必拨冗参加。

……

××××敬上
20××年××月××日

回复函（拒绝信）

尊敬的刘××先生：

您好！

首先非常感谢您购买我们公司的产品，同时也为我们的产品给您带来不便感到抱歉。

另外，我们也想告诉您，也许您没有注意到我们的产品保修期是1年，而您是前年年底买的。

尽管如此，我们仍然愿意为您提供方便优质的服务，但需要按保修期外的标准适当收费。我们衷心希望您的问题能够尽快得到解决，让您能够尽享我们产品给您带去的快乐。

附：我们公司的维修站点和电话。

××××公司服务部
20××年××月××日

催收函

尊敬的湖南××公司：

　　首先对于我公司与贵公司长期以来的友好合作表示祝贺。感谢贵公司对我公司一贯的支持，××有限公司与湖南××公司友好合作关系源远流长，双方合作的领域从最初的××××业务扩展到××××、××××等产品，我们期待与贵公司进一步紧密合作。

　　根据我公司最新统计，截至20××年3月，贵公司到期应付未付我公司货款为6300万元人民币，占用我公司大量资金，影响了我公司应收账款的正常周转；另我公司现提供给贵公司下属分公司的借贷金额共计约有5000万元人民币，也占用了我公司的大量资金；同时，我公司在去年贵公司××××替换项目中也给予了××××极大的优惠，给我公司造成巨大的亏损。综上，贵公司的欠款、借贷和替换项目使得目前我公司在湖南的经营非常艰难，对我公司在湖南业务的开展和运作造成非常大的压力。为寻求一个双赢的解决方案，现我公司向贵公司提交一个20××年还款方案，望贵公司考虑。

　　截至20××年3月到期欠款额：6300万元人民币

　　预计20××年8月将到期的应付额：5000万元人民币

　　共计：1.13亿元人民币

　　我们希望贵公司在20××年分两次还款，并代下属分公司支付到期借款共计1.13亿元人民币，每次支付5500万元人民币。第一次支付时间在20××年4月20日之前，我们希望第二次支付时间在20××年9月20日之前。出于诚意，我们将向贵公司提供4%的现金折扣，贵公司可以用现汇或银行承兑汇票的方式支付。

　　我们期望与贵公司详细商谈还款计划。

××有限公司

20××年3月8日

5.3　电子邮件礼仪

5.3.1　电子邮件的特点及使用情形

　　电子邮件（E-mail）是一种通过网络实现相互传送和接收信息的通信方式，在职场沟通中使用尤其广泛。电子邮件的使用简单、投递迅速、成本低廉，易于保存，使人们的沟通方式得到了极大的改变。

1. 电子邮件的特点

　　① 不受时间的限制。人们可以24小时随时发送或接收电子邮件。

　　② 操作更简单。写邮件比起打电话，操作更简单，表达更充分，可以掩饰语言交流上的弱点，给对方留下好的第一印象。

　　③ 便于明确责任。如果当面说或者在电话里讲，对方左耳进右耳出，也许很快就忘了，

许多事情无法查证，但电子邮件在网络上存有记录（存在公司服务器上），谁也赖不掉。

④ 电子邮件沟通也有它的局限性。例如，使用电子邮件沟通不如电话沟通和会面沟通更直接；有的客户并不习惯及时接收电子邮件，这时使用电子邮件就可能会误事。

2. 使用电子邮件沟通时需要考虑的情形

① 你的沟通活动是否有时间方面的限制。例如，一个星期后有一个大型的商务活动，你要在这一个星期内与客户建立关系并与之就这场商务活动涉及的部分业务进行交流。如果你使用电子邮件与客户进行沟通，客户有可能在商务活动开展之后才看到邮件，这就会延误营销的最佳时机。

② 你的客户是否非常忙。如果你的客户平时非常忙（电话常常是忙音或留言录音），你不妨给他发电子邮件。

③ 你的客户是否难以接近。如果你通过调查了解到对方是个不苟言笑的人，自己的心理承受能力又较弱，你就可以通过电子邮件和对方进行沟通。

④ 你的语言表达能力是否较弱。如果你不善言谈，第一次与客户沟通可以使用电子邮件，而且今后对于不太紧急的事情，你也可以采用这种方式进行传达。

⑤ 对方是否习惯使用电子邮件。有的人虽然在名片上注明了他的电子邮箱，但他可能并不习惯使用电子邮件。

5.3.2 电子邮件的使用技巧和礼仪

尽管电子邮件在形式上比较自由，是一种方便快捷的媒介，但是我们绝不能以草率的态度使用它，因为对方可以通过电子邮件来评价你。使用电子邮件的技巧和礼仪如下。

1. 提供完整的电子邮件

商务沟通中的电子邮件，其形式结构应该与传统信函一样，这是对收件人的一种尊重。完整的电子邮件应包括 5 个部分：①写信人的电子邮件地址、收信人的电子邮件地址、抄送收信人的电子邮件地址、密送收信人的电子邮件地址；②标题；③称呼、开头、正文、结尾句；④礼貌结束语；⑤落款署名，包括写信人全名、职务及所属部门、地址、电话号码等。

2. 有一个明确的主题

① 电子邮件要写主题（即标题），这是一种职业行为。收件人通常会根据主题判断电子邮件的重要性，一般来说，没有主题的电子邮件往往会被忽略，到最后才被看到。因此，通过主题让他人对电子邮件的内容一目了然，会加快对方回复电子邮件的速度。

② 一封电子邮件应只针对一个主题，不要在一封电子邮件里谈及多件事情，这样便于日后整理。

③ 主题应尽量写得具有概括性，要能体现内容的主旨。

3. 内容简洁，语句流畅通顺

写电子邮件切忌长篇大论，应尽量简单明了。在第一次给客户发送电子邮件时，其中包含的内容可以多一些，但也不要长篇大论。电子邮件的内容要简洁紧凑，应尽量写短句，且不要重复。

语句不要求华丽，但一定要流畅通顺，尤其要注意其中不能有文字错误。在发送前要检查一遍语法和字词，看看有没有错漏之处。

4. 格式规范，内容严谨

商务电子邮件要按照规范的商函格式来写。写电子邮件要多使用敬语，避免使用网络缩写文字。署名要真实，不可使用网名。在电子邮件里尽量避免讲笑话和俏皮话。

字体大小要合适，不要选择让人难以阅读的字体。中文邮件一般采用 12～14 号字。此外，如果是英文邮件，特别注意不要全用大写。例如，"I WILL CALL YOU TOMORROW"这句话全用了大写，表示喊叫的语气，显得很没礼貌；正确的表述应该是"I will call you tomorrow"。

5. 经常浏览收件箱并及时回复

不管对方是否经常接收电子邮件，你都要每天浏览自己的收件箱，注意及时查看有无对方回复的电子邮件，并尽量在第一时间与对方进行深入交流。

接收电子邮件如同通电话，正如你不应该让电话铃声响太久才接听一样，无论对方来信是提问还是问好，你都应尽快回复。不过，如果你没有经常查看邮箱的习惯，你应该提前告诉他人。

6. 保持使用的专业性

① 建立公司内部的电子邮件系统和使用规则。基于信息安全的考虑和信息化系统建设的需要，大型企业和有条件的中小企业都应建立有公司自己域名的电子邮件系统，并对其进行规范管理。每位员工应有一个公司内专用的电子邮箱，在处理公司内外部业务时应使用公司统一配置的电子邮箱。

② 避免使用工作用的电子邮箱发送私人邮件。避免传递与对方无关的电子邮件，垃圾邮件是令人厌烦的，所以不要发送对方不感兴趣的邮件。

③ 小心使用抄送（CC）和密送（BCC）功能。抄送是指发送给收件人的同时，也让其他一人或多人收到该封邮件，并且也让收件人知道这种情况。密送的功能和抄送差不多，其区别是收件人并不知道你同时也把该邮件发送给了其他人。

④ 小心使用附件功能。信件内容不多时，应该以正文形式发送邮件。发送图片、影像或文字量较多的文档时可以通过附件发送，并且要考虑文件大小是否超过收件人的接受范围。同时发送多个文件或比较大的文件时，可以压缩后再发送。

7. 不过分依赖电子邮件

电子邮件是一种比较方便的沟通和交流方式，但它只是商务沟通过程中的一个辅助性交流工具，不可把它作为唯一的沟通和交流方式，也不能借电子邮件来逃避一些直接交流。商务谈判或推销活动更多通过直接沟通和交流来拉近与客户的关系、倾听客户的需求，为客户解决问题。

5.4 即时通信礼仪

5.4.1 即时通信概况

即时通信（Instant Messaging，IM）是指允许两人或多人使用网络实时地传递文字、语音与视频等进行即时交流。即时通信是目前互联网上最为流行的通信方式之一，市面上存在各种各样的即时通信软件，服务提供商也提供了越来越丰富的即时通信服务。

即时通信不同于电子邮件，即时通信的交谈是即时的。大部分的即时通信软件具有在线感知功能——显示联络人名单、联络人是否在线、能否与联络人交谈。即时通信按用途可以分为个人即时通信、商务即时通信和网站即时通信等形式。

① 个人即时通信。个人即时通信以个人用户使用为主，拥有开放式的会员资料，以满足个人用户聊天、交友、娱乐的需求。此类软件有 QQ、微信等。

② 商务即时通信。常见的商务即时通信软件主要有阿里旺旺淘宝版、阿里旺旺贸易通、阳光互联 Lync 等。

③ 网站即时通信。网站即时通信是指把即时通信功能整合到网站上，在社区、论坛等网页中加入即时聊天功能，用户进入网站后可以通过网页上的聊天窗口跟同时访问该网站的用户进行即时交流，从而提高网站用户的活跃度、增加访问时间、增强用户黏性。

需要强调的是，随着信息技术的快速发展和移动互联网大潮的冲击，即时通信的转型升级也非常快，每隔几年就有许多即时通信软件服务淡出我们的视野。

5.4.2 使用即时通信工具的礼仪

当前国内较常用的即时通信工具是 QQ 和微信，下面以二者为例阐述相应的使用礼仪。

1. 头像设置要正规

QQ 和微信的头像要给人一种可信任的感觉。如果你从事某商业活动，可使用公司的统一标识作为 QQ 或微信头像，用自己的真名做网名。这样做的目的就是让别人信任你，以及打造个人品牌和提升知名度，这对以后的其他商业活动也是相当有益的。

2. 字号字体勿乱改

有时候我们为了突显个性，把聊天的字体换成网络上比较流行的字体，或将文字颜色调成红色、绿色等，但是你在让自己感觉愉悦时，想过别人的感受吗？很多人喜欢将文字颜色设为蓝色、黄色，而这些颜色的文字在屏幕上会非常刺眼，让人感觉不舒服。如果平常和一些熟悉的人交流，可能无伤大雅，但是在开展正规的商务活动时，宜使用默认的设置，毕竟个性设置只符合你个人的喜好，别人不一定喜欢。默认的字号、字体虽然普通，但通常是大众所习惯的。

3. 聊天速度、回复速度要适当

在 QQ 或微信上沟通交流主要通过打字进行，这就涉及聊天速度的问题。在这个问题上，应该本着"就慢不就快"的原则。例如，对方一分钟打 20 个字，而我们一分钟能打 120 个字，这时候就要迁就一下对方，按照对方的节奏交流；否则对方会跟不上我们的思路，会使沟通产生障碍。而且从心理学的角度来说，对方有话"说"不出来，只能看着我们接二连三地发消息，会感觉非常难受。

除了聊天速度，还要注意回复速度。回复对方的速度要适中，不能过快，也不能过慢。例如，对方问了一个他认为很重要的问题，即使我们第一时间想到了答案，也不要立刻给出；否则对方可能会感觉我们对这个问题不够重视、敷衍了事。

4. 语气词要慎用

在使用 QQ 或微信与他人沟通时，大家经常会使用一些语气词，如"哈哈""呵呵""哦"等。但是大家有没有想过，对方看了这些词语后，会是什么感觉，会不会产生不愉快的心理感受？

有机构针对 QQ 聊天做过两次网络调查，一次为单选调查，一次为多选调查，调查标题为"当你的网友说下面哪个词时，你最想抽他"。结果在单选调查中有 64% 的人选择了"呵呵"，在多选调查中有 40% 的人选择了"呵呵"。"呵呵"这个词高票当选，也就是说，当你和你的 QQ 好友不停地说"呵呵"时，有大部分人会不太高兴。一般认为"呵呵"太敷衍、"嘿嘿"太随便、"嘻嘻"太幼稚、"哈哈"太随意。熟悉的朋友之间使用这些词汇可以理解，在商务沟通中，用这些词回复客户则不太合适。

5. 表情要慎发

表情是大家在聊天中最喜欢用的元素之一，一个恰当的表情能够起到缓和气氛的作用。但同语气词一样，不适当地使用表情，同样会使别人产生不愉快的心理感受。所以大家在聊天时，尽量不要用那些可能会引起别人抵触情绪、让人反感，或有损自己形象的表情。一些低俗的表情更不能用。

6. 回复要及时

客户在某一时刻发来一条信息，他此时肯定希望你以最快的速度回复他，解决他的问题。因此大家要及时回复，这是对客户最大的尊重。如果客户等了很长时间都没有收到你的回复，那他会认为你对他不够重视，甚至会认为你的公司也不重视他，这可能直接导致这个客户流失。还有些客户可能会在晚上发信息，如果有条件，公司需要每天晚上都安排客服人员值班，如果没有条件可以通过自动回复设置告诉客户相关部门在看到消息后会及时回复。

拓展阅读

使用微信沟通的 6 个细节

不知道大家有没有这样的感觉，每次手机一响，解锁屏幕，不假思索地就打开微信，每天重复数次。好友越来越多，聊天也越来越频繁。不管生活还是工作，大小信息几乎都是通过微信通知，有时候群聊消息一多，信息自然就被淹没了。掌握一些简单的沟通技巧，有助于你提高效率，对自己和他人而言都会方便很多。

1. 不要问"在吗"，直接说事

问别人"在吗"，如果别人正在忙，隔了很久才回，你怎么办？不如直接说事，对方看到之后也可以直接给出答复。

2. 少发语音消息，多打字

有时候嫌打字麻烦，我们就会发语音消息。可是发语音消息你自己感觉很方便，别人呢？万一他在开会、上课，或者不方便听语音消息，你怎么办？而且有时候语音消息很长，如果你说话不清楚，别人往往需要听好几遍，这样真的很不方便。

但是在和长辈沟通的时候，我们作为晚辈应该多理解对方，尽量使用语音消息。在和朋友沟通时，我们还是应该尽量避免发语音，如果需要语音讨论，不如直接打电话。

3. 不要群发消息

收到群发消息过多，不免让人觉得心烦。不建议群发消息，这会给人不用心的感觉。如果是节日，想发祝福，我们可以直接发给想祝福的那个人。

4. 群聊消息加上标签，方便检索

微信群上限 500 人，动辄几千条消息，有时候我们难免错过一些重要消息，一条条刷效率太低，在消息前面加个标签可以完美解决这个问题。发一些通知的时候也可以使用该方法，这能避免重要消息被不重要的消息淹没。

5. 微信传文件，邮件备份

现在手机使用得越来越多，微信传文件也越来越频繁，时间长了微信占用的手机内存空间越来越多。但是清理手机内存的时候，微信文件往往也会被清理，而且在传图片的时候，微信会自动降低图片分辨率，所以建议在传文件的同时，我们要给对方邮箱发送备份文件。

6. 不要不回消息，然后发朋友圈

这是基本的礼貌问题，不回消息，然后发朋友圈会让人觉得你很不在乎对方，久而久之自然就会给别人留下不好的印象。当然如果你的消息太多，那难免会忽略，但还是应当注意一下。重要消息不妨艾特一下别人，尤其是在群聊中，以免遗漏。

练习测试题

一、不定项选择题

1. 关于接电话的礼仪，下面表述正确的是（　　）。
   A. 完美的接电话时机是在电话铃响的第一声
   B. 做好记录准备，专心致志地听对方讲话
   C. 在转接电话的过程中，要捂住话筒，使对方听不到这边的其他声音
   D. 通话中提及的金额、日期、数字、人名、地址等信息是要再次确认的

2. 与其他商务文书相比，商务信函的特点有（　　）。
   A. 内容单一　　　　　　　　B. 结构复杂
   C. 语言琐碎　　　　　　　　D. 平等对话

3. 关于商函写作的礼仪，下面表述正确的是（　　　）。
    A. 一事一段，把意思相似的信息分为一小段
    B. 如果在正文中有太多内容需要说明补充，可以将冗长的内容部分以附件的形式列出，以与正文分开
    C. 为避免对方看不懂，商函中不宜出现文言词语
    D. 尽量用正面语言阐述观点，避免粗鲁、命令式的否定语气
4. 从内容或内在逻辑上说，商函的正文一般可以分为（　　　）等层次。
    A. 发函缘由　　　　　　　　　B. 发函标志
    C. 发函事项　　　　　　　　　D. 发函者意愿
5. 根据发函目的和写作风格，商函可以分为（　　　）等类型。
    A. 说明性信函　　　　　　　　B. 肯定性信函
    C. 负面性信函　　　　　　　　D. 劝说性信函

二、判断题

1. 在职场中接电话时应先问候对方，然后再回复对方的问题。（　　）
2. 为能预约到客户，我们可以在晚上把电话打到客户家里。（　　）
3. 因为对方看不到自己，我们打电话时可以躺、靠在椅子上。（　　）
4. 接电话时可以边吃零食边说，以使自己的"底气"更足。（　　）
5. 接电话时应响过四声后再从容地接起来。（　　）
6. 如果是其他同事的业务电话，要立即大声地喊他过来接电话。（　　）
7. 商函属于国家法定公文，在格式规范上国家有统一的规定。（　　）
8. 商务沟通中的电子邮件要按照规范的商函格式来写。（　　）
9. 一封电子邮件只针对一个主题，不要在一封电子邮件里谈及多件事情。（　　）
10. 在商务沟通中，为凸显自己的个性，最好把 QQ 聊天的字体换成网络上流行的字体。
（　　）

三、简答题

1. 简述打、接电话礼仪的内容。
2. 简述商务信函的特征和类型。
3. 简述商务信函写作的"5C"标准。
4. 商务信函写作中要如何做到体谅对方？
5. 商务信函的结构包括哪几个部分？
6. 不同商务信函的写作通常包括哪几个方面的内容？
7. 简述电子邮件的特点及使用情形。
8. 简述电子邮件的使用技巧和礼仪。
9. 使用微信、QQ 进行商务沟通时，我们应注意哪些礼仪？

案例分析题

【案例 5-1】

迅达公司的一次电话交谈

"您好！"

"您好！"

"请问是迅达公司售后服务部吗？"

"是的。"

"请问您是……"

"我是工程师罗平。我能帮你做些什么？"

"我上星期买了贵公司生产的冰箱，今天早上发现它已不能制冷，存放的食品都变质了，气味实在难闻！"

"您肯定没有弄错开关吗？"

"当然！"

"噢……我想是压缩机有故障……"

"您能让人来看看吗？"

"24 小时之内维修人员到达。"

"我要求换一台新的冰箱！我已经受够了！"

"但我公司的规定是先设法维修……"

"好吧，好吧……我把地址告诉你们。"

"请等一等，我去取纸和笔……好了，请讲。"

"本市西区和平东路 121 号……你记下了吗？"

"当然，您怎么称呼？"

"我姓杨。"

"杨先生，您将发现我们的维修工是一流的……"

"我更希望贵公司的产品是一流的。"

"好吧，再见。"

"再见。"

罗平在电话留言簿上记下："维修部：顾客电话为××××××××××，今天西区和平路 127 号冰箱故障，请速修理。罗平"

问题：

1. 罗平在电话交流中有哪些不妥之处？试举出 6 个方面的问题，并从案例中找出实例。

2. 总结一下打电话有哪些基本礼仪。

【案例 5-2】

一封电子邮件导致的"秘书门"事件

2006 年总部设在美国的某国际网络公司北京分部，公司大中华区总裁 A 和他的高级女秘书因不当的电子邮件发生激烈争吵，结果两人先后被迫离职。此事后来被评为当年互联网上十大事件之一——秘书门事件。

事件的起因很简单。2006 年 4 月 7 日晚，公司大中华区总裁 A 回到办公室取东西，到门口才发现自己没带钥匙。此时，他的私人秘书 B 已经下班。A 试图联系 B，未果。数小时后，A 难抑怒火，于是在凌晨 1:13，通过内部电子邮件系统给 B 发了一封措辞严厉且语气生硬的谴责信。A 在发送这封邮件时，同时传给了公司几位高管。原邮件是用英文写的。

B:

I just told you not to assume or take things for granted on Tuesday and you locked me out of my office this evening when all my things are all still in the office because you assume I have my office key on my person.

With immediate effect, you do not leave the office until you have checked with all the managers you support, this is for the lunch hour as well as at end of day, OK?

英文表达的语气是比较强烈的，主要内容翻译成中文大致如下。

B:

我星期二曾告诉过你，做事情不要想当然！结果今天晚上，你就想当然地认为我有钥匙而把我锁在办公室外，而我要取的东西还放在办公室。

从现在开始，你必须在检查完所有你服务的经理的需求后才可以离开办公室，这包括午餐时段和晚上下班以后，明白了吗？

令 A 意外的是，两天后 B 以一封咄咄逼人的邮件进行回复，并让公司北京分部的所有人都收到了这封邮件。B 的邮件是直接用中文写的，内容如下。

第一，我做这件事是完全正确的，我锁门是从安全角度考虑的。北京这里不是没有丢过东西，一旦丢了东西，我无法承担这个责任。

第二，你有钥匙，你自己忘了带，还要说别人不对。造成这件事的主要原因是你自己，不要把自己的错误转移到别人的身上。

第三，你无权干涉和控制我的私人时间，我一天就八小时工作时间，请记住中午和晚上下班的时间都是我的私人时间。

第四，从进公司的第一天到现在为止，我工作尽职尽责，也加了很多次班，我也没有任何怨言。但是如果你要求我加班是为了工作以外的事情，我无法做到。

第五，虽然咱们是上下级的关系，但请你注意一下你说话的语气，这是做人基本的礼貌问题。

第六，我要在这里强调一下，我并没有猜想或者假定什么，因为我没有这个时间也没有这个必要。

这件事在网上被传得沸沸扬扬，形成了几乎全国所有外企员工都疯狂地转发上述邮件的局面。

问题：从有效沟通和礼仪的角度，你如何评价案例中描述的秘书门事件？

实践实训题

1. 接电话的选择

昨天王丽的办公桌上有一部手机响了很久，没完没了，响得其他同事都差点发狂。现在我们有四个答案可以选择：第一，置之不理；第二，替她接听；第三，关机；第四，按"拒绝接听"键。

如果是你，你将如何选择呢？

2. 修改一则会议通知

讨论如何优化该会议通知。

会议通知

各部门有关领导：

经公司领导研究决定，于 20××年 10 月 18 日召开会议，请各部门提前做好准备，保证按时参加会议。凡不能参加会议的人员必须提前请假，不得无故缺席。特此通知。

3. 修改一则通知

讨论如何表达才能使下面这则通知更简洁。

收信人：公司全体员工

发信人：公司保卫部经理

现在通知你们，有人在公司大楼后面的停车场停了一辆黑色的奥迪车，这辆车在这地方已经停了两个多月了，而且没有人来认领。公司已经获得警方授权，如果我们把收入捐给慈善机构，就可以拍卖此车。如果你愿意并且能够参加拍卖会，请在方便的时候到我处咨询拍卖的相关事宜。

4. 修改一封商务信函

以下是某货运公司致其客户某食品公司的一封商务信函，检查其在"尊重""体谅"方面存在的问题，并修改。

某食品公司：

目前我公司输送货物的时间，大都集中在下午，以致送达业务无法顺利进行，工作人员只好加班加点。贵公司 11 月 20 日送出的 510 件货物，抵达我公司时已是下午 4 点 20 分了。贵公司的卡车不仅要浪费时间等卸货物，输送的时间也可能延误了。因此，贵公司有大批货物需运输时，能否提前送来，或在上午送一部分来？

××货运公司

××××年××月××日

5. 回复员工的来信

你是一名行政主管，收到了一位骨干员工的来信，他提出脱产进修的要求（内容见后），而你必须写一封回复信，信中你要拒绝他的要求。

尊敬的主管：

您好，我是质量控制员王海宾，已经在岗位上工作 3 年了。

　　我先后多次参加公司内部组织的一些技能培训，这些培训对我的工作很有帮助，使我深刻认识到知识对工作的重要性。因此，我希望能参加一次"××××项目管理"的进修班，为期两个月，脱产进行。原因如下。

　　"××××项目管理"是最近在制造业很受重视的质量管理方法，作为主管质量方面的员工，我的质量管理知识已经陈旧，需要更新。

　　现在学习储备一些专业知识，有利于将来工作。

　　我多次提议公司举办类似培训，可是限于我们公司的能力，都没有举办。这个为期两个月的进修班是省发改委举办的，质量高、费用低，机会难得。

　　综上所述，希望您能够批准我的请求。

　　此致

敬礼

王海宾
20××年 10 月 9 日

应用篇

第6章
求职面试中的沟通和礼仪

本章内容

- ◎ 面试的类型
- ◎ 面试的实施阶段
- ◎ 面试的评分标准
- ◎ 面试前的准备工作及礼仪
- ◎ 面试中的应对技巧及礼仪

- ◎ 面试后的跟进礼仪
- ◎ 求职信的写作礼仪
- ◎ 个人简历的写作礼仪
- ◎ 求职信与个人简历的区别

引例：面试中这样介绍自己有什么不妥

苗婷婷刚毕业，各方面条件都很不错，在一次求职面试中，面试官让她进行自我介绍时，她是这样介绍的："我读大学时，是班级团支部书记，组织能力强，交际广泛，有好奇心，爱好广泛，协调能力强，善社交，朋友多，有韧性。"最终，她并没有被面试单位录用。

苗婷婷隐约觉得自己在面试中的表现不是太理想，但这样介绍自己到底有什么不妥的地方，她自己也说不清楚。

在职场竞争日益激烈的时代，求职已经成为困扰应届毕业生的一大问题。大多数毕业生因为面试经历少，常常不知所措。面试，是毕业生求职择业时面临的一大难题。本章就毕业生求职面试及书面求职的礼仪、技巧等问题进行探讨。

6.1 求职面试概述

6.1.1 面试的类型

面试是用人单位招聘时十分重要的一种考核方式，是供需双方相互了解的过程，是一种经过精心设计，以交谈与观察为主要手段，以了解应试者素质及相关信息为目的的测评方式。

按照不同的分类标准，面试可以划分为不同的类型。掌握面试的不同类型可以让我们进一步加深对面试的认识。

1. 根据面试的结构化程度划分

（1）结构化面试

结构化面试又称为标准化面试，这种面试会按照结构化面试的要求，提前准备好一系列与面试目的相关的问题并安排好问题的顺序，然后面试官在面试中严格按照一定的程序与应试者进行交谈或对其进行观察，根据应试者的表现进行相关评价。也就是说，结构化面试的程序、试题、结果评判都有着统一、明确的标准。正规的面试一般为结构化面试，公务员录用面试也多采用结构化面试。

（2）非结构化面试

非结构化面试允许面试官与应试者自由决定讨论问题的方向，面试前没有准备严格的提问框架和问题的标准答案。面试官与应试者可以自由展开交流，整场面试在比较轻松的氛围中进行。这种面试的好处在于面试官和应试者比较容易形成良性的互动氛围，面试官可以了解更多更深层次的信息。而其缺点在于面试的随意性较大，对面试官的专业性要求比较高，面试结果容易受面试官主观因素的影响。

（3）半结构化面试

顾名思义，半结构化面试是一种介于结构化面试和非结构化面试之间的面试方式。其可以同时使用结构化的题目和非结构化的题目，在应试者回答相同的问题时，根据不同应试者的不同回答进行不同程度的追问，以达到深入、细致地了解应试者的目的。这种方法兼顾了结构化面试和非结构化面试的优点，具有良好的适用性，在实际工作中的应用也比较广泛。

2. 根据面试对象人数划分

（1）单独面试

单独面试即面试官分别与应试者单独面谈，这是十分普遍、基本的一种面试方式。单独面试的优点是能提供一个面对面的机会，让面试双方深入地交流。单独面试又有两种类型。一是只有一个面试官负责整个面试过程。这种面试大多适用于较小规模的用人单位招聘较低职位人员的情况。二是由多位面试官参加整个面试过程，但每次均只与一位应试者交谈。公务员面试大多属于第二种形式。

（2）集体面试

集体面试又称小组面试，指多位应试者同时面对面试官的情况。在集体面试中，通常要求应试者分小组讨论，相互协作解决某一问题，或者让应试者轮流担任领导主持会议、发表演讲等。这种面试方法主要用于考查应试者的人际沟通能力、洞察与把握环境的能力、领导能力等。

无领导小组讨论是很常见的一种集体面试。在不指定召集人、面试官也不直接参与的情况下，应试者自由讨论面试官给定的讨论题目，这一题目一般取自拟任工作岗位的专业需要，或是现实生活中的热点问题，具有很强的岗位特殊性、情境逼真性和典型性。讨论中，众面试官坐于离应试者一定距离的地方，不参加提问或讨论，通过观察、倾听为应试者评分。

3. 根据面试的内容划分

（1）职位能力面试

职位能力面试侧重关注与职位相关的信息，如职位所要求的基本知识与技能、应试者在相关岗位的工作经验等。针对应届毕业生，主要考查其对本专业的了解程度、实践技能及潜力等；针对社会人才，主要考查其工作经历、之前所承担的任务和责任等。这种面试方法侧重对应试者学历和工作经历的考查，以了解其是否具有相应的岗位胜任力。

（2）情境化面试

情境化面试是指给应试者一个特定情境，考查应试者在此情境下的表现。情境化面试的题目一般是模拟工作中可能出现的情境，通过考查应试者在特定情境中的表现，判断应试者是否能胜任某项工作。在面试之前，面试官会对情境化面试的题目确定一个答案，然后根据应试者的回答来对其进行评分。例如，一个系统工程师可能会被问："在休假期间企业计算机系统出现严重故障，你会如何应对？"是立即赶回企业处理系统故障，还是以休假为由拒绝处理，还是找人代为处理？采用某种做法的理由是什么？这些答案均会影响面试官对应试者的评价。

情境化面试突破了常规面试官和应试者那种一问一答的模式，引入了无领导小组讨论、公文筐处理、角色扮演、演讲、答辩、案例分析等人员甄选中的情境模拟方法。情境化面试是面试形式发展的新趋势。在这种面试形式下，面试的具体方法灵活多样，面试的模拟性、逼真性强，应试者的才华能得到更充分、更全面的展现，面试官对应试者的素质也能给出更全面、更深入、更准确的评价。

（3）行为描述面试

行为描述面试与情境化面试相似，都是考查应试者在特定情境下的行为表现，但行为描述面试关注应试者曾经如何处理某种情景，这种情景是实际发生过的。其基本原理是：未来行为或绩效的最好预测指标是过去的行为或绩效。例如，某企业招聘一位培训专员时会问及："你以前负责或参与了哪些培训项目""你在其中扮演什么角色""项目遇到问题时你是怎么处理的，这样处理的原因是什么，结果如何"等。

（4）压力面试

压力面试主要是指面试官对应试者提出一系列不礼貌的、容易使人感到难堪的问题，使应试者感到不舒服，然后在交流中不断寻找应试者回答中的漏洞进行追问，刺激应试者，以此来观察应试者在压力下的行为表现。如果在压力面试中应试者能够应对自如，为自己的观点找出充分的证据，那么其就会被认为是能够承受压力的人。反之，如果应试者表现得惊慌失措、语无伦次、丧失信心，甚至对面试官采取过激行为，则被认为抗压能力较差。这种面试方法主要用于招聘责任重、任务多、压力大的岗位候选人。这种面试方法的优点是用人单位能够准确了解应试者的心理素质和抗压能力；潜在的风险在于难以对面试过程进行控制，需要面试官拥有高超的面试技巧及控制能力，否则容易造成面试的失败。

拓展阅读

压力面试题目

题目 1：针对这次申报的职位，请总结你有所欠缺的 5 个方面。

题目 2：从总结的不足之处来看，你确实不适合职位的要求。如果我们不录用你，你接下来会做些什么？

题目 3：根据刚才的陈述，你连普通的客户都应付不了，面对刁难的客户，你怎么能够应付得来？

题目 4：依照我们的判断，你并不能够应对将来的工作。你怎么证明自己能够胜任这份工作？

题目 5：从你的经历来看，你根本不能长期在一家企业工作，而我们是一家对忠诚度要求很高的企业。因此，我们很怀疑你的求职意愿。

6.1.2　面试的实施阶段

以常见的结构化面试为例，面试的实施过程通常包括 4 个阶段：关系建立阶段、导入阶段、正题阶段和收尾阶段。

（1）关系建立阶段

关系建立阶段主要是面试官与应试者进行简单的沟通，聊一些比较轻松的话题，如地理位置、家乡、文化等。通过这种简单的寒暄，面试官可以迅速拉近与应试者之间的距离，缓解应试者的紧张情绪，使面试顺利进行。此阶段，应试者可能被问到这样的问题："你是湖南人，那很能吃辣吧""今天下雨了，你带伞了吗"等。

（2）导入阶段

导入阶段是从关系建立阶段到正题阶段的过渡阶段。在此阶段，面试官会问一两个应试者熟悉的、有准备的题目，如"能谈谈你在学校的学习和实践经历吗""能谈谈你对过去工作的看法吗""你认为自己最大的优点和最大的缺点分别是什么"等。这一阶段主要是为了创造一个轻松的氛围，让应试者意识到考查已经开始但又不至于使应试者过于紧张。

（3）正题阶段

正题阶段是考查应试者能力、素质的主要阶段。面试官会就招聘岗位所需要的核心胜任特征对应试者进行询问，然后根据应试者的回答对其素质进行基本判断，作为录用与否的重要参考依据。

（4）收尾阶段

主要问题都问完后，就进入面试的收尾阶段。在这一阶段，面试官会检查前面所提的问题，看有无遗漏。同时，在面试的初期，应试者可能因过度紧张而表现不佳，这时需要给应试者填补漏洞的机会。此外，这一阶段也允许应试者向面试官提一些问题，应试者所提问题的好坏将直接影响其在面试官心中的形象。一般来说，好的问题应该显示应试者的上进心和良好素质，如"我在入职后能得到哪些培训？培训的形式是怎样的""公司的职业晋升通道是怎样设计的"等。当双方均无其他问题时面试结束，此时应试者会被告知通知面试结果的时间和方式。

6.1.3　面试的评分标准

在面试过程中，每位面试官需要根据预定的评分标准，将对应试者的评价填入面试评分表，面试结束后再对评分表进行整理。

面试评分表主要由 3 个部分组成：第一部分是应试者的基本信息，即应试者的姓名、性别、应聘岗位等；第二部分是评价要素及相应的评价等级，可以根据招聘岗位的需要来设置；第三部分是对应试者的录用意见，一般有建议录用、有条件录用、建议不录用 3 种，并且要附上用人部门意见和签名、人力资源部门意见和签名及公司领导意见和签名。面试评分表如

表 6-1 所示。

表 6-1　面试评分表

姓名		性别		年龄			编号	
应聘岗位				所属部门				
评价要素	评价等级							
	差		较差		一般		较好	好
个人修养								
求职动机								
语言表达能力								
应变能力								
社交能力								
自我认识能力								
个性特征								
相关专业知识								
总体评价								
录用意见	建议录用			有条件录用			建议不录用	
用人部门意见： 签名：	人力资源部门意见： 签名：			公司领导意见： 签名：				

6.2　求职面试过程中的沟通和礼仪

6.2.1　面试前的准备工作及礼仪

求职面试不同于一般的面谈，其有特殊性，主要体现在以下 3 个方面。首先，求职面试中双方在地位上是不平等的。通常，招聘单位都处于主动地位，而应试者则处于被动地位。其次，招聘和求职的双方彼此之间缺乏足够的了解，需要经过一个从初步认识到逐步深化的过程。最后，求职面试的目的是对应试者的能力和经验进行评价，而不是简单地解决某个具体问题。

由于求职面试的上述特殊性，应试者就需要努力掌握求职面试的技巧和礼仪。应试者在参加面试前需要做好以下环节的工作。

1. 做好充分的心理准备

面对关系自己前途的求职面试，不同的人会呈现不同的心态。如果心理状态不正确就可能影响面试的效果。正确的应试心理应当是热情、积极、自信和谨慎。在接到面试通知后，应试者应给出积极的响应，充满热情地投入准备工作，并相信经过自己的努力能获得成功。获得面试机会本身就是一件值得高兴和骄傲的事，每个应试者都应当珍惜每一次面试机会，展示自己的能力和才华，尽最大努力争取面试成功。

在面试过程中，应试者既不应为有一点进展和成功而沾沾自喜、目中无人，也不应为失误和没有结果而妄自菲薄、自怨自艾。过度自负的心态会使人的行为卖弄张扬，表现过分、出格；相反，过度自卑的心态则会使人过于拘谨、表现欠佳。所以，自负和自卑这两种极端的心态都是求职面试中的大忌，都是需要努力避免的。

2. 了解招聘单位的基本情况和职位要求

应试者在面试前调查和收集招聘单位的基本情况和职位要求，能在面试过程中受益无穷。相反，应试者不了解招聘单位的基本情况和职位要求，会造成面试过程中心中无数、处处被动。尽管很难预测面试过程中招聘人员提出的具体问题，但是在招聘面试中面试官经常会问到如下问题：你了解我们单位吗？你为什么来我们单位应聘？你为什么来应聘这个职位？你了解要应聘的职位吗？你对我们所在的这个行业了解吗？假如你被录用，你准备如何开展你的工作？对于这些问题，应试者要从实际出发，根据招聘单位和职位的具体情况给出有根据的回答。一个没有进行过调查研究的应试者很难给出令人满意的答案。

而且，在面试前对所应聘单位和职位进行调查研究，可以降低应试者的盲目性，减小应试者在被录用以后可能产生的心理落差，也有利于新员工今后顺利开展工作和职业生涯的设计与开发。应试者只有通过调查研究，在掌握招聘单位和招聘职位足够多信息的基础上，才能确认和坚定自己的选择。如果应试者对招聘单位和职位缺乏了解，仅凭一时冲动参加面试，在被录用后可能会大失所望，心理上产生巨大的落差。

获取招聘单位的信息，应试者除了通过互联网搜集，还可以向相关的老师和往届毕业的校友征询意见和建议。

3. 为回答面试中可能遇到的问题做准备

在准备面试过程中，应试者还应当对面试中可能遇到的问题做好回答的准备。当然，招聘单位不同、招聘职位不同、面试官不同，提出的问题肯定不同，应试者要预先准备好一切可能的答案是不可能、不现实的。但是，一般面试中可能遇到的问题大致可以分为两大类：一类是有关应试者的个人信息、个人要求、个人经历，以及应试者对招聘组织和职位的认识与要求等一般性问题；另一类是针对当前职位的面试而专门设计来考查应试者能力的特殊问题。

拓展阅读

面试官经常问到的 5 种问题

（1）与应试者教育背景有关的问题。面试官需要据此评价和衡量应试者是否接受了足够的职业培训；应试者所接受的教育及教育结果是否表明他/她在应聘的职位上能取得成功。

（2）与应试者工作经历有关的问题。面试官希望确认应试者之前是否从事过与应聘职位相关的工作；应试者能否证明自己有能力胜任所应聘的职位；应试者的工作经历所体现的工作风格；应试者与他人合作的经历和表现。

（3）关于应试者职业目标的问题。招聘单位需要了解应试者是否具有明确的职业目标；应试者的职业目标是否与本单位的目标相一致。

（4）与应试者个性和性格特点有关的问题。面试官要根据应试者的行为举止和态度，来评价和判断应试者是否具备良好的工作习惯和社交技巧。

（5）关于应试者对招聘单位和职位了解程度的问题。面试官要了解应试者对招聘单位和职位是否有充分的了解，应试者是否相信自己能在该公司内愉快地工作，取得良好业绩。

4. 为书面求职材料做准备

求职信和个人简历是打开面试大门的钥匙，对应聘成功极其重要。一份好的简历应信息充分、简洁大方、重点突出，只有这样才能吸引招聘人员，获得面试机会。撰写一份高质量的求职信和个人简历并不是一件简单的事情，6.3 节给出了一些实例和技巧。

另外，面试时要把毕业证书、学位证书、专业资格证书、获奖证书、身份证、推荐信等相关材料的原件及复印件准备好，放入包中并随身携带，以备面试官随时查看。

5. 为服饰形象做准备

服饰能够反映一个人的文化层次、修养和气质。在求职面试中，恰当的穿着本身就是一种很好的礼仪，能让应试者在面试官心中留下良好的第一印象。虽然一个服饰得体、举止优雅的应试者并不一定能在面试中得高分，但服饰不得体、举止不优雅的应试者肯定不可能获得面试官的好评。

对于应试者来说，服饰讲究的是与其年龄、身份、气质和体形等条件相协调。不同的职业对服饰都有特定要求，应试者的服饰是否符合职业要求，自然也会影响面试官对应试者的评价。一般而言，选用简单得体的职业套装是不会出错的。如果不考虑职业特点的要求，片面追求款式新奇、色彩华丽和名贵，反而会影响面试的效果。每一个应试者都应当清醒地意识到，求职面试的目的是找工作，而不是展示自我个性和形象。

在面试之前，应试者可以进行角色扮演练习，让教师、同学、朋友或家人扮演面试官，试着在他们面前自如表达，对准备好的表述内容不要一味背诵记忆，尽量做到让话语自然地说出来。同时，应试者要做好身体语言的训练，如在面试过程中不要左右摇晃、不要驼背、不可有过多的小动作，与面试官要有眼神交流等。

6.2.2 面试中的应对技巧及礼仪

1. 正确判断对方提问意图

在回答面试官所提出的问题时，应试者要确认对方提问的内容，切忌答非所问。在不完全理解面试官提问内容和意图的情况下，想当然地回答问题，就可能被认为是无知，甚至是傲慢无礼的。所以，应试者对于不太明确的问题，与其给一个答非所问的回答，还不如明确请求面试官给予更加明确具体的提示。

面试时的一个重要技巧就是在听到面试官提问后，应试者要快速地分析判断面试官的提问究竟是想测试哪一方面的素质和能力，或者其他意图，然后要有针对性地回答。只有有针对性地回答问题才能体现应试者的素质、能力和水平。

提问的背后：毕业
生面试问题解读

2. 诚实为本，冷静应对

诚实是面试官对应试者的基本要求。如果面试官发现一个应试者在某个问题上说谎或者夸大了实际情况，就会对这位应试者所有的话都产生怀疑。诚实就是不要不懂装懂，与其答非所问，还不如坦率地承认自己不懂。在面试时把对应试者的真正需求巧妙地隐藏在面试的试题后面，是如今很多面试官的习惯做法。

要诚实也不应回避问题，保持沉默，否则会使面试官有一种被轻视的感觉，继而产生反感。所以，坦诚地说明自己的看法是应试者起码的礼貌，对于实在无法回答的问题也应当明确表示歉意。但诚实也并不表示应试者必须坦陈自己所有的缺点，应试者想要尽力给对方留下一个好印象是无可非议的。所以，应试者的正确回答策略应当是在保持诚实的前提下，突出自己的优点，坦陈自己的不足。

实际上，在面试中应试者难免会遇到一些自己不熟悉或者根本不懂的问题，此时应试者既要诚实又要保证面试成功，就需要保持冷静。换位思考一下，面试官也不会要求应试者无所不知、无所不能，这是不现实的。应试者不必为自己在某个问题上的无知而懊恼。在面试中，面试官所关心的不仅是问题的答案，还有应试者回答问题的思路和方法，由此考查应试者是否具有一定的应变能力、反应是否得体、胸襟是否广阔、立场是否明确、是否有主见等。所以，应试者在遇到自己难以回答的问题时，绝对不应表现出急躁或不满情绪，更不应表现出对立或愤怒的态度。只有保持冷静，表现出理智、容忍和大度，保持风度和礼貌，应试者才能从容应对尴尬的局面，获得面试官的认可。

3. 善举事例，凸显个性

俗话说"事实胜于雄辩"，事例论证将使你的观点更加有力。每个应试者都想把自己最完美、最好的一面展示给面试官，但在展示时又特别忌讳平铺直叙。例如，有很多应试者想说明自己的团队精神和组织能力，但只是泛泛地强调自己有多么强的能力，这让人感觉夸夸其谈，并没有多大的说服力。在这时，如果应试者能恰当地引用一个生活、工作中的实例，就可以取得事半功倍的效果。即便是理论可以证明的问题，应试者若用事实论据作为支撑，也可以使自己的说法显得更有说服力。

有工作经历的应试者可以说自己在工作的过程中，曾经组织过团队活动，且要谈到组织活动的成功之处、活动在同事中产生的良好影响。而没有工作经历的毕业生，可以说自己在学校社团组织过大学生艺术节、足球比赛、歌咏比赛等，且重要的是要谈到活动的举办是否成功、是否收到了预期的效果，以及在同学中的反响。

4. 善用身体语言沟通

面试中，回答问题不仅是言语的交流，还有肢体、眼神等的交流。有的面试官非常犀利，常通过眼神的交流来判断应试者处理问题的灵敏度与稳重感。在面试过程中，惊慌失措、躲躲闪闪或者游移不定的目光，会让人产生应试者缺乏自信的感觉，容易使面试官反感。应试者要主动与面试官进行目光交流，在重点照顾主面试官的同时，还要对其他面试官予以回应。但是应试者也要注意适度性，不能一直盯着面试官，否则会让面试官对你产生表情呆板、缺乏活力的感觉。

面试时，基本的要求就是"站有站相，坐有坐相"，基本原则是大方、得体、不拘谨、不放浪。总之，表情和肢体是语言之外能直接引起交谈双方情感共鸣的载体，应试者对它们的适度把握、恰当运用，可以增强语言的说服力、感染力。

5. 礼貌得体地提问

尽管面试过程主要是面试官提问、应试者回答，但是当回答完面试官的所有问题之后，应试者也可以提出几个自己想问的问题，而且礼貌得体的提问往往还能活跃面试的气氛、激发面试官的兴趣，显示应试者的热情、关注、自信和才华。

需要注意的是，应试者的提问其实和其对面试官问题的回答一样，都应间接地表达自己的想法。因此，作为一个应试者，所提的问题不要总是集中于工资、奖金和福利等方面。应试者如果提出一些与应聘职位的要求、业绩衡量和职业发展有关的、更深入的问题，将能提升面试官对自己的好感。

6. 避免面试中的禁忌行为

面试中应试者的行为是面试官对其评价和判断的主要依据。如果应试者出现行为上的失误或做出与面试场合不协调的行为，面试就很难得到满意的结果了。对于应试者来说，下列行为在面试中是需要注意避免的。

① 迟到失约。迟到失约表现出应试者没有时间观念和责任心，面试官会觉得应试者对所求职位缺乏热情，而且应试者迟到后匆匆赶到面试地点，多半还会影响面试表现。如确实遇到突发事件无法准时参加面试，应试者要尽早通知招聘单位，并预约另一个面试时间。

② 缺乏准备。应试者对招聘单位和职位缺乏基本的了解，甚至不能顺利地回答面试官提出的基本问题。这不但会使面试官认为应试者准备不足，而且会使面试官认为应试者似乎无意于这个职位。

③ 过度表现。有些应试者在面试中夸夸其谈、滔滔不绝、急于表现自己；有些应试者逞强好胜、处处想显示自己高人一等；更有些应试者耍小聪明、与面试官套近乎；还有些应试者则说谎邀功、伪造历史或把别人的功劳据为己有。所有这些自作聪明的做法最终都会适得其反。

④ 表现欠佳。有些应试者因过于害羞，不懂得把握时机表现自己，无论回答什么问题，答案只是"是""不是"或者"对""不对"；有些应试者在面试中顾虑重重，不愿主动说话，偶尔说话也是语调生硬、表情尴尬。这些行为同样会影响面试官对应试者的评价和判断。

6.2.3 面试后的跟进礼仪

1. 礼貌告别

面试结束时，应试者可以强调自己对应聘该项工作的热情，并感谢对方抽时间与自己进行交谈，礼貌地道声"再见""再会""谢谢"等。

起身离座后，应试者应将座椅轻推至原位置。不要背对着面试官离开，应试者应侧身打开门，面带微笑再次面对面试官道别，然后轻关房门。

面试结束时，如果面试官当场表态可以聘用你，应试者要向对方致谢，并表示将为应聘单位尽心尽力工作的决心。

面试结束时，如果面试官没有当场表态聘用你，应试者不要逼着对方当场表态。

面试结束时，如果面试官当场表示不能聘用你，应试者不要失态，相反，要表示理解对方，礼貌告别。

2. 跟进致谢

为了加深招聘方人员对自己的印象和增加求职成功的可能性，面试后的三天内，应试者可以给招聘单位写一封信表示感谢。感谢信要简洁，不要超过一页纸。信的开头应提及自己的姓名、简况以及面试的时间并对招聘人员表示感谢；感谢信的中间部分要重申对应聘职位的兴趣；信的结尾可以表示自己的信心以及为应聘单位效力之心。当然，如果有相关的联系方式，应试者发一封电子邮件或一条微信也是可以的。

3. 及时询问

通常，在面试两周后或在面试官许诺的通知时间到了后，应试者还没有收到对方的答复，可主动打电话到应聘单位的人力资源部门查询。

6.3 书面求职的材料准备及礼仪

求职过程是一个双向选择的过程，用人单位根据毕业生提供的求职材料了解毕业生的基本情况，从而决定是否给予毕业生面试机会，进行进一步接触和了解。毕业生为了向用人单位充分展示自己、推销自己，应该准备具有说服力和吸引力的求职材料，从而为自己赢得面试机会。求职者需要自己制作的书面材料包括求职信和个人简历。

实例

冗长的求职材料

四年的大学生活就要结束了，就读××专业的李强对那些已经开始着手准备找工作的同学不屑一顾，他坚信最后的才是最好的。

在班上大部分的同学签了就业协议之后，李强才开始行动，他心想："那些人就为求个职，连简历怎么写、写多少内容都去咨询！"李强花了3个晚上，写了一份3页的求职信、一份4页的个人简历，而且经过润色，求职信和个人简历的词句十分流畅，读起来朗朗上口，颇有气势。随后，他又用了整整一天的时间，对求职信和个人简历进行了精美的设计，最后不惜血本用彩色打印机打印了20份。李强心里想："这材料洋洋洒洒，让人家看了就不想放下。"

可事与愿违，他将20份"精美"的求职材料都寄给了那些他比较中意的企业，但没有一家企业和他联系。

李强不知道，他的求职信和个人简历过于冗长，使企业的招聘人员一下子失去了往下看的兴趣，因为每个职位企业都能收到几十份求职材料，招聘人员没有那么多的空闲时间阅读。而且，彩色求职材料恰恰是很不受企业欢迎的。可见，即使是准备求职材料这样简单的事情，求职者也要予以重视。

6.3.1 求职信的写作礼仪

求职信又称为自荐信，是指求职者向自己欲谋求职业的用人单位介绍自己的基本情况，提出供职请求的书信，是求职者展示自我能力、主动推销自己的书面材料。求职信一般适用于大、中专院校毕业生和无业、待业人员求职，以及在职人员谋求或转换职业。

1. 求职信的格式

求职信的格式和一般书信大致相同，即称谓、正文、结尾、落款。开头要写明用人单位（或其人事部门）领导，如"××单位负责同志：您好！""尊敬的领导：您好！"等称谓，结尾写上"此致敬礼"等问候语，并表示希望能得到一次面试机会，最后写明自己的姓名、联系方式等。

2. 求职信的内容

求职信的主要内容大致有以下 3 个方面。

① 简单的自我介绍，包括姓名、学历、毕业院校、所学专业、特长、爱好、主要优势等。

② 简述自己对该职位感兴趣的原因。

③ 表明自己期望能在该单位任职。

实例

求职信

尊敬的领导：

　　您好！

　　感谢您在百忙之中抽出时间阅读我的求职信。我是××中医学院临床医学的本科应届毕业生。步入医学行业，医治各类疾病患者一直是我的梦想，医学院的×年历练为我实现梦想打下了坚实的基础，专业特长更使我明确了择业目标：做一名临床医师。选择了医疗事业，选择了医学院校，立志救死扶伤的信念便铭刻于心。

　　进入大学以后，我抓紧每一天进行专业知识的积累和基本功的培养，学业成绩×××××。作为医学生，我在思想上积极要求进步，以救死扶伤为己任，勇于承担责任。在能力培养上，我在校内积极参加××××××活动，在校外广泛尝试，多次进行×××××实践活动，既实践了所学，又锻炼了能力。

　　大鹏展翅、骏马飞驰需要有自己的天地。贵院科学的管理体制和明达的择人理念，使我坚信到贵院工作是一个明智选择。个人简历及相关材料一并附上，希望您能感受到我的真诚，我也希望能尽快收到面试通知。我的联系电话为 139×××××××，电子邮箱是×××××××××××。

　　感谢您阅读此信并考虑我的应聘请求！

　　此致

敬礼！

毕业生：×××

××××年××月××日

3. 求职信的写作技巧

要写好一封令人满意的求职信，必须注意以下几个技巧。

（1）简明扼要有条理

用简练的语言把求职想法以及个人特点表达出来，切忌堆砌辞藻，因为求职信的读者大多是单位或部门负责人，他们不会把很多时间浪费在阅读冗长的文章上。因此，求职信要开门见山、简明扼要，切忌套话连篇、满纸浮词。求职信不在于长，而在于精，在于内容集中、明确，语言凝练明快，篇幅短小精悍；字数一般在 500 ~ 1000 字，通常是一页纸。

（2）自我推销与谦虚应适当有度

写求职信是推销自己，你就要强调自己的成就、强调自己对所选单位的价值，因此少不了自我介绍，但是要讲究技巧。例如，在求职信中表达"有能力开创企业的新局面"，让人读起来就不舒服，可以说"我可以用所学的知识，建立一套新的管理计划，以提高企业的生产率""我可以为企业搞一些形象设计"等。

对中国人来说，谦虚是一种美德。一个谦虚的人，可以使他人对其产生好感。但对于求职者来说，过分的谦虚会使人觉得你什么也不行。谦虚不是自我否定，而是实事求是，恰如其分地表现自己。所以，写求职信应遵循"适度推销"的原则，视具体情况而定。对不同的企业发出的求职信的内容不能一样，求职者要针对用人单位的要求修改自己的求职信。

（3）突出重点

求职信要突出能引起对方兴趣、有助于获得工作的内容，主要包括专业知识、工作经验、自身特长和个性特点等。需要注意的是，在介绍专业知识和学历时，切忌过分强调学习成绩。有些刚出校园的大学生容易产生一种错觉，以为社会和学校一样，重视学习成绩，认为只要学习成绩优秀就会获得一份好职业，甚至为自己的全优成绩而沾沾自喜，这是不成熟的表现。学习成绩固然重要，但用人单位也很看重经验和实操能力，所以求职者应简单地写明专业和学历，重点突出工作经验和能力。这里所谓的"工作经验和能力"主要是写在校期间参与的专业实习和社会实践活动、学校立项的创新创业项目或者教师布置的以小组为单位的团队作业，并要说明自己在其中扮演的角色或在团队内部起到的作用。

（4）以情动人，以诚感人

写求职信也要有感情色彩，语言有情，则有助于交流思想、传递信息、感动对方。写求职信做到以情动人的关键在于摸透对方的心理，然后根据自己与对方的关系采取相应的对策。

如果求职单位在你的家乡，求职者可以充分表达为建设家乡而贡献自己聪明才智的志向；如果求职单位是教学单位，求职者就要充分表达献身教育的事业理想……总之，求职者要设法引起对方的共鸣，或者得到对方的赞许，这样对方会主动地伸出友谊之手，给予热情的帮助。

写求职信在注重以情动人的同时，还要以诚感人、以诚取信。只有"诚于中"才能"形于外"。诚是指态度诚恳、诚实，言出肺腑，言而有信，内容实事求是，优点突出，自信但不自大。

6.3.2　个人简历的写作技巧和礼仪

个人简历，也称"简历"，是求职者进行自我评价和认定的主要材料。它是一扇窗户，有助于用人单位了解求职者的基本情况，从而激起用人单位与求职者进一步接触的浓厚兴趣。

写简历，就应该发挥"简"的作用。关于简历有"YRIS"一说，就是"Your Resume is Scanned"的简写。也就是说，招聘人员看简历只是扫描式的，是筛选，而不会对所有的内容都仔细地阅读。因此，求职者写简历要熟悉行文格式，进行专业的写作。一般来说，用人单位招聘毕业生主要看 4 个方面的内容：基本信息、所学课程及成绩、在校期间的社会实践活动、所获奖项。个人简历的写作技巧和礼仪如下。

① 要突出经历。用人单位较为关心的是求职者的经历，从经历看求职者的经验、能力和发展潜力，所以，一份好的简历要重点突出自己的相关经历。大学毕业生的社会经历相对少一些，但也要写得充实、有个性，反映大学毕业生的真实情况。在简历中要充分展示专业

特长和一般特长，强调过去所取得的成绩，尽量用数据描述。大学毕业生提及自己的成绩和优点时，切忌夸大其词，甚至编造。

② 要突出所应聘的职位信息。招聘人员关心求职者经历的目的主要是考查求职者能否胜任该职位，而以往经历与该职位的相关性和匹配性就在一定程度上决定了招聘人员是否会把求职者留下。因此，求职者无论是写自己的经历还是进行自我评价的时候，都要紧紧抓住所应聘职位的要求来写。

③ 排版考究，页数控制在 1～2 页。如果用人单位是外企或以外向型经济为主的企业，求职者则要同时附上英文简历。简历一般要便于阅读，且有吸引力。

④ 印刷精良，简洁大方。打印排版时，白纸黑字是简历的理想表现形式。注意字体统一，不用斜体、隶书、行楷、琥珀体等；整页文字疏密有致，清楚大方；简历中的小标题应该加粗，如个人资料、个人兴趣、社会实践经历、求职意向等。同时注意语法、标点的正确运用，避免错别字。

⑤ 不要写对择业不利的情况，如对薪资和工作地点的要求。成绩也不必全部都写上，主要写专业课的成绩，尤其要注意避免写出补考的科目。如果在学校没有获奖，获奖情况一栏不要填"无"，而应把这一栏删掉。求职者要做到既不说假话，也不要取长补短，而要扬长避短。

简历模板在网上即可搜到，但是不管针对什么格式的模板，在填写时都要切记以上几点。建议求职者使用可以附上照片的简历模板，附上一张自己满意的照片，可以给用人单位一个好的印象。表 6-2 所示为毕业生求职简历的示例，供参考。

表 6-2 毕业生求职简历的示例

应聘职位	网络安全维护管理、数据库管理、计算机系统安全维护、软件策划/开发等相关的职位			
姓名	×××	性别	×	照片
户口所在地	××市××区	出生年月	××××年××月××日	
毕业学校	××××学院	专业	计算机网络技术	
婚姻状况	未婚	民族	汉	
手机号码	××××××××××	邮箱	×××××××	
身高	×××cm	体重	××kg	
教育情况	★主修方向：信息安全 ★主修课程：现代密码学、通信原理、数据结构、数据库基础、计算机网络、微机原理与接口技术、计算机组成原理、C 语言、控制工程基础等 ★专业课程：电子商务、信息对抗原理、网络管理与安全、数字图像处理、数字签名等 ★专业排名：12/60 **计算机水平** ★会使用 C 语言编写程序 ★会使用 SQL Server 进行数据库的建立和基本维护 ★会简单运用 Photoshop 进行基本的图像处理 ★会使用 MATLAB 以及电路设计软件 ★能够熟练使用 Windows 系列操作系统以及基本办公软件（Office 系列）			

个人技能	★大学英语四级 506 分，能够听懂日常英语，熟练运用计算机进行高质量全文翻译，高效且准确 ★有机动车驾驶证 ★有较强的文字功底 ★有中央音乐学院电子琴六级证书
实践与实习	★2018 年，在校实践中实现 VC 平台编程，完成万年历、U 盘以及控件播放器项目 ★2019 年 7 月暑假，在北京×××健康管理集团公司任实习讲师，其间获得会员及领导好评 ★2019 年，在校实践完成了放大音频设备电路板的设计以及焊接等工作，并成功播放高音质歌曲 ★2018—2019 学年，在软件工程课程实践中，在××××平台完成病毒程序设计开发，实现键盘及鼠标锁定的攻击以及重开机、自启动的攻击 ★2020 年，在校实践中实现了古典密码的编程，包括凯撒密码以及置换密码的加密及解密 ★2020 年 1 月寒假，在×××市做"旅游城市近 10 年发展成果及弊病"调研，并完成了调研报告 ★2019—2020 学年，任年级组织委员，成功担任元旦联欢晚会主持人
兴趣爱好	★喜欢游泳、羽毛球、登山等体育项目 ★喜欢阅读现代文学，撰写微博文章等
获奖情况	★2018—2019 学年学校二等奖学金 ★社会实践先进个人
自我评价	我是一个性格开朗随和、谦逊而有主见、很有亲和力的人。我具有很强的责任心和团队合作意识，与人沟通的能力出色，对别人交付的事情一向是尽自己最大努力按时保质完成。我有一定的自学能力，对环境适应力强，面对困难能够积极地应对和克服，对亚健康管理很有研究，能够让自己的身体时刻保持在最佳的状态。 您的信任是我的动力，希望能够给我一个机会为贵公司的发展出力

6.3.3　求职信与个人简历的区别

求职信与个人简历的撰写目的是一样的，都是要引起招聘人员的注意，争取面试机会，但两者的形式有所不同。个人简历并不等同于求职信。求职时个人简历通常不能单独寄出，应该附有信件，即求职信。

求职信是针对特定的个人来写的，简历却是针对特定的工作职位来写的。简历主要叙述求职者的客观情况，而求职信主要表述求职者的主观愿望。相对于简历来说，求职信更强调突出个人的特征与求职意向，以求打动招聘人员；同时，求职信也是对简历的简要概述和补充。

也就是说，求职信与简历的内容有一部分是相似的，简历中的学历、专业技能、项目经验、兴趣爱好等内容，在求职信中也可以存在。当然，求职信没必要把简历中的内容重复一遍，应找出关键点加以强调。

在国内，求职信的作用通常没有简历重要，很多招聘人员更看重简历。但在国外，求职信是要作为正式的邮件来写的，格式要求非常严格。因此，在向外企求职的时候，求职者应该准备求职信。

中小企业的招聘人员会有更多时间查看邮件，一封好的求职信能在很大程度上凸显求职者对这份工作的重视，同时也能更充分地展示求职者的能力。

在大型企业，简历的作用远大于求职信，因为这类企业的招聘人员通常十分忙碌，可能没有时间和耐心去仔细阅读求职信。向这类企业求职时，求职者可以考虑把求职信表达的核心思想压缩成几句话，放在简历的最后一段，这样就可以不单独提交求职信，仅提供个人简历即可。

练习测试题

一、不定项选择题

1. 面试前没有准备严格的提问框架和问题答案，面试官与应试者可以自由展开交流，整场面试在比较轻松的氛围中进行，这种面试方式叫（   ）。
   A. 结构化面试   B. 标准化面试   C. 非结构化面试   D. 半结构化面试

2. 以下面试方法中属于情境化面试的有（   ）。
   A. 无领导小组讨论   B. 公文筐处理
   C. 角色扮演   D. 结构化面试

3. 在面试的（   ）阶段，面试官通常会问一两个应试者熟悉的、有准备的题目。
   A. 关系建立   B. 导入   C. 正题   D. 收尾

4. 关于面试前的准备工作，下面表述正确的有（   ）。
   A. 调查和收集招聘单位的基本情况和职位要求
   B. 撰写一份高质量的求职信和简历
   C. 准备一套款式新奇、华丽或名贵的面试服装
   D. 进行角色扮演练习，让你的同学扮演面试官，你试着在他们面前自如表达

5. 面试时，如果遇到不理解面试官提问内容和意图的情况，你认为正确的应对方式是（   ）。
   A. 尽管对问题不太确定，还是要给出一个可能正确的回答
   B. 请求面试官给予更加明确具体的提示
   C. 答非所问，巧妙地转换话题
   D. 保持沉默，暗示不会回答

6. 撰写求职信和个人简历时，下列做法错误的有（   ）。
   A. 对不同的企业，求职信的内容不能一样，求职者要针对用人单位的要求修改自己的求职信
   B. 写求职信应该理性客观地表达自己的求职要求，不宜带有感情色彩
   C. 向大型企业求职时，个人简历的作用远大于求职信
   D. 撰写个人简历时，如果在学校没有获奖，获奖情况一栏也不要填"无"，可以把这一栏删掉

7. 关于面试后的跟进礼仪，下列做法正确的有（   ）。
   A. 面试结束时，可以强调自己对应聘该项工作的热情，并感谢对方抽时间与自己进行交谈
   B. 面试结束时，如果面试官当场表示不能聘用你，也要表示理解对方，礼貌告别
   C. 面试后的三天内，给招聘单位写一封信或发一封电子邮件表示感谢
   D. 在面试官许诺的通知时间到了后，还没有收到对方的答复，主动打电话查询面试结果

二、判断题

1. 行为描述面试的基本原理是未来行为或绩效的最好预测指标是过去的行为或绩效。
（　　）

2. 在准备面试过程中，由于招聘单位不同、招聘职位不同、面试官不同，提出的问题肯定不同，应试者试图对面试中可能遇到的问题做好回答的准备，是徒劳无功的。（　　）

3. 应试者进入面试室后，应该积极主动与面试官握手。（　　）

4. 尽量让家人或朋友陪伴去面试。（　　）

5. 面试中提到自己的能力时，恰当地引用生活、工作中的实例，可以起到事半功倍的效果。（　　）

6. 只有简历出彩，才能得到面试机会，因此在简历中提及自己的成绩和优点时，可以适当地夸大其词。（　　）

三、简答题

1. 面试有哪些类型？
2. 面试的实施过程包括哪几个阶段？
3. 求职面试前需要做好哪些准备工作？
4. 应对面试应注意哪些技巧和礼仪？
5. 面试后的跟进礼仪有哪些？
6. 求职信与个人简历有何区别？
7. 撰写求职信和个人简历分别要注意哪些技巧？
8. 本章引例中的苗婷婷在面试中这样介绍自己有什么不妥的地方吗？

案例分析题

【案例 6-1】

小袁的求职经历

小袁是××科技大学材料与冶金学院材料成型及控制工程专业××××届毕业生，他成功应聘了×××××技术股份有限公司拓展工程师岗位。下面是他对这次招聘过程的回顾和总结。

我在校报记者团工作过，大四刚开学，我向校报老师咨询就业问题。老师说要发挥自己的优势，建议我从事高新技术行业。我分析了半天，觉得自己擅长表达，决定从事工科类的销售工作。

校报的学长帮我修改简历，说简历要有逻辑，不能有一句废话，要用事实和数据说话，还要突出自身优势。在几次招聘过程中，面试官都对我做过校报记者的经历感兴趣，有的因此而愿意录用我。

有一家公司来学校开招聘会，我去交了简历。下午收到面试通知，要参与无领导小组讨论，大二进学院主席团时我就经历过这个环节。

我顺利进入第二轮的笔试，考的却是电子电工方面的知识，天啊，这可是我大二学的东西，许多内容都忘了，做完卷子我就觉得没戏了。可是，我居然接到了第三轮面试的通知。

招聘主管对我的大学生活、简历的内容等深入询问。后来，招聘主管让我留下来进行第四轮面试，公司领导亲自面试我。

谁知，领导第一句话就是"你大学干吗去了？"原来，笔试总分 100 分，我只考了 67 分。我没有慌张，而是跟他解释，这门课课时很少，大二时学生会工作比较忙。

"你成绩一般，公司凭什么要你？"领导还说公司有好多人因为受不了工作压力辞职了。我说，我的数学和物理成绩很好，这是工科的基础，有了这个基础学什么都快。然后我又说我不怕辛苦，还跟他讲了大学期间在学生会如何面对迎新压力、运动会压力等。领导又说，你这专业不对口，我们的培训你跟不上怎么办？我说就算不吃饭、不睡觉我也不会掉队的，我一个理科生，连写新闻稿都学会了，还有什么学不会呢？

最后领导让我回去等通知。我本以为毫无希望，结果第二天接到了该公司的录用通知。后来听招聘主管说，第四轮面试是压力面试，而我表现良好。于是，我如愿以偿进入了这家公司。

大学四年做校报记者的经历，使我受益良多。在采访的过程中，我逐渐学会了如何尊重别人、如何与别人交流、如何从一个旁观者的角度去分析看待问题。

问题：
1. 你认为为什么小袁在求职过程中总是能处于相对优势的地位？
2. 你如何评价小袁在压力面试过程中的表现？
3. 为什么小袁在笔试成绩一般的情况下仍然能获得工作机会？这给你什么启示？

【案例 6-2】
求职信

尊敬的阳光装饰公司经理：

您好！

本人是今年的应届毕业生，面临毕业，想到贵公司工作，现将本人的情况作如下的介绍。

本人现就读于××职业技术学院建筑装饰工程技术专业，今年七月毕业。我在校时各方面表现都很好。

我的性格属于外向型，不喜欢独来独往，比较健谈，喜欢去人多的地方，喜欢交朋友，而且认为朋友越多越好，将来有什么困难可以得到朋友的帮助。

我的兴趣广泛，好像什么都喜欢，我虽然不会唱歌，但喜欢听人唱歌，喜欢欣赏音乐、画画，也爱好体育活动，特别喜欢打羽毛球。

在遵守纪律方面，我比较自觉，从没有违反过学院的纪律，有时还能得到表扬。

在生活方面，我比较俭朴，不乱花钱。有人说我吝啬，我有自己的看法：我们学生是消费者，花钱不能大手大脚，不然会增加家长的负担，节约是我的优点，我不承认吝啬。

在学习方面，我也很自觉。有的人对基础课的学习不够重视，只重视专业课，我不是这样，我对基础课和专业课同样重视，所以各科学习成绩都达到了老师的要求。

贵公司是从事装修工作的，我是学建筑装饰工程技术的，完全可以在贵公司工作，请公司研究并答应我的求职申请。

此致
敬礼！

第6章　求职面试中的沟通和礼仪

求职人：××职业技术学院　张三

××××年××月××日

问题：试分析该求职信存在哪些问题。

实践实训题

1. 即兴发言训练

选择下列一个题目进行一次即兴发言，要求时间控制在 2～3 分钟。

① 你参加某企业招聘一名经理助理的面试，面试官要求你陈述自己的基本情况，以及你应聘该职位的理由和自己的职业发展规划。

② 你准备竞聘某学生社团副社长的职位，请你进行竞聘发言。

③ 你邀请了一位你熟悉的老师给大家讲课，你需要对该老师进行介绍。

④ 在某次竞赛活动中，你获得了一等奖，当你上台领奖时，被要求讲几句话。

2. 面试礼仪训练

① 准备：教师扮演面试官，学生扮演应聘者。

② 实施：假设一家企业有多个职位可供选择，学生扮演的应聘者进行面试。

③ 要求：每名学生需要准备一份求职简历。

④ 总结：让学生进行自评和互评，最后教师进行总结评价。

3. 模拟求职面试

模拟场景：某教育科技企业招聘 1 名广告执行员，要求具有大专或本科学历，性别不限。

岗位职责：负责旗下广告资源管理和维护，制定并推行广告投放标准和规则；对广告资源进行排期管理，定期提供空余广告资源排期信息；监督全站广告投放是否正确，定期进行排查，及时处理问题广告；负责广告效果分析，为客户及相关业务部门提供广告数据支持。

任职要求：对教育互联网行业有一定认识，一年以上相关工作经验；较强的沟通能力，能对各种突发情况进行妥善处理；吃苦耐劳，工作主动积极，具有团队合作和共享精神；具备全面的广告和营销知识，有较强的执行力，能熟练使用办公软件。

① 请根据上述招聘广告，做好相关应聘面试的准备。

② 两组学生（人数不宜过多），一组作为招聘方提问，一组作为应聘方回答。

③ 学生完成情景模拟后，先让学生自评，然后教师进行点评。

4. 面试问答训练

以下列出了招聘人员常问的 4 个问题，你认为每个问题的哪个答案最有可能被面试官认可？阐述你的理由。

问题 1：你为什么想离开目前的岗位？

A. 其他同事认为我是领导跟前的红人，所以处处排挤我

B. 调薪的结果令我十分失望，完全与我的付出不成正比

C. 领导不愿授权，工作处处受限，束手束脚、很难做事

D. 企业运营状况不佳，大家人心惶惶

133

问题2：你对我们企业的了解有多少？

A. 贵企业在去年长达8个月的时间内，利润率都排在行业前列

B. 贵企业连续3年被××杂志评选为"求职者最想进入的企业"第一名

C. 不是很清楚，能否请您介绍一下

D. 贵企业有意改变策略，加强与国外大厂的原始设备制造商合作，自有品牌的部分则通过海外经销商进行销售

问题3：你找工作时，最看重的因素是什么？

A. 企业的发展前景及产品竞争力

B. 企业对员工职业生涯规划的重视及人性化的管理

C. 工作的性质是否能让我发挥所长，并不断成长

D. 合理的待遇及主管的管理风格

问题4：请谈谈你个人的最大特色。

A. 我人缘极佳，连续3年担任工会委员

B. 我富有毅力，事情没有达到一个令人满意的结果，决不罢手

C. 我非常守时，工作以来，我从没有迟到过

D. 我的个性很随和，是大家公认的好好先生（女士）

第7章
职场沟通和礼仪

微课导学

本章内容

◎ 校园与职场人际关系的差异　　　◎ 与下级沟通的原则、技巧
◎ 转变学生身份，开启职场大门　　◎ 与同事沟通的原则、技巧和礼仪
◎ 与上级沟通的原则、技巧和礼仪

引例：大学毕业生的"闪辞"现象

　　毕业季又快来临了，用人单位忙校招，大学生忙应聘，就业市场显得格外热闹。但在这样一种热闹的情景之下，却有一种不协调的声音萦绕在人们的耳畔。媒体记者走访现场招聘会了解到，不少用人单位反映，近年来在新就业的大学生中"闪辞"现象不断增多，出现了大学毕业生在职时间变短、稳定性变差、入职不久就辞职的现象。一些用人单位在招聘时，对应届毕业生"又爱又恨"。

　　据调查，大学毕业生在工作中出现"闪辞"现象，其主要原因是：无法适应人际关系、薪资福利水平偏低、个人发展空间不够和想转换职业和行业。例如，大学毕业生王慧辞职的主要原因就有"无法适应人际关系"。她在一年内数次离职的主要原因是对单位的工作氛围无法认同，工作环境与自我期待有落差，在单位不看好个人的发展前景，不喜欢自己从事的工作，无法适应职场人际关系，等等。一句话，她的每一次"闪辞"，皆是自己过强的个性和任性使然。

　　王慧谈起自己一年来数次"闪辞"的经历时说，在单位她搞不了八面玲珑那一套，奉承上司、讨好同事，更是她的弱项，所以，适应职场人际关系成了她最大的障碍。她始终绷紧神经、小心翼翼做事，但是不知哪里出了差错，她很快就成为众矢之的。

　　有的人说她工作效率低，有的人说她装忙出风头，是做给领导看的。但是她向来不在乎别人说什么，都以冷漠、无视还击。或许，她的不合群加快了被排挤的速度，同事们相互邀请去应酬，王慧是落单的那个；闲暇时，大家聚在茶水间闲聊，王慧一进去，集体噤声。王慧到底还是俗人一个，心情大受影响，每天一睁眼，想到令人压抑、窒息的工作环境就想掉泪，太不开心了。坚持了两个多月，王慧毅然决然辞职走人。

　　从上面的案例中可以看出，大学毕业生无法适应职场人际关系就难以适应职场，更谈不上个人的职业发展和事业成功。那么，校园与职场的人际关系到底有哪些差异？大学毕业生应如何转变学生身份，开启职场大门？大学毕业生应如何与同事进行有效的沟通？本章将围

绕这些问题进行阐述。

从学生到职场人这个身份的转变是每一位大学毕业生都无法避免的，提前认识这个问题，并且运用一些措施和方法来规避和改善这些问题，可以让自己轻松完成角色转换，开启积极、和谐的职场生活。本章在分析大学毕业生初入职场的人际关系的基础上，系统阐述职场上与上级、下级以及同事进行沟通交往的原则、策略和礼仪，为大学毕业生未来职业的美好前景打下坚实的基础。

7.1 适应职场人际关系

7.1.1 校园与职场人际关系的差异

职场不同于大学，很多刚出校门的大学毕业生无法适应职场环境，主要是因为没有意识到大学和职场的区别，没有调整好心态，内心所想和职场现实有落差。未出校门，大学毕业生看待职场往往有理想化色彩，期待自己可以大展拳脚。可真正到了职场，大家才发现这是与学校完全不同的世界。

1. 角色身份和社会责任发生转变

相信每位大学毕业生在走进职场之前都对职场生涯充满着紧张和期待，总会幻想自己在工作岗位上大展身手，被领导肯定、被同事拥戴，尽快地升职加薪走上人生巅峰。可"理想是丰满的，现实是骨感的"，大学毕业生要成为职场赢家，首先要清楚学生和职员之间社会责任的不同。学生在学校的主要任务就是学习，由于学校性质的特殊性，学生在学校一直处于被服务的一方，教学楼、图书馆、实验室、食堂、宿舍等，每一个机构从某种程度上来说都尽可能为学生提供良好的学习环境和优质的服务。然而，当走进职场时，大学毕业生就变成提供服务的一方。领导的施压、客户的刁难可能会是职场人士经常面临的问题，如加班加点为客户做文案，根据客户要求一遍遍地改进策划……这些都可能是职场人士所面临的。从被服务者到主动提供服务者的转变过程，大学毕业生需要一步步去体会和适应。当然，职员仍然可以享受到公司提供的人性化服务，但是从工作性质来说，自身是公司的一员，应与公司荣辱与共，为公司谋利益、求发展，自己已不再是学生时期的只顾学习的享受者，而要扮演为他人提供某种服务的角色。所以，大学毕业生要意识到自己在工作时已经不属于被服务的一方，而是承担相应责任和义务的职场人士。

2. 交往对象和交往礼仪变得复杂

大学期间，打交道的除了父母、老师，就是同学和其他同龄人，关系相对简单，没有很强的竞争和利益冲突，互相学习、互相帮助占人际交往的主流。但在职场中，新入职的大学毕业生要和不同年龄、不同背景、不同观点的人一起工作，需要处理和领导、同事以及客户之间的多重关系，要顾虑多方面因素，关系的复杂性有时甚至超过了工作内容本身。因此，大学毕业生虽然不需要八面玲珑，但也要用心维系职场关系，因为这关乎自身职业发展。

而且，职场是一个等级分明的地方。职场结构如同社会结构一般，都呈金字塔状，因而有着"地位影响关系"的特点。这种等级性，讲的是人有权责大小之分。但不论是什么样的等级之分，都要讲究规矩和礼仪，也就是说，人的言行是受限制的。职场人士必须按照等级、规矩和礼仪来规范自己的行为，不能为所欲为、逾越规矩。

作为刚入职的大学毕业生，与领导、同事、客户沟通的礼仪、节奏、态度、场合、时间以及禁忌等，是一门新的必修课，需要学习摸索，甚至试错、犯错，在这个过程中不可避免地会产生懊恼、挫败等情绪。

3. 心理压力和焦虑感增加

大学毕业生在职场和学校是靠完全不同的方式来获得认可的。大学毕业生从学校到职场，换了场景，如果无法转换学生思维，就要受到打击。大学期间，每天按时上课，规律作息，顺利完成学业即可；注重学习的过程，而且不懂就可以问老师和同学。而走进职场后，领导和同事看重的是工作结果，不会有人一直在背后催促新入职的员工工作，一切全靠自觉。而有些同学在学校的时候极少参加社会实践，主动担当、快速学习和独立解决问题的能力都欠缺，离开了老师的指点和督促，不知道如何将自己的所学在工作中用出来，表现出来的就是：不知怎么做，也不知该怎么学，完成不了工作任务，业绩上不来，感到焦虑甚至郁闷。

4. 激励方式和评价标准不同

在学校，老师对学生一般都以鼓励、表扬等正面激励为主，即使学生做错了，顶多也是批评教育一下，实质性的惩罚比较少。而在职场，身份已由学生转变为职员，会受到比较严格的要求。职场更多讲效率和结果，加上新人对工作熟练度不高，因而被批次数可能会较多，甚至受到斥责、罚款、扣奖金等处罚，故而内心更迫切地渴望来自领导、同事或客户的认可与肯定。当熟悉组织中的人和事之后，初入职场的毕业生会开始评估自己是否为组织创造了绩效，这是让自己找到职场存在感的重要方式。初入职场的毕业生创造了被认可的成绩会坚定留下来的信念；反之，初入职场的毕业生则会感到挫败并考虑离开。除了考虑薪酬、工作环境、制度等硬性工作条件，初入职场的毕业生如果没有感受到被重视、被理解，没有看到自己的进步并被肯定，就会产生挫折感，甚至考虑离职。

7.1.2 转变学生身份，开启职场大门

从校园到职场、从学生到职员，如何快速转变自己的身份、适应身份的变化，是每位大学毕业生都应该重视的问题。

1. 心理暗示，进行身份认同

我们在现实生活中经常会碰到学生被优待的情况，各大景区学生票半价，交通工具学生票打折，甚至餐馆、电影院都有学生享优惠、折扣活动。可毕业生一旦离开校园，摘掉学生的帽子后，职场便不会将其作为学生，那些因学生的身份而得到的优待也不复存在。工作没有按时完成而遭到上司的训斥、拖同事的后腿而被抱怨和非议、产品质量不佳而被客户投诉等，这些情况是职场人士经常遇到的。

"在其位，谋其政"，一旦进入工作岗位，大学毕业生就要承担相应的任务和职责，成为公司的一员。如此巨大的身份落差可能让刚走进职场的毕业生难以接受，轻者产生消极对抗情绪，严重者可能影响身心健康。所以大学毕业生要不断地给自己心理暗示，尽快完成身份的转变。大学毕业生只有认同了自己的身份，才能在行为方式上有所改变，快速进入工作状态。

2．熟悉职场礼仪规则，打造和谐的人际关系

良好的人际关系是个人工作和生活的润滑剂，人际关系的处理也是个人交往能力的体现。学校一直都是简单纯粹的场所。职场中，利益相互交织，人物形形色色，一不小心可能就会掉进困局。再者，现今的毕业生大多个性鲜明，加上社会经验少，到了职场很容易与上司、同事发生不愉快的事件，进而影响个人工作和生活。因此，大学毕业生应该尽快学会和熟悉职场的礼仪，学会处理人际关系，尽快融入公司的大集体，建立良好的人际关系。

3．千里之行，始于足下

现在公司讲究的是创造价值，公司聘请任何一位员工都是从自身的利益出发的，这要求员工承担相应的责任和义务。公司是以营利为目的，运用各种生产要素向市场提供商品或服务，实现自主经营、自负盈亏、独立核算的法人代表或社会组织，具有严密的组织性和纪律性。千里之行，始于足下。当下毕业生应从小事做起，加强责任意识和礼仪修养。入职后，在平时工作中，大学毕业生应积极主动为公司做事，有疑问向老员工虚心请教，切忌眼高手低，做出不尊重领导和同事的行为。大学毕业生应立足平凡的岗位，埋头苦干，努力奉献，创造美好的职业生涯。

7.2 与上级沟通的礼仪

按照信息的流向，组织内部的沟通可以分为上行沟通（与上级沟通）、下行沟通（与下级沟通）、平行沟通（与同事沟通）。每一类组织内部沟通都有其特定的原则、技巧。处理好组织内部的沟通，我们才能凝聚团队力量，从而协调、有效地工作。

上行沟通是下级参与管理、发表意见或建议、表达利益诉求以获得上级支持、实现下情上达的重要方式，同时，也是上级实时了解与掌握下级对工作、对组织的总的看法和期待的重要方式。不论是初入职场经验不足的新人，还是在职场摸爬滚打了数年的经验丰富的老手，都必须面对上行沟通。从某种程度上可以说，上行沟通的效果有时甚至会影响一个人的晋升机会与发展空间。因此，上行沟通是组织内每个人都必须掌握的一门必修课。

7.2.1 与上级沟通的原则

1．遵守管理规律和组织制度

通常来说，下级与上级的沟通应根据组织的正式等级链进行，逐级沟通，不可越级。下级应注意组织制度中对权限和流程的各项规定并严格遵守。例如，下级向上级请示或汇报工作，要按照下级服从上级的原则，逐级请示、报告；下级要避免多头请示、报告，坚持谁交办向谁请示、报告，以减少不必要的矛盾，提高办事质量和工作效率等。

2．理解、尊重上级但不盲目吹捧

吹捧是夸大其词的奉承，是言过其实的赞扬，是别有用心的谄媚；吹捧与尊重截然不同。在任何场合，下级要充分尊重上级并维护上级的权威，积极支持、配合上级的工作。理解、尊重上级，应重点把握以下两点。

其一，沟通态度谦逊、低调。下级对上级不能直呼其名，而要称呼其职位；说话语气要温和，表达方式要委婉；善于请示，勤于汇报；提建议要适时适度。下级还应认识到，上下

级亲密、信任关系的维系建立于遵守基本礼节的基础上，没大没小只会招致上级反感。

其二，意见相左时不可当面顶撞。强调上下级对话地位的平等并非意味着下级可以毫无顾忌、口无遮拦，下级要保持遵从态度，进行如实陈述、充分表达，展露个人理性想法、严谨观点，以助力上级进行更全面、更科学的认知和判断。这就要求下级在交流过程中不能直接顶撞上级，否则不仅有违尊重态度，更有违组织纪律。当上下级对某一事务或问题出现较大意见分歧时，为确保自我认知和判断的理性，下级应学会换位思考，通过对个人有限立场、局部视野的主动突破来积极地理解上级意图。

3. 请示但不依赖

在工作上，下级不能超越自己的权限做事，不能越俎代庖。对超出自己权限的事情必须请示、汇报，请示的时候必须提供自己的建议和方案，这样才能让上级看到你的作用和能力。下级在自己职权范围之内要大胆负责，敢于决策，而不能事事请示，遇事没有主张。

4. 主动但不越位

下级对工作要积极主动，敢于直言，善于提出自己的意见，不能唯唯诺诺。当然，下级的积极主动、大胆负责是有条件的，不能擅自超越职权。现实中，越位常常表现为决策越位、表态越位、答复问题越位等。

7.2.2　与上级沟通的技巧

上行沟通的主要形式是请示和汇报。请示，是下级向上级请求决断、指示或批示的行为；汇报，是下级向上级报告情况、提出建议的行为。二者都是职场人士经常性的工作行为。

1. 明确程序

请示和汇报工作通常有以下几个步骤。

一是明确指令。在一项工作明确了方向和目标后，上级通常会指定专人负责此项工作。如果上级明确指示你去完成这项工作，你就要迅速准确地把握上级的意图和工作的重点，遵循 "5W2H" 原则，包括谁传达的指令（Who）、做什么（What）、什么时间（When）、什么地点（Where）、为什么（Why），以及怎么做（How）、工作量多大（How much）。其中任何一点不明白，都要主动询问，并及时记录下来。最后，下级还要简明扼要地复述一遍，以确认是否有遗漏之处或领会有误的地方。当对上级的指令理解模糊时，绝不能想当然；在执行任务的过程中，遇到困难或疑惑之处，下级要及时跟上级沟通，以避免走弯路，耽误工作。

二是拟定计划。在明确工作目标之后，应尽快拟定工作计划，交予上级审批。在拟定工作计划时，下级应详细阐述自己的行动方案和步骤，尤其是工作进度要有明确的时间表，以便领导进行监控。以制订月销售计划为例：首先，下级要明确下个月要达成的业绩目标；其次，下级要说明这些目标有多少源于老客户、多少源于新客户；最后，下级要说明打算通过哪些渠道，采用什么促销方案来实现这一目标等。这样的月销售计划既具体可行，也方便上级及时纠正。

三是适时请教。在工作过程中，下级要及时向上级汇报和请教，让上级了解工作进程和取得的阶段性成绩，并及时听取上级的意见和建议。下级切不可等工作全部结束后，才将工作情况和盘托出。

四是总结汇报。工作任务完成以后，下级应及时向上级总结汇报，总结成功的经验和不足之处，以便在今后的工作中改进。下级与上级沟通自己的工作情况，既显示了对上级的尊重，也有利于展示自己的才干，可为赢得上级的赏识和器重奠定基础。

2. 充分准备

很多时候，下级之所以出现沟通焦虑，是因为对沟通的准备不足，克服的办法就是以有准备的行动增强自信心。实际上，上级喜欢的交流方式是与下级在彼此互动的基础上积极探讨。这就要求下级在与上级进行交流前做好充分的准备工作。

首先，面对需要解决的问题，下级应有相对成熟的方案供上级参考，这既可让上级觉得下级确实做了很多工作，也可让上级在充分了解中加快决策的速度。如果就某个特殊问题请求上级批示，下级自己心中要有两套以上的解决方案，并对其利弊了然于胸，必要时向上级阐述明白，并提出自己的主张，争取上级的理解和支持。如果就某项工作加以汇报，下级要在明确上级意图的基础上，确定汇报主题，把握汇报重点，组织汇报材料，合理安排汇报内容的顺序与层次；对汇报中可能出现的情况、上级可能提出的问题，下级要做到心中有数，绝不能仓促上阵。

实例

哪种请示和汇报方式更好

下面哪种请示和汇报方式更好？

"领导，感觉最近员工的士气总是不高，您能不能给我一些建议？"

"领导，我感觉最近员工的士气不高，业绩也受到了影响。这两天，我跟大家沟通了一下，感觉主要是临近春节，很多客户都忙着拜年和要账，没有精力跟我们谈广告业务，而我们的业务员也都想着回家过年，所以整个团队士气不高。我感觉春节前这段时间还是很宝贵的，我们必须提高团队的士气，我有两个方案，您看怎样？一是我们在团队内部做个竞赛，业绩排名前6的员工，公司帮助其解决回家的火车票；二是我们在团队内部搞个激励活动，对表现良好的员工，公司为其准备一个春节大礼包。这两个方案，花费都不会超过6000元，而增加的收入可能是60万元，您看选择哪个方案比较好？"

启示：上级通常只做"选择题"，不做"问答题"。对于下级而言，把"问答题"抛给上级是不明智的做法，甚至会导致上级做出错误的判断或决定。所以在请示上级时，下级要掌握请示和汇报的技巧。

其次，下级在进行具体工作汇报时，有必要做好相关数据资料的收集，以确保个人阐述时有理有据、科学严谨，还可保障上级决策的务实性、高效性。确保所用的数据与材料都源于客观实际，要用事实说话，千万不能仅凭自己的感觉任意为之，这是很主观、没有说服力的。列举事实、数字要准确无误，尽量避免"大概""估计""可能"之类的词语。

最后，针对上级对事务、问题的关注焦点，下级要有侧重性地进行必要的创新性尝试，借由行动结果提升自我想法的合理性、科学性和新颖性，以严谨、务实的态度赢得上级的认可与信任。

3．言行得体

下级与上级沟通时，应注意言行得体，需要注意以下内容。一是准时赴约。下级要按照事先约定的时间到达，过早到达或迟迟不到，都是严重失礼的行为。二是举止得体。下级要做到站有站相，坐有坐相，文雅大方，彬彬有礼。三是控制好时间。一般情况下，上级总是想先了解事情的结果，所以下级在汇报工作时要先说结果，再谈过程和程序。这样，汇报工作时就能简明扼要，有效节省时间。四是注意场合。下级切忌在路上、餐桌上、家里汇报工作，更不能在公共场合用耳语的方式向上级汇报工作。

4．积极反馈

下级与上级沟通时，应对上级的言语给出积极有效的反馈。一要专注地倾听。下级不仅要听懂上级的全部信息，在倾听时还应该非常专注。在倾听过程中，下级要眼耳并用，眼睛应注视着上级，除非不得已，否则千万不要随意打断上级的话。二要以反应知会。下级倾听的状态要让上级察觉到，不能给上级造成下级已经进入神游状态的错觉。此外，下级还可以适当地与上级进行目光接触，这也是自信的体现；在上级谈话的精彩处还可以心领神会地点头、微笑，时不时在本子上写上上级的讲话内容等，这些都是比较好的让上级知道自己在认真倾听的方式。三要适时互动。即在恰当的时机向上级提问，通过双方一问一答的方式，促进双方的深入沟通。当然，这主要适用于单独和上级沟通或在场人数较少的情况。四要时刻注意观察上级的情绪变化。在沟通中要做到察言观色，下级每时每刻都要留意上级的非语言信息，如表情、动作、语气语调、姿态的变化等，以此推测上级的心理状态。如果感觉到上级的注意力已经转移，下级就应该适时结束谈话。

7.3　与下级沟通的礼仪

下行沟通是实现上情下达的有效途径。通过下行沟通，上级的意见、建议、想法等可以被下级知晓并理解，从而能让大家依照组织的规划设计进行有序有效的工作，最终实现组织愿景。但是，在下行沟通中，上级往往处于强势地位，具有主动性、控制性；下级则多半处于弱势地位，具有被动性、从属性。掌握下行沟通原则、技巧，是上级必须重视的课题。

7.3.1　与下级沟通的原则

1．平等尊重

上级和下级之间仅仅是职务上的区别，职务的高低意味着责任和权力的大小，但是权力是用来安排工作的，而不是决定人格等级的。上下级在人格上是平等的。在位差难免存在的情况下，职位高的一方要放下架子、平等待人、尊重下级，切不可自高自大、盛气凌人。即使在对话中有不同看法，也要以理服人，而不能自以为是、仗势欺人、以权压人，要勇于面对、敢于承认错误，要胸怀大度。

总之，上级只有充分尊重下级，表现出对下级足够的重视，下级才会乐于与上级沟通。否则，下级很难主动与上级沟通，甚至对上级避而远之。

2．少说多听

"少说多听"这一原则有两层含义。其一，在与下级沟通时，上级应尽可能自己少说，鼓励下级多说。上级应充分了解下级对某一事件的所思所想，汇集下级的意见与建议，从而给出正确的决策；同时，上级应该扮演"出题人"的角色，要多问，让下级成为"答题人"，将更多发言的机会留给下级。另外，术业有专攻，上级更关注战略，下级更擅长技术，在涉及下级的专长时，上级更应该多听而不该随意发表自己的看法。

其二，上级应少说批评下级之言，多说表扬下级之语。人非圣贤，孰能无过。只要下级所犯的错误在可控范围之内，并能从错误中吸取相应的教训，就不是一件坏事，就不应该紧抓不放甚至恶语攻击。因为一般下级只是执行者，上级才是决策者，很多错误情形不是执行有错，而是决策有误，此种情况下对下级过分批评，不仅不能从根本上解决问题，还会带来相反的结果。下级有错，批评不可少，但要适度适时适地，做到既让下级认识到错误，又解决了问题。

总之，倾听是有效交流的一种方法，它需要包容、理解、尊重、信任。不要无情地打断下级的表达和诉说，不要把自己的看法强加于下级之上，不要不等下级把话说完就主观臆断。智慧的管理者常多听少说、先听后说、三思而后说。

3. 信任理解

"用人不疑，疑人不用"，上级的信任是对下级有力的支持。上级要相信下级对事业的忠诚，不要束缚他们的手脚，要让他们创造性地开展工作；上级要相信下级的工作能力，给他们充分授权，使他们遇事不推诿，大胆工作，敢于负责；上级要理解下级，当他们在工作中遇到困难，甚至走弯路时，要帮助他们克服困难、总结经验，鼓励他们继续前进；上级在管理中要尊重和关心下级，以下级为本，多点人情味，尽力解决下级工作与生活中的实际困难。例如，当员工情绪低落时，上级要设身处地地理解员工的感受；当员工抱怨时，上级要仔细调查、了解原因等。好的上级须做到能让下级真正感觉到温暖，从而激发其工作积极性。

4. 善于纳谏

在与下级沟通时，如果上级提出的意见或表达的观点遭到了下级的质疑、出现了异议，这时候上级不要感到有失尊严，要认识到有异议其实是件好事，因为：一者，上级需要有广阔的思维，但"金无足赤，人无完人"，上级的观点不可能时时处处都正确，上级对一些东西不懂、不知、不会也是合情合理的，彼此之间要充分沟通；二者，下级提出质疑，实质上也表明他们对这一问题感兴趣，他们想从上级那里获得更多的信息；三者，下级有异议在一定程度上说明下级对这一问题已经进行了深入的思考，这正是让下级充分建言献策的大好时机。面对这样的情形，上级要沉着冷静，让有异议的下级充分表达自己的意见，但是暂时不要评价，因为上级的评价很可能会对其他下级的思考产生干扰。同时，上级也应鼓励暂时没有异议的下级勇于表达自己的看法，因为暂时不说并不代表其没有想法，可能只是不愿或不敢表达而已。

还应注意的是，上级要具有善于思考的品质以及独立决断的能力，对于下级的异议，在集思广益的基础上做好甄别与判断，防止人云亦云。另外，如果出现毫无异议、全部赞成的情况，上级要自我反思，思考是自己真的很英明，还是自己的"一言堂""话语霸权"行为限制和阻碍了下级的沟通。

5. 多鼓励少批评

对下级的良好表现及时给予表扬，会向下级传递一种积极的信号——你表现得很优秀，这会让下级增强对自己的信心，自动自发地取得更佳的表现。上级对下级要以表扬为主、批评为辅，才有可能形成强大的号召力、向心力、凝聚力，收到"上下同心，其利断金"的效果。

7.3.2　与下级沟通的技巧

1. 下达指令的技巧

下达指令要明确指令的内容和意图，把握"5W2H1L"原则，即执行者（Who）、做什么（What）、时间（When）、地点（Where）、意义和重要性（Why）、怎么做（How）、工作量（How much）、好态度（Love）。

例如，某上级布置一项任务给下级，指令如下："小赵，请你整理出 11 月的质量月报，在明天上午下班前发邮件给李总，注意质量数据的准确性，这是李总召开 11 月质量例会的资料。"

这个指令就包含了"5W2H1L"：执行者（Who）——小赵；做什么（What）——整理质量月报；怎么做（How）——数据准确；时间（When）——明天上午下班前；地点（Where）——李总邮箱；工作量（How much）——11 月的质量月报；为什么（Why）——质量例会的资料；好态度（Love）——请你。

需要强调的是，布置工作任务要及时确认。许多上级错误地认为，在工作过程中，只要提出要求或者发出指令，下级就能够准确理解。因此，他们很少仔细考虑怎样才能准确地传递信息。所以，往往从一开始，下级对上级提出的要求或者发出的指令在理解上就有偏差，下级与上级之间对结果界定的标准不一致，可能会导致工作做得很辛苦，任务却完成得不是很好的结果。有效的沟通是指令的发出者和接收者对信息的理解程度完全一致。因此，上级在给下级布置一项任务后，要确认下级对任务已充分理解，以免出现理解偏差，从而保证下级可以准确完成工作任务。

2. 表扬的技巧

一般来说，员工都乐意接受领导和同事的表扬。恰如其分、恰到好处的表扬，能充分激发员工的工作热情。那么，表扬的技巧有哪些呢？

① 情真意切。虽然人人都喜欢听表扬的话，但并非任何表扬都能使对方高兴。能引起对方好感的是那些基于事实、发自内心的表扬。相反，你若无根无据、虚情假意地表扬别人，对方不仅会感到莫名其妙，还会觉得你油嘴滑舌、浮夸虚伪。例如，当你见到一位样貌平平的女士，你却偏要对她说："你真是世界上最美的人。"对方立刻就会认定你所说的是违心之言。但如果你着眼于她的服饰、谈吐、举止，发现她这些方面的出众之处并真诚地赞扬，她一定会高兴地接受。真诚的表扬不但会使被表扬者产生愉悦的心情，还可以使自己经常发现别人的优点，从而使自己对人生持有乐观、积极的态度。

② 翔实具体。在日常工作和生活中，人们取得非常显著的成绩的时候并不多见。因此，交往中应从具体的事件入手，善于发现别人哪怕是十分微小的长处，并不失时机地予以表扬。表扬用语越翔实具体，说明你对对方越了解，对他的长处和成绩越看重。让对方感到你的真挚、亲切和可信，你们的人际距离就会越来越近。如果你只是含糊其词地表扬对方，说一些"你工作得非常出色"或"你是一位能干的员工"等空泛的话语，可能会引起对方的猜度，

甚至产生不必要的误解和信任危机。

③ 合乎时宜。表扬效果的好坏在于发起表扬者能否相机行事、适可而止。当别人计划做一件有意义的事时，开头的表扬能激励他下决心做出成绩，中间的表扬有益于对方再接再厉，结尾的表扬则可以肯定成绩，指出进一步的努力方向，从而达到"表扬一个，激励一批"的效果。特别要注意表扬的及时性。领导发现了员工的闪光点，就要趁热打铁，及时给予表扬。不要等到员工的进取心冷了、上进心耗尽了再表扬，那作用就不明显了。

④ 因人而异。人的素质有高低之分，年龄有长幼之别，有特点的表扬比一般化的表扬能收到更好的效果。老年人总希望别人不忘记他当年的业绩与雄风，同其交谈时，可多称赞他引以为豪的过去；对年轻人，不妨赞扬他的创新才能和开拓精神，并举出几点实例证明他有一个前程似锦的未来；对经商的人，可称赞他头脑灵活、生财有道；对知识分子，可称赞他知识渊博、宁静淡泊……当然这一切要依据事实，切不可虚夸。

3. 批评的技巧

当下级工作出问题时，上级难免要给予批评。但批评别人是一门学问，不讲方法的批评不仅不起作用，甚至会起反作用。上级要把批评当成解决问题、谋求进步的阶梯，才能寻求到恰当有效的批评方法。那么该如何委婉、不得罪人地批评别人呢？下面总结了几点。

① 注意场合。一般情况下，上级尽量不要在人多的地方或者公共场合，批评自己的下级。这样的做法很容易伤到对方的自尊心，引起对方的反感，不但起不到教育的作用，还可能会激起对方的逆反心理。尽量私下单独进行沟通，不要让对方太过难堪。当然，如果下级犯了较严重的错误，或者错误行为具有一定典型性，上级为了警醒他人、达到以儆效尤的目的，也可以采取当众批评的方式，但事前要有充分调查，事后还应有单独沟通。

② 语言诚恳。上级不可借批评来发泄情绪，批评要具体，要简明扼要地指出问题，给下级保留面子，促进下级积极地改正问题。尽可能具体地提出问题环节，避免过于概念化地陈述问题，让下级清晰地知道自己在哪里做错了、原因是什么，有助于下级改正。不要过于情绪化地处理事情。注意不要使用带侮辱性的词语，如"垃圾""没用"等词汇。

③ 对事不对人。批评要就事论事，把关注点放在事情上，强调如何改进。上级可以先肯定下级做得好的地方或对下级表示理解，再进行批评。批评的时候，要注意避免从批评下级的过失变成批评下级的人格，避免变成人身攻击。正确的做法是批评错误的行为，而不是批评个人。

④ 给予建设性的反馈。在对下级进行批评的沟通过程中，上级可以采取建设性反馈"五步法"（具体内容参见本书第4章）来展开，即：a. 表达你积极的意图；b. 描述你所观察到的不良情况；c. 说明不良情况的恶劣影响；d. 征求对方的答复并倾听；e. 一起讨论解决方法。

7.4 与同事沟通的礼仪

平行沟通是指同层级的管理者或员工进行的部门内或跨部门的沟通，也就是发生在平级的同事之间的沟通。与同事沟通时，由于权力等级是一样的，因此经常会僵持不下，难以正常沟通。但平行沟通很重要，很多工作需要各个部门之间、同事之间进行有效的合作。因此，我们必须掌握平行沟通的原则、技巧。

7.4.1　与同事沟通的原则

1. 职责分明，流程清晰

若职责不清，就很容易出现部门之间、同事之间的扯皮、推诿现象，甚至会出现"谁都管、谁都不管"和"谁都干、谁都不干"的恶果，不仅影响工作，也会影响部门之间和同事之间的关系。所以，组织内部要分工明确、责任到人，要有章可循、责权利对等；做任何工作都要按照管理体系的要求，保存好工作过程的各种记录，让工作有可追溯性。

2. 大局为重，协作双赢

无可讳言，各部门间、同事间同时存在合作与竞争关系。部门间、同事间若想进行建设性的沟通，要强调合作、淡化竞争。合作的关键在于拥有大局观念，强调共同目标。大局观念就是在工作中不仅做好自己的本职工作，还要努力使全局工作协调一致。不能只顾自己、只认职责，动不动就说："这个是××负责的，不归我管。"要主动配合，不推诿，在自己分管工作与他人分管工作发生矛盾时要先人后己，主动礼让，把方便让给别人，把困难留给自己。团队合作的时候，相互拆台，嫉贤妒能，易事难为；而互相弥补，积极配合，难事可成。

3. 宽以待人，严于律己

有过错先找自己的问题。有一句话叫"一个巴掌拍不响"，任何错误都不是一个人的错。在与他人发生矛盾、冲突时，首先找自己的问题。当部门之间沟通不通畅的时候，先找找自己部门的问题。切忌出现问题就开始推诿责任，如"要不是你们部门……客人怎么会跑单""要不是……这件事情怎么会失败"。

同级部门讲究合作，口吻不可强硬，应该用商量的口吻说话。例如，"您看我们部门需要怎么配合你们部门的工作？""我的报表明天中午交来，会不会给你们的工作带来什么不便？"

4. 真诚待人，联络感情

你面对的是长期共事的同事，凡事以诚实为上策，这样才能提升合作意愿，共同解决问题。平行沟通忌欺骗、隐瞒事实，信任关系一旦被破坏，将导致无法长期合作。频繁的互动有助于提高彼此的熟识度，让双方更容易设身处地想问题。因此，可时不时跟本部门或其他部门的同事吃吃饭、聊聊天，增进感情。

7.4.2　与同事沟通的技巧

1. 学会互谅互让

工作中，平级的部门或同事之间难免有责权交叉、分工不明的地方，如果只靠自上而下地推动沟通，效率是非常低下的。此时，平行沟通的双方是否具备互谅互让的沟通态度尤为重要。

第一，要注重平时合作关系的维系。应主动开展平行沟通，不要消极被动地等到必须沟通的那一刻。在沟通过程中，保持谦让的态度，对其他部门或同事的业绩提升，保持平常心，不嫉妒。对其他部门或同事的工作站在对方的角度考虑解决问题的方法。

第二，要关心、帮助、支持对方的工作。树立团结协作的团队精神和理念，重视其他部门和同事的需求，当他们遇到困难时，要想方设法地为他们排忧解难、竭尽全力地为他们提供支持和帮助。只有这样，你在陷入困境的时候，才会得到其他部门和同事的支援和帮助。

2. 懂得相互欣赏

根据马斯洛需要层次理论，人都有被人尊重、被群体和社会承认的较高层次的心理需要。每个同事都有得到赞许的欲望，都希望自己的职业和工作受到别人的重视，得到恰如其分的评价和鼓励。懂得这些，我们就会在与同事长期共事的过程中，善于发现同事的优点、长处及工作中取得的成绩和进步，并加以及时的肯定和赞美。欣赏是人际关系的润滑剂。一句由衷的赞美，既可以表达对同事的尊重，又会赢得对方的好感，进而使彼此之间的关系更融洽。即使对同事有不同意见，也应该采取委婉的方式，用建议代替直言，用提问代替批评。

3. 主动交流沟通

人际关系是在互动中发生联系和变化的。人际关系要密切，注重彼此的交往是前提。因此，你在紧张的工作之余不妨主动找同事谈谈心、聊聊天或请教一些问题等，以便加深印象、增进了解。在主动沟通中应把握以下几点：一是选择合适的时间、场合及易引起对方兴趣的话题；二是保持诚恳、谦虚的态度；三是善于体察对方的心理变化，因势利导，随机应变；四是多联络感情。例如，在同事过生日时可以送个小礼物，在同事生病时可以打电话问候或到医院看望，以表达你对同事的关怀之情。

4. 积极面对竞争

合作与竞争，是同事关系中不可分割的两个方面，合作中包含竞争，竞争中又包含着合作，合作推动竞争，竞争有助于更好地合作。只讲合作而不讲竞争，最终将削弱自己的竞争能力。作为单位的职工，任何人都不会心甘情愿地在初级岗位上工作一辈子，都期望获得赏识、重用和晋升的机会。追求工作成绩、赢得上级好感以及其他种种利害冲突，使得同事间天然地存在着一种竞争关系。对此，我们一方面应该自觉树立竞争意识，对同事既要热诚合作，又要敢于竞争；另一方面我们要用健康的态度和积极的方式去对待竞争。搬弄是非、诋毁诽谤、贬低别人抬高自己，这些方式有可能取得一时的效果，但从长远看绝对是损人不利己的。

5. 保持适当距离

"过密则狎，过疏则间。"同事之间保持适当距离，待人处世才可能客观、公正。每个人都有私人空间，搞好职场人际关系并不等于与同事无话不谈、亲密无间。有时同事之间摩擦不断、矛盾重重，恰恰是由于交往太过密切、随意，侵犯了别人的隐私。所以，当自己的个人生活出现危机时，不要在办公室随意倾诉；要尊重同事的权利和隐私，不打探同事的秘密，不私自翻阅同事的文件、信件，不查看对方的计算机；对同事不过多地评头论足，更不要做搬弄是非的饶舌者。另外，也不要因为趣味相投而搞小圈子，以个人的好恶划界线，在单位里面拉帮结派、排斥异己，那样会破坏同事间团结合作的关系，导致与个别同事间的关系紧张。

焦先生的后悔

练习测试题

一、不定项选择题

1. 关于校园与职场人际关系的差异，下面表述正确的有（　　　）。
   A. 毕业生进入职场就不再是学生时期的只顾学习的享受者，而要扮演为他人提供某种服务的角色
   B. 毕业生进入职场后，相对于学生时代，其言谈举止会相对自由，身心变得轻松自在
   C. 职场中的人际关系相对于校园来说会变得复杂，关系的复杂性有时甚至超过了工作内容本身
   D. 职场更多强调效率和结果，毕业生可能会受到比较严格的要求

2. 下级在进行具体工作汇报时，通常应做到（　　　）。
   A. 做好相关数据资料的收集，列举事实、数字要准确无误，尽量避免"大概""估计""可能"之类的词语
   B. 在汇报工作时通常应先说结果，再谈过程和程序
   C. 注意场合，切忌在路上、餐桌上、家里汇报工作
   D. 即使工作没有结束，还在进行过程中，也应及时向领导汇报和请教

3. 关于与下级沟通的礼仪，下面说法正确的有（　　　）。
   A. 在与下级沟通时，上级应尽可能自己少说，鼓励下级多说
   B. 上级应少说批评下级之言，多说表扬下级之语
   C. 如果出现下级毫无异议、全部赞成的情况，上级要自我反思，思考是自己真的很英明，还是自己的"一言堂""话语霸权"行为限制和阻碍了下级的沟通
   D. 批评下级时，既要对事，也要对人，从对方的过失到对方的人品，都要给予批评与指正

4. 处理好同事之间的关系需要掌握一些原则和技巧，下列表述不恰当的有（　　　）。
   A. 工作中学会互谅互让
   B. 懂得相互欣赏
   C. 对同事既要热诚合作，又要敢于竞争
   D. 与同事真诚相处，做到无话不谈、亲密无间

二、判断题

1. 职场人士必须按照等级、规矩和礼仪来规范自己的行为，不能为所欲为、逾越规矩。
（　　　）

2. 在上行沟通中，上级倾向于发现下级在工作中的不足，通常会更多关注工作的过程，而较少关注工作的结果。
（　　　）

3. 智慧的管理者通常多听少说、先听后说、三思而后说。　　　　　　（　　　）

4. 下级就某个问题请求上级批示时，不宜提出自己的解决方案，只需要认真倾听上级的主张和要求。
（　　　）

5. 表扬下级时，含糊其词的表扬相比翔实具体的表扬的效果更好。 （　　　）

三、简答题

1. 从校园到职场，大学毕业生的人际关系会发生哪些变化？

2. 你认为毕业生应如何适应职场？

3. 简述与上级沟通的原则、技巧。

4. 有人说下级在向上级请示、汇报工作时，应该多出"选择题"，少出"问答题"，你如何理解？

5. 简述与下级沟通的原则、技巧。

6. 举例说明对他人进行表扬和批评的技巧。

7. 简述与同事沟通的原则、技巧。

8. 你如何理解与同事相处"过密则狎，过疏则间"的含义？

四、自我测试题

职场沟通能力自测

请根据下述问题，对自己的情况进行评估。

1. 你认为在沟通过程中哪种行为所占的比例较大？（　　　）

    A. 倾听   B. 交谈   C. 阅读

2. 你认为在沟通过程中，积极倾听有什么样的好处？（　　　）

    A. 可以获得全面信息   B. 能够真正发现问题   C. 获取他人好感

3. 你认为是什么阻碍了你的倾听？（　　　）

    A. 观点不一致   B. 对谈话者有偏见   C. 想表达自己的观点

4. 你认为如何才能更好地倾听？（　　　）

    A. 站在对方的角度   B. 不要轻易打断对方   C. 不要先入为主

5. 你认为如何才能更好地反馈？（　　　）

    A. 针对谈话者最为需要的给予反馈

    B. 反馈要具体明确

    C. 仔细倾听

6. 你如何向上级汇报工作？（　　　）

    A. 精简报告，直指结果

    B. 根据原定目标和计划汇报

    C. 详细具体

7. 作为部门经理，你如何同其他部门有效沟通？（　　　）

    A. 明确责任，平等沟通

    B. 积极主动，开诚布公

    C. 换位思考，不侵犯他人权益

8. 当你和下级沟通时，你如何解决下级的疑惑？（　　　）

    A. 挖出下级的关注点

    B. 让下级说出疑惑，进行分析

    C. 进一步明确利益关系

9. 当你与下级进行沟通时，你如何处理下级的反对意见？（　　　）

    A. 判断反对意见是否为其真实想法

    B. 通过进一步沟通发现问题

    C. 说服下级

10. 当你和下级沟通时，你如何处理下级的认同意见？（　　　）

    A. 确保下级真正认同，明确权责

    B. 启发下级完善意见

    C. 让下级列出执行方案

11. 当你与下级沟通时，你如何处理下级的漠视？（　　　）

    A. 从公司和个人角度探究原因

    B. 再次明确责任和利益

    C. 激起下级的兴趣

12. 你如何处理沟通中的误会和误差？（　　　）

    A. 解释清楚，表述详细具体

    B. 对反馈进行确认并纠正

    C. 反复表达自己的意思

13. 你如何保证会议沟通的效果？（　　　）

    A. 确定主题，找出关键问题

    B. 有序讨论，限制时间

    C. 按会议程序进行

14. 你如何让你的团队保持良好的沟通？（　　　）

    A. 建立横向和纵向的沟通机制

    B. 设立多种渠道

    C. 多种沟通方式并用

15. 你的一位上级邀请你共进午餐。餐后你回到办公室，发现你的另一位上级对此颇为好奇，此时你会如何做？（　　　）

    A. 告诉他详细内容

    B. 不透露蛛丝马迹

    C. 粗略描述，淡化内容的重要性

16. 你正在主持会议，有一位下级一直就不相干的问题干扰会议，此时你会如何做？（　　　）

    A. 要求所有的下级先别提出问题，直到你把正题讲完

    B. 纵容该下级提问

    C. 告诉该下级在预定的议程完成之前先别提出问题

17. 你跟上级正在讨论事情，有人打电话找你，此时你会如何做？（　　　）

    A. 告诉对方你在开会，待会儿再回电话

    B. 请上级的秘书代接并说你不在

    C. 接电话，而且该说多久就说多久

18. 有位下级连续 4 次在周五向你要求他想提前下班，此时你会如何劝说？（　　）

    A. 你对我们相当重要，我需要你的帮助，特别是在周五

    B. 今天不行，下午 4 点我们要开会

    C. 我不能再容许你早退了，你要顾及他人的想法

19. 你刚被聘为某部门主管，你知道还有几个人关注着这个职位，上班第一天，你会如何做？（　　）

    A. 把问题记在心上，但立即投入工作，并开始认识每一个人

    B. 忽略这个问题，并认为情绪的波动很快会过去

    C. 树立自己的权威，提醒或暗示其他人这个职位已经是我的了

20. 你有位下级对你说"有件事我本不应该告诉你的，但你有没有听到"，你会如何回答？（　　）

    A. 跟公司有关的事我才有兴趣听

    B. 我不想听办公室的流言

    C. 谢谢你告诉我怎么回事，让我知道详情

计分方法：选 A 得 3 分，选 B 得 2 分，选 C 得 1 分。

职场沟通能力解析：

30 分及以下，说明你的沟通管理能力较差，沟通存在较大的障碍，你急需加强对沟通管理能力的学习和训练。

31 ~ 48 分，说明你的沟通管理能力一般。如果你能够进一步加强对沟通管理能力的学习和训练，你会受益匪浅，并得到提升。

48 分以上，说明你的沟通管理能力很强，请继续保持和提升。

案例分析题

【案例 7-1】

如何看待"闪辞"现象

前不久，一位名叫李青青的大学毕业生在电话里向老师倾诉，今年以来，不开心成了她"闪辞"的主要原因，最后一次辞职的原因是加班。那段日子她经常加班到晚上 10 点左右，有好几次她都要上床睡觉了，上司一个电话，她就得随叫随到。她做的数据报表似乎永远难以符合上司的要求，她忍着上司傲慢的态度，把报表改了又改，她对工作的激情在重复修改报表的过程中逐渐消失殆尽。又一个加完班的晚上，看见上司那张仍然不满意的苦瓜脸，李青青决定辞职。她认为她才 24 岁，整天纠缠在细枝末节、毫无进展的工作中，简直就是在浪费生命。

如今，李青青已经 3 个多月没工作了，每天的生活相当颓废，上午起床先玩手机再看计算机，午饭过后接着睡，晚上和朋友们出去玩，时间都在无聊、空虚中被浪费掉了。最近李青青想考研，但她知道这无非是一个逃避现实的借口。她就像一只迷路的羔羊，看不清前面的路该怎么走，不知如何在职场中生存……

与李青青情况类似的还有陈丽，她大学毕业后去一场招聘会上应聘，招聘人员对她的外在形象很满意。但看完她的简历后，招聘人员摇了摇头，原因是陈丽跳槽频繁。招聘人员分析，销售、餐饮等企业用工需求旺盛，入职门槛低，在当前就业压力比较大的形势下受到应届毕业生的青睐。但餐饮业是重复性劳动，缺乏新鲜感和创造性，而销售业工作压力大，加班是常态，待遇和付出似乎不成正比，让许多像陈丽这种家境较好的毕业生难以忍受。"我们在面试新员工时，都会问对方对跳槽的看法。"招聘人员说。对于频繁"闪辞"的求职者，招聘人员往往会一票否决。

问题：
你如何看待案例中的"闪辞"现象？你认为毕业生应该如何适应职场？

【案例 7-2】

"好心没得到好报"的秘书

"糟了！糟了！"王经理放下电话，就叫了起来，"这家公司提供的便宜货根本不合规格，还是原来林总的好。"他狠狠捶了一下桌子，"可是，我怎么那么糊涂，写信把林总臭骂一顿，还骂他是骗子，这下麻烦了！"

"是啊！"秘书张小姐转身站起来，"我那时候不是说吗？您要先冷静冷静，再写信，您不听啊！" "都怪我在气头上，觉得林总过去一定骗了我，要不然别人怎么那么便宜。"王经理来回踱着步子，指了指电话，"把电话号码给我，我打过去道歉！"

秘书一笑，走到王经理桌前："不用了！告诉您，那封信我根本没寄。"

"没寄？"

"对！"张小姐笑吟吟地说。

"嗯……"王经理坐了下来，如释重负，停了半晌，又突然抬头，"可是我当时不是叫你立刻发出吗？"

"是啊！但我猜到您会后悔，所以压下了。"张小姐转过身，歪着头笑了笑。

"压了 3 个礼拜？"王经理疑惑地问道。

"对！您没想到吧？"张小姐答道。

"我是没想到。"王经理低下头去，翻记事本，"可是，我叫你发，你怎么能压？那么最近发南美的那几封信，你也压了？"

"我没压。"张小姐脸上更亮丽了，她说："我知道什么该发，什么不该发……"

"你做主，还是我做主？"没想到王经理居然一下子站起来，沉声问。

张小姐呆住了，眼眶一下湿了，两行泪水滚落，颤抖着说："我……我做错了吗？"

"你做错了！"王经理斩钉截铁地说。

张小姐被记了一个小过，是偷偷记的，公司里没人知道。一肚子委屈的张小姐再也不愿意伺候这位"是非不分"的经理。

她跑去孙经理的办公室诉苦，希望调到孙经理的部门。"不急！不急！"孙经理笑了笑，"我会处理。"

隔两天，孙经理果然做了处理，张小姐一大早就接到一份解雇通知。

问题： 分析秘书张小姐与上级沟通存在的问题。

实践实训题

1. 交流职场沟通的经验

大学毕业生应为走向社会做好准备。从你的暑期打工经历或周围朋友那里收集一些工作中与上级、下级和同事之间沟通的经验，在课堂上进行分享。

2. 制定内部沟通的礼仪制度

你是学生会或某一社团组织的负责人，在工作中觉得内部沟通十分无序和低效，请你拟定一份"×××组织内部沟通的规则和礼仪"方案，并就该方案征求组织内部成员以及相关老师的意见和建议。在此基础上，通过正式会议讨论和表决程序使方案成为组织内部的制度文件。

拓展篇

第 8 章
大学校园生活中的沟通技巧

本章内容

◎ 大学师生关系的特点与现状
◎ 加强师生沟通的途径和技巧
◎ 大学同学关系的特点及同学
  之间交往存在的问题
◎ 改善同学之间沟通交往状况的策略
◎ 舍友关系的特征、意义、现状
  和影响因素

◎ 建立良好舍友关系的沟通技巧
◎ 大学生的恋爱心理特征及困惑
◎ 培养健康的恋爱心理和行为习惯
◎ 亲情关系中存在的问题
◎ 与父母沟通的技巧

引例：一位大二女生面临的人际关系困境

有位刚上大二的女学生，大一一年的生活都过得非常不如意，为了摆脱这种局面，来向心理咨询师求助。她说由于上大学之前没有住过校，来到大学这个陌生的环境后，不知道怎么与周围人，特别是同宿舍的人交往，与舍友的关系搞得非常不好。她发现舍友们都很自私，做事的时候只顾自己，她则时常感到受伤害；她觉得舍友两人或三人一伙，自己则经常感到受冷落。面对这种局面，她的解决办法就是不经常回宿舍，一个人在自习室里学习。用她的话说，惹不起我还躲不起吗?在她看来，躲避这个令她不悦的环境，拒绝与舍友进行交往，就不会因为人际关系再生烦恼了。但事与愿违，她发现原本就很紧张的关系变得更紧张了，甚至出现了宿舍里的几个人联合起来孤立她的可怕局面。她再也承受不了这些压力，于是向心理咨询师求助。心理咨询师问她除了躲避，还采取过哪些试图改善与舍友关系的做法，她很干脆地回答：我不求与她们搞好关系，只要她们别针对我就行了。问她有没有找辅导员谈一谈，她说担心老师太忙，不好意思打扰。求助者的回答表现出她还没有认识到与人交往是自身的一种需要。

这种消极、被动的人际交往模式是在大学生交往中常见的一个现象。要改变这种不良的交往模式，首先要改变认知，认识到与人交往是回避不了的事实，从而产生与人交往的动机，再进一步要学会与人沟通的方法和技巧。

在大学阶段，我们的交往对象主要是同学、老师和远在家乡的父母，因此，校园人际关系基本包括师生关系、同学关系、舍友关系、恋爱关系、亲情关系等。和谐的人际关系既是我们获得心理健康的重要指标，也是我们顺利完成学业和成才成长的基本保障。学校教育环境给我们提供了一个人际交往的良好氛围，那么，在大学校园里应以什么样的方式与老师、同学、舍友、恋人以及家人进行交往和沟通，怎样正确对待与处理这些关系，正是本章所要探讨的问题。

8.1　师生沟通

8.1.1　大学师生关系的特点

大学期间的学习生活是学生价值观、人生观形成和专业知识技能培养的重要时期，如何利用和把握师生交流是大学生应认真考虑的重要问题。大学生的学习生活，一方面是充分利用学校的各种教育资源，从中获得某领域的学科知识与专业技能，另一方面是学生身心全面发展，完成从学生到社会独立责任人的智力与心理的转变，是将来在社会中承担各种工作角色所需基本素质形成的重要阶段。高校的教育资源很多，最重要的是师资力量，其影响着学生的专业素质，决定了大学的办学水平。从师生关系角度来看，学生学习过程实际上就是师生交流互动的过程，包括了师生间的学科知识传递、专业技能培训、心理认知沟通、思想情感交流等诸多方面。

一般来说，大学师生关系应具备以下几个特点。

（1）尊师爱生。老师通过对学生的尊重和关爱换取学生发自内心的尊敬和信赖，而学生对老师的尊敬和信赖，又可激发老师更加努力地工作，给学生带来良好的感受和学习条件。

（2）民主平等。大学应鼓励建立一种民主平等的师生关系。这就要求老师理解学生，发挥非权力性影响，并一视同仁地与所有学生交往，善于倾听不同意见，同时也要求学生正确表达自己的思想，学会合作和共同学习。

（3）教学相长。教与学是互相促进的，互联网时代学生获取知识的源泉大为增加，那种学生"不知"而老师"知"的"信息不对称"的教育格局正在逐渐被打破，现代大学的师生关系中比以往更需要提倡"教学相长"。

（4）心理相容。这是指老师与学生之间在心理上协调一致，在教学实施过程中表现为师生关系密切、情感融洽、平等合作。

对大学师生关系特点的具体解读

8.1.2　大学师生关系的现状

目前，我国大学师生关系中有好的一面，表现为老师和学生能够和睦相处，关系融洽。但大学师生关系也存在一些不和谐的方面，如师生情感淡化、师生关系功利化等，师生间的平等、尊重、沟通、理解、宽容、信任的关系有待改善和加强。具体表现如下。

（1）师生情感淡化。主要表现在师生交往时间少，交往频率低，师生交往的主动性和情感互动缺失。诸如学生经常见不到老师、老师叫不出学生名字。学生整日里处理的最多的是同学关系，师生关系只是上课时的点名与碰面时的脸熟。而多媒体教学手段的普遍应用，也在一定程度上导致师生间的对话更多地表现为人机对话,割裂了教书与育人的两大功能。师生之间缺乏交流与互动的主动性,这不仅表现在课堂教学上,还表现在课外生活交往上。据调查,有关学生个人思想或生活上的问题,学生很少找老师交流,主要是向同学倾诉或者上网聊天,而大学老师既有教学工作,又有一定的科研任务,很少有时间和精力去过多地与学生交流,老师对学生的了解也局限于这门课的学习情况。师生关系的淡漠与走过场,首先伤害的是学生的学习与进步。失去了与老师的交流互动,就失去了与学者、智者的思想碰撞,学习效果将大打折扣,对学生无疑会造成巨大的不可挽回的损失。而老师没能与学生充分交流,对学生专业需求、思想动态缺乏了解,必然导致专业知识讲授与技能训练指导的偏差或缺失。

（2）师生关系功利化。由于受社会上功利主义的影响,一些人忽视教育功能的特殊性,把师生关系等同于一种商业服务关系,认为学生上学交学费,老师讲课领工资,师生关系更像是交易关系,老师贩卖知识,学生交学费取得学分和文凭,结课后大家不再是一辈子的师徒关系,而是再也没有关系了。有些学生甚至把师生交往变成交易,仅仅为了取得好成绩、获得奖学金而接近老师。

（3）师生关系自由化。不少高校老师对学生的管理处于一种相对松散的状态,老师对学生缺乏严格的管理和要求,老师布置的课后作业难以被有效检查,学生缺乏老师的及时指导。宽松的学习环境,远离父母,缺乏老师和父母的教导和管理,导致学生对学习采取自由的态度,对老师也采取相对超脱的态度,师生之间缺乏制度性的沟通交流行为。大学相对中小学而言,更强调学生的自我管理、自我教育,这样一方面可以增进学生的自主意识,另一方面会造成学生与老师之间缺乏沟通,老师与学生之间缺乏认同与尊重,老师教老师的,学生学学生的,互不干涉。

师生关系在大学是一个十分敏感的问题,它的处理效果直接影响教育质量,直接影响学校能否培养出符合要求的社会主义现代化建设人才。面对上述问题和现象,很多高校采取了积极举措,不断强化"立德树人"的教育宗旨,把思想政治工作引入课堂,构建优化师生关系的制度环境和文化氛围,已经取得良好效果。但应认识到,构建和谐相融、教学相长、民主平等、共享共创的新型师生关系还需要师生共同努力。

8.1.3　加强师生沟通的途径和技巧

1. 珍惜师生交流机会,重视非正式场合沟通

大学师生交流的形式可分成正式交流与非正式交流两种。正式交流指在学校规范教学科研管理体系下的课堂学习、学术讲座、专题座谈、专业辅导、就业指导等教育教学活动。非正式交流则包括各种非正式场合下的师生单独约谈、心理疏导、信息咨询等,也包括诸多体育运动、休闲聚会等交流形式。

课堂是学生学习的主要场所,也是师生交流的主阵地,对于学生,第一要务就是要充分利用和把握课堂学习的主阵地。但在正式交流层面之外,学生还要认真把握好非正式交流,这可以极大地补充课堂教学的不足,全方面获取高校优质师资力量带来的种种裨益。具体来说,做好以下几点:①尽可能地就学业、考研、就业等方面的困惑与问题和老师进行交流,要敢于约谈并相信老师会对相关问题进行充分答疑和解读;②认真思考学业问题,能够提出

重要而尖锐的问题，并勇于和老师进行激烈的思想碰撞；③节假日要主动关怀老师，如发微信、短信慰问老师。

2. 建立信心，主动沟通

大学生与老师沟通交流时千万不要自卑，一定要积极并且充满自信。事实上，大多数老师内心也是期待与学生交流的。当然，大学生须学习掌握一些基本的人际沟通技巧，提高与老师沟通的效率与效果。当前许多学生不愿意与老师进行交流，是因为他们对自己与老师交往缺乏自信，或者完全采取被动的方式。学生如果想要与老师建立和谐良好的师生关系，只需变被动为主动，用自己的诚心和积极的态度去感动老师，就会同老师建立和谐良好的师生关系。因为老师也同样想结识各具特色的学生。

3. 尊重老师，积极表现

老师为了上好每节课，课前、课中、课后都付出了很大的努力。在老师教授的过程中，学生应该认真听课，认真记笔记，认真完成作业，这些行为就是对老师的最大尊重和敬意。反之则会给老师带来心理上的伤害，老师上课的积极性就会大打折扣，最终受损的还是学生自己。

学生要主动协助老师做一些力所能及的事情。例如，上课前帮助老师开启多媒体设备、擦黑板、分发作业本。老师会从内心感激学生，在关键的时候老师也会帮助学生。在课堂外，学生还可以定期与老师谈心，收集反映同学们关于老师上课的想法和建议。遇到自己想不明白的问题，主动向老师请教。对自己取得的成绩也可以第一时间与老师分享。

4. 换位思考，理解老师

在与老师相处的过程中，当对老师的做法不理解的时候，或者因为老师的批评而不开心的时候，学生不要先责怪和抱怨老师，而应抱有同理心，多分析自己存在的问题，多站在老师的角度看问题。

8.2 同学沟通

8.2.1 大学同学关系的特点

建立良好的同学关系，有助于一个人事业成功。随着时代的发展和社会环境的变迁，当代大学生的同学关系发生了较大变化，呈现以下几个方面的特点。

（1）交往的迫切性和主观性。由于生理和心理的渐趋成熟，大学生交友的愿望强烈，学习及生活环境的改变使他们迫切需要结识新朋友和适应新环境，同时自主择业也使他们迫切想与人沟通，多方面获得信息。随着自我意识的增强，他们对周围事物的评判带有较强的主观色彩，表现在择友和交际中常常以自我为中心来处理新环境中的人际关系，在认识和评价他人时有主观、极端、简单化的倾向，从而影响人际和谐。

（2）情感性和非功利性。大学生往往是出于性格、习惯、观念乃至语言等方面的相似，即志趣相投而结为朋友的，没有特定的目的，相互之间注重的是情感上的价值，注重彼此思想上、情感上的交流，较少带有功利性。

（3）理想性和现实性。大学生正处于求知阶段，思想较单纯，渴望真诚纯洁的友谊，希望彼此之间的交往不带任何杂质，常常以理想的标准要求对方，一旦发现对方某些不好的品质就深感失望，趋于理想化。但是面对就业的压力，迫于社会现实，为了毕业后找工作或有利于将来事业发展，他们也会进行一些功利性的交往，从而表现出交往的现实性。

（4）开放性和时代性。同学交往随着社会生产和经济生活的变化，也发生了改变，开放性越来越明显。表现在交往对象由同性同学到异性同学，交往范围由宿舍、本班到其他班、系、院校，有不同的交际圈；交往内容也随之丰富和多样。随着互联网快速发展，网络交往也成为大学生交际的一种重要的人际互动方式。

（5）不平衡性。由于贫富差距、出生地及家庭环境的影响，来自农村或偏远地区的大学生在社交状况整体情况上比城市的同学差一些。一部分农村同学较敏感、自尊心强，在经济与生活的巨大压力下出现自卑、自闭等心理问题，表现出交往被动，不敢与人交往、不敢加入学生社团组织的状况。

8.2.2　大学同学之间交往存在的问题

首先，部分大学生持有不当的交友观。总体上，大学同学交往具有理想性、情感性和非功利性等特点，但社会上形成的一些不良习气和不当的交友观念或多或少会对大学生的交友观产生影响。大学生如果过早地吸取了这些不良习气和观念，就会形成不当的交友观，而这种观念非常不利于同学之间的健康交往。有的大学生为人处世充斥着浓厚的功利性，"精致的利己主义者"便持有这一观念，择友时更多地考虑对方能否为自己带来利益。有的大学生将同学之间的交往仅仅当作拓展社交关系的工具。

其次，缺乏必要的交友方法和技巧。同学之间交往不仅需要树立正确的交友观，还要掌握正确的方法，而当前大学生大多忙于学业，对交友方法的学习不太重视，导致人际交往困难重重，同学之间的关系常常出现危机。例如，有的大学生在与其他同学交谈过程中没有尊重对方，用心倾听，而是心不在焉，还时不时打断对方的话；有的大学生在交往中只注重自己的感受，但对同学的要求非常苛刻，同学犯的小错也不愿宽容；等等。

最后，大学同学之间交往还存在自我保护过度、网络成瘾减弱人际交往能力、人格不完善导致人际交往困难等问题。所有这些问题，都会影响同学沟通交往的健康发展。

同学之间交往
存在问题的解读

8.2.3　改善大学同学之间沟通交往状况的策略

1. 塑造良好的个人形象，提高自身的人际魅力

应该说，每个人都有其人际关系，个体的内在魅力体现在一个人的社会生活中，这就需要大学生充实自己的内心世界，从仪表到言谈，从形象到学识，从能力到品德，多方位提高自己。心理学相关研究结果表明，初次交往中，良好的仪表形象会给对方留下深刻的印象，而随着社会交往的深入，学识和品德更占主导地位。要树立良好的个人形象应该从点滴开始，"勿以善小而不为，勿以恶小而为之"。

2. 增强自信心，提高自己的心理素质

人与人之间的交往，是思想、能力、知识及心理等整体发挥作用，哪一方面的欠缺都会

影响人际关系的质量。有些学生在人际交往中患了社交恐惧症，存在胆小、羞怯、自卑、冷漠、孤独、封闭、猜疑、骄傲或嫉妒等不良心理，这是不利于建立良好人际关系的。因此，大学生应加强自信心训练，提高自身的心理素质，以积极的态度进行社会交往。只有树立自信心，才能在精神上有所放松，让自己在面对他人时镇定自若，展现自己的人格魅力。刚开始迈出交往的第一步时，可能会紧张、会害怕，这时要不断提醒自己这正是向别人展现自己的机会，自己一定可以，从而帮助自己逐渐建立自信。

3. 树立正确的交友观念

珍惜大学同窗时光，在志趣相投、心灵相通的基础上与更多的同学建立友谊。人与人之间的相处是相互的，当你对别人敞开心扉，别人也会真心待你。我们要突破自我，提升自我，主动走向身边的同学，怀着真诚之心与同学相处。坚持真诚的原则，必须做到热情关心、真心帮助他人而不求回报，对朋友的不足和缺陷能诚恳批评。对人、对事实事求是，对不同的观点能直陈己见而不是口是心非，既不当面奉承人，也不在背后诽谤人，做到肝胆相照、赤诚待人。坚持互助互利原则，破除极端个人主义，与人为善，乐于帮助别人。同时，又要善于求助别人。别人帮助你克服了困难，他也会感到愉快，这也可以进一步沟通双方的情感。

4. 学会理解并尊重他人

每个人都是独立的个体，性格不同，成长环境也不同。所以在与同学交往的过程中学会理解并尊重他人，那么同学之间的交往会更和谐。虽然大学生已经是成年人了，但还处于学习知识充实自己的时期，在一些问题的处理上仍会有很多不恰当的地方。同学之间就某一问题的看法出现分歧时，要尽量理解并尊重对方的看法，学会换位思考。坚持尊重的原则，必须注意在态度和人格上尊重同学，平等待人，讲究语言文明、礼貌待人，不恶作剧，不乱给同学取绰号，尊重同学的生活习惯。

5. 学会谅解和宽容

人际交往中往往会产生误解和矛盾。大学生个性较强，与同学接触密切，不可避免地会产生矛盾。这就要求大学生在交往中不要斤斤计较，而要谦让大度、克制忍让，不计较对方的态度，不计较对方的言辞，并勇于承担自己的行为责任。他吵，你不吵；他凶，你不凶；他骂，你不骂。只要我们胸怀宽广，发火的人一定也会自觉无趣。宽容克制并不是软弱、怯懦的表现。相反，它是有度量的表现，是建立良好人际关系的润滑剂，能"化干戈为玉帛"，赢得更多的朋友。

6. 积极参与学生社团活动

在不影响正常学业的情况下，积极参与社团活动是有利于自己成长的。大学校园里，形式多样的社团活动在增进同学之间友谊的同时，可以锻炼大学生的组织、表达、处事能力，使其挖掘自我潜能，有效地促进自我成长。社团活动可以有效促进社团内部形成平等、轻松的交流氛围，加强社团成员间的深度交往，满足大学生的社交和自我实现等心理需求，把大学生自身的知识、技能、情商、价值观、能力、特长、个性等全面开发出来，提升综合素质和能力。通过各类社团活动，大学生可以扩展自己的知识面，发挥特长，增强自信心，丰富个人经历，还可以更加清晰地认识和了解自己，学会如何与人相处共事，同时能更好地接触社会、了解社会、服务社会。

8.3　舍友沟通

8.3.1　舍友关系的特征和意义

在大学校园里，宿舍作为大学生生活的基本单位，不仅是大学生住宿的场所，也是学习、娱乐、交流交往的重要场所。有调查显示，近72%的学生在大学校园内活动时间最长的场所是宿舍，若除去睡觉、吃饭和上课的时间，大学生一天有 5～6 个小时会在宿舍度过。宿舍人际关系对大学生学习生活、择业交友、人格塑造等各方面的发展有着重要的影响。具体来说，舍友关系主要有以下特征和意义。

（1）生活空间的共同性和年龄的相似性使得宿舍文化具有互感性。同一宿舍的成员往往会在某些方面达成共识，形成该宿舍的特殊文化。例如，同一宿舍如果有人喜欢某个歌手，其他人就会不同程度地对这个歌手有所注意；如果有人学习刻苦、成绩优秀，可能很快就会感染和带动其他同学，使宿舍整体学风浓厚。

（2）舍友的良好交流和互动产生"家"的认同感、归属感。大学生在经过一天紧张的学习之后，回到一个整洁的宿舍，或畅谈自己的生活趣事，或倾吐心中的苦闷，或在生活、学习上互帮互助，会真正从中得到"家"的温暖，对其所在宿舍产生"家"的感觉。舍友之间还可以进行理想、信仰、世界观、人生观、价值观等更高层面的思想交流，填补精神空虚，满足情感需要。

（3）舍友关系对学生身心健康成长有深远影响。和谐友好的舍友关系无疑可以促进学生身心健康成长。但牙齿也会有"龃龉"的时候，何况生活在"同一个屋檐"下的几个人？朝夕相对的舍友之间产生冲突是在所难免的，小矛盾如果得到及时处理，并不会真正影响舍友之间的关系。但是，如果这些矛盾和冲突得不到及时解决，积累起来就会导致舍友之间长时间的误会和不和睦，直至爆发激烈战争，严重的会诱发心理疾病。据某校心理健康辅导中心介绍，近50%的大学生心理疾病以及大学校园里的一些极端暴力案件都是由宿舍人际关系不和谐导致的，大学生宿舍人际关系冲突的处理是否及时妥当，对学生的学习效果和身心有着深远的影响。

（4）舍友关系的良好处理可以锻炼大学生未来的社交能力。大学生活是大学生由家庭走向社会的过渡阶段，如果说校园之外的世界是一个大社会，大学宿舍则像一个微型社会。在这个微型社会里，其成员相对固定、相互之间接触频繁，宿舍人际关系的处理成为锻炼大学生将来处理社会人际关系的平台，掌握舍友关系处理技巧对大学生将来灵活地处理各种社会人际关系、在竞争和合作中处于优势地位具有重要意义。

8.3.2　舍友关系的现状和影响因素

舍友之间的关系看似简单，其实不然，它是大学生最重要而又是最脆弱的人际关系。大学生在性格、生活习惯、价值观念、成长环境、经济状况等方面存在的差异及大学生之间存在的利益竞争，是导致大学生宿舍人际冲突的主要原因。根据相关调研与研究结果，高校学生宿舍人际关系的现状及影响因素主要如下。

（1）生活习惯的差异。调查发现，宿舍中的矛盾有各种各样的原因，而排在第一位的是作息时间、生活习惯等的不同，排在第二位的是价值观念的不同，排在第三位的是意见不合，排在第四位的是宿舍公共卫生问题。可见，作息时间、生活习惯等的差异是影响宿舍人际关系的主要因素。生活习惯好，容易受人欢迎；反之则容易引起他人的反感或不满。例如，有的学生特别讲卫生，注意维护个人和公共卫生，而有的学生总是脏衣服、脏袜子堆在一起；有的学生喜欢在宿舍里安安静静地读书，而有的则喜欢在宿舍聊天听音乐。他们反感某个同学的原因其实往往都源于一些生活细节。例如，在宿舍里上网、听音乐打扰别人；乱用他人物品；喜欢将异性朋友带到宿舍；不喜欢值日等。

（2）个人性格和价值观的差异。在影响宿舍人际关系的各因素中，个人性格和价值观的差异也不容忽视，兴趣爱好较相似的宿舍成员之间，其行动的步调往往是一致的，产生摩擦的概率会大大降低。正如世界上不会存在两片完全相同的树叶一样，每个人都是独一无二的，都有自己的个性。一般而言，性格外向的人，往往热情、活泼、开朗，容易与他人相处；而性格内向的人，往往做事谨慎、沉静孤僻，交际面比较狭窄。

个性的差异往往与成长背景相关。有的学生从小就一直局限在家庭和学校这些单纯的生活环境中，埋头于学业，没有闲暇和精力顾及人际交往，心理上不成熟、不健全。还有一部分人被家人娇生惯养，养成了以自我为中心的意识，不会替别人着想，他们对人际交往的艺术和技巧、人际冲突和矛盾的应对知之甚少，往往凭直觉、凭情绪、凭经验来处理各种人际问题，以至于弄巧成拙，导致各种人际冲突的发生。

（3）经济状况的差异。大学生个人经济上的差距也带来不少问题。一名学生就曾经在咨询时说，过生日或宿舍集体消费时，家庭经济条件较好的学生花钱不在乎，而他则要精打细算，即使碍于情面服从大家，心里也会有些不乐意；那些家里条件好的同学经常聚餐、出去买东西，对品牌和时尚有共同的理解，对待学业和情感比较随便。他自己没有这种经济条件，只能躲在自习室啃书本，而舍友们见他整天拼命学习也难免冷嘲热讽，这更让他难以承受，如此他越来越压抑。有一次，就因为一件很小的事情，一向默不作声的他跟一个舍友大吵了一架，结果大家的关系更加紧张了。

（4）竞争关系导致宿舍矛盾。进入大学的学生可能都有过辉煌的过去，或是当过学生干部，或是学习成绩很好；在一个宿舍、一个班级里，往往是强手如林，人才济济，大家对任何事情都不甘示弱，竞争随之而来，为了评三好学生、奖学金等而发生冲突。

8.3.3 建立良好舍友关系的沟通技巧

良好的舍友关系会紧紧地把大家凝聚在一起，彼此亲如一家人，以至于很多大学生都亲切地把宿舍叫作"家"。即使毕业以后，舍友之间的关系也很牢固。彼此共同生活几年的感情是任何一个集体都比不了的。因此，我们应该有意识地建立良好的舍友关系。

需要说明的是，舍友之间沟通交往的策略与技巧和前一节讲到的同学关系处理是相通的，此处不赘述，仅就一些具体操作提出几点建议供借鉴。

1. 统一作息，在日常生活中给予包容和理解

一个宿舍有三四个甚至更多的人在一起生活，宜用统一的作息时间加以调整。只有大家协调一致、共同遵守，才能减少争执，消除摩擦，维持正常的生活秩序。如果你是"夜猫子"，晚上睡得很迟，就必须自律，改变这种不良生活习惯。倘若实在有事早起或者晚睡的成员应

尽量减少声响和灯光对舍友们的影响。

对日常生活中可能出现的一些小矛盾、小摩擦给予宽容和理解，如舍友忘了值日、回来晚了关门声音大了点、偶尔用了一次你的洗发水等，对这些生活中鸡毛蒜皮的小事不要过多计较。

2. 不搞"小团体"

在宿舍里，应当以平等的态度对待每一个人，不要厚此薄彼，和一部分人打得火热，而对另一部分人疏远不理。有些人喜欢同宿舍之中的某一个人十分亲近，平时老是同一个人说悄悄话，无论干什么事，进进出出都和一个人在一起。这样就容易引起宿舍其他成员的不悦，认为你不屑与之交往。结果，你俩的关系也许搞好了但却疏远了别人。这就不利于建立和谐的宿舍关系，是得不偿失的。我们不反对建立深度的友谊，但绝不能以牺牲友谊的宽度和广度为代价。

3. 不侵犯舍友的隐私

每个人都有自己的秘密，也有足够的好奇心。对于舍友的隐私，我们不要想方设法去探求。对方把一个领域划为隐私，对这个领域就有了敏感性，任何试图闯入这个领域的话题都是不受欢迎的。尤为需要注意的是，未经舍友同意，切不可擅自乱翻其衣物。我们要格外注意这个问题，千万不要随随便便，以为是熟人就忽略了细节。另外，同住一个宿舍，有时难免知道舍友的某些隐私，我们要守口如瓶，告诉他人不仅是对舍友的不尊重，也是不道德的。不触犯舍友的隐私，我们要切实做到。

4. 积极参加集体活动

宿舍的活动不单纯是一个活动，更是舍友之间联络感情的重要形式，大家应该积极参与。千万不要幼稚地把集体活动当作纯粹费财费力的无聊之举，表现出一副不屑的样子。其实，参与活动都是感情投资，也是不可缺少的人生经历。舍友们决定一起去干什么，我们要尊重他们的选择。确实不能参加，可以把自己的想法和意见提出来，不要勉强参与，否则会让舍友觉得你在应付了事，更不要一口回绝而伤了舍友们的兴致。可以说，集体活动的有、无和多少，也从一个侧面反映了这个宿舍的团结程度。倘若这样的活动你老是不参加，多多少少会显得你不合群。

5. 学会交流和分享

好的人际关系都是从交流中获得的，只有交流才能了解对方，才有和对方成为朋友的可能。交流从心开始，大学生朋友们不妨对舍友们敞开心扉，交流一些爱好、兴趣、日常生活、学习、感情等琐事。建议利用熄灯后的时间交谈，聊彼此都感兴趣的话题，聊学校最近发生的事情，聊自己的困惑和感情，勇于发表自己的意见，不要把一些话闷在心里。

学会分享食物、分享开心的事或不开心的事。在集体中，如果你以个人的利益为重点，那么会很容易被集体抛弃。所谓"心底无私天地宽"。找机会跟你的舍友出去吃顿饭，聊聊天，你会发现另外一个你和另外一个他/她。

6. 赞美舍友

学会发自内心地赞美舍友。学会欣赏、赞美舍友，每天至少说一句让人感觉舒服的话，如"你太棒了！""你这个发型很好看！"这种赞美的话语会给被赞美者带来快乐，引起积极的情绪反应。情绪具有传染性，即也会传染给周围的人，给周围所有人带来快乐。"快乐"会打破人际关系的僵局，使宿舍关系变得融洽。

8.4 恋爱沟通

爱情是永恒的话题，是大学校园里的热门话题，也是校园里一道亮丽的风景线。因为年龄相近，而且都住校，彼此了解更多，大学生之间产生感情也是特别自然的一件事情。这种恋爱确实与社会上的一些恋爱不同，它是在特定的时间、特定的阶段，彼此在一起学习时产生的。这种感情很单纯，大多不带有功利色彩。恋爱是难以驾驭的人生艺术，渴望谈恋爱是一回事，会不会谈恋爱则是另一回事。

8.4.1 大学生的恋爱心理特征及困惑

对于文化水平较高、情感体验较为丰富的大学生们来说，校园爱情是他们大学生活中重要的一课。大学生恋爱的心理特征是什么，有哪些恋爱心理困境，经调查并查阅相关材料发现，大学生的恋爱心理特征主要有以下几种。

（1）性爱的浪漫、好奇心理。这是由生理发育成熟导致的性冲动与性亲近要求的产生而形成的。大学生对未来充满希望和追求，对爱情充满憧憬和幻想。很多大学生根据从文艺作品中抽象出来的理想爱情，去勾画自己理想的伴侣。他们看重理想、志趣、品质、性格等精神层面和气质、容貌等外在条件，而对克服实际生活困难、勇于承担责任等深层条件则重视不足。这是当代大学生恋爱难以经受考验，容易失败的主要原因。

（2）易变心理。当代大学生社会阅历较浅，加上正处于青春萌动期，因此他们的恋爱大多属于冲动型，往往经过短暂的交往就确定恋爱关系。恋爱的浪漫性使大多数人不善于处理恋爱中的纠葛，往往把任何矛盾、摩擦都与感情联系起来考虑，不顾及许多客观条件的制约，导致情感波动较大，分分合合，变化无常。为了恋爱而恋爱的心理，使这种易变性更加突出。

（3）急于求成的占有心理。有些男大学生可能认为，毕业后还没有男朋友的女孩都是别人挑剩下的，所以急于在大学恋爱。

（4）依赖心理。依赖心理由独生子女的孤独感和习惯了他人的呵护与关爱所致，属于"情感寄托型"的恋爱动机，缺乏独立意识和自立能力，易受挫。

（5）游戏人生心理。其恋爱动机是满足与异性交往的欲望，寻求刺激、填补精神上的空虚。而且由于大多数还未就业，一对恋人毕业后也有可能天各一方。因此，部分大学生抱有"不求天长地久，只在乎曾经拥有"的恋爱心态。

以上恋爱心理特征，引发并形成了当前大学生中存在的恋爱低龄化、公开化、高速度进展和恋爱的多元化现象。具体地说，因为他们年纪尚轻、涉世太浅，缺乏深入了解和正确判断与评价一个人的经验；因为他们过于情感外露、行为外向，盲目地一扫传统的以含蓄、深沉为美的恋爱方式；因为他们年轻、冲动，情爱的发展极易受性生理与性心理发育的控制；因为他们本身面临的就是一个多元化人生价值观念的现实社会。所以，恋爱心理困境的产生便顺理成章了。

许多大学生在恋爱问题上感到有很多说不明白的心灵困境或心理困惑，常见的恋爱困境有：总感到自己缺乏爱的吸引力；能做恋人的异性朋友难寻；等等。大学校园里并非只存在完满的恋爱，并非每个恋爱中的人都能得到甜美的爱情。恋爱在给人带来光明与幸福的同时，也会给人带来烦恼和痛苦。龙璇等学者从单恋、多角恋和失恋 3 个角度分析了大学生恋爱中的困惑，并提出了应对办法。

正确面对爱情
引发的困惑

8.4.2　培养健康的恋爱心理和行为习惯

恋爱的过程时常伴随着各种矛盾冲突，这些矛盾冲突的解决依赖于人格的成熟、心理的健全，同时又会促进或阻碍人格的发展和心理的健全。大学生在恋爱交往中应该如何培养健康的恋爱心理和行为习惯呢？龙璇、彭贤等学者提出的思路和观念值得我们学习借鉴。

1. 培养健康的恋爱心理

（1）树立正确的恋爱观。一方面，大学生要积极上进，有责任感，在恋爱中做到自尊、自重、自爱，摒弃"理想"和"享乐"等思想；要了解对方，知晓对方的人品和性格，不盲目进入恋爱的角色。另一方面，大学生要懂得什么是真正的爱情。在恋爱的过程中，要以纯洁的动机和文明的行为对待爱情，使得双方信仰爱情，相信未来的生活。

（2）确定恰当的择偶标准。恋爱不是一种纯粹的精神活动，它是个人生理、心理发展的需要，更是一种社会行为。心理学家曾经调查过大量幸福美满的家庭，得出的结论是：要想获得美好的婚姻和爱情，至少需要双方相互了解、地位背景相配、气质类型相投。在恋人的选择上，第一应该是志同道合，思想品德、事业理想和生活情趣等大体一致；第二应该是与自己的心理特点相适应。

（3）正确对待爱情。爱情在人生中占有重要地位，但爱情不是人生的全部，我们不能只为爱情而活。当爱情被视为生命的唯一时，它就会成为一株温室中的花朵，娇弱美丽却经不起任何打击；当爱情成为唯一的存在价值时，它就会使当事人失去人格的独立和魅力，进而失去被爱的理由。在大学生活中，学业是第一位的，今天的学习与未来的事业息息相关，这也是爱情美满的基础。那种抛开学业谈恋爱的做法，不仅不能成就事业，也难以获得真正的爱情；不仅是愚蠢的，也是可悲的。

（4）坚持爱的权利和责任的统一。爱不仅是一种权利，更是一种责任和义务，必须以高度负责的态度对待。爱的权利和义务是不可分割的，只强调爱的义务，而无视爱的权利，就是对人性的奴役，必须予以否定。但是只强调爱的权利，而不承担爱的责任，就会陷入非理性主义的泥潭。理解意味着为双方营造一种轻松和快乐的氛围，没有人追逐爱情只是为了被约束，相互信任也是一种自信的表现；责任和奉献则意味着个人的道德修养，这种爱的权利和责任的统一，是获得崇高爱情的基础。

2. 培养爱的能力与责任

（1）迎接爱的能力。一个人心中有了爱，经过理智分析，敢于表达、善于表达，这是爱的能力；一个人面对别人的示爱，经过及时准确的判断，能做出接受、谢绝或再观察的选择，这也是爱的能力。大学生要具有迎接爱的能力，就应懂得什么是爱，要有健康的恋爱观，知道自己喜欢什么、需要什么、适合什么。

（2）拒绝爱的能力。对自己不愿或不值得接受的爱应有勇气加以拒绝。拒绝爱时要注意以下两个方面：一是要果断、勇敢地说"不"，如果优柔寡断或屈服于对方的穷追不舍，发展下去对双方都是不利的；二是要使用恰当的拒绝方式，虽然每个人都有拒绝爱的权利，但是珍惜每一份真挚的感情既是对他人的尊重，也是对自己的尊重，同时也是对一个人道德情操的检验。所以，我们既要尊重、感谢对方对自己的感情，又要采取明确的态度予以拒绝，绝不能含糊其词。如果在语言上已经拒绝了对方，在行动上就不要与对方有较亲密的接触，以免使对方产生误解。

（3）发展爱情的保鲜能力。心理学博士张怡筠在《半边天》节目中介绍了一种"3×3"爱情保鲜计划，就是每天 3 次、每次花 3 分钟时间做一些事，该计划称为"3A"计划。其一，"Attention"——全神贯注，就是非常专心地倾听对方说话，走进对方的内心世界，以对方的快乐为自己的快乐；其二，"Affection"——浓情蜜意；其三，"Appreciation"——欣赏、感激。因此，要想保持爱情的长久，就需要两个人真正关心对方，需要智慧、耐心、坚持并付出心血；需要学习新的东西，善于交流，懂得欣赏对方，同时又要有自己的个性、追求和发展，让爱情拥有不竭的源泉。

3．塑造健康的恋爱行为

（1）语言文明。谈恋爱时，言谈要诚恳、坦率、自然，不要为了显示自己而装腔作势、矫揉造作；不要出言不逊、举止粗鲁；相互了解是必要的，但不要无休止地盘问对方，以免使对方的自尊心受损，伤害彼此的感情。

（2）行为文雅，避免粗俗。一般来说，男女恋爱初期会感到羞涩与紧张，而随着交往的增加会逐渐变得自然与大方。这个时期要注意行为举止的检点，文雅的亲昵动作可使对方产生愉悦感和积极的心理效应，而粗俗的亲昵动作则往往会使对方反感并引起情感分离和消极的心理反应，有损于爱情的纯洁与尊严，影响感情的正常发展。

（3）平等相待。不要以己之长度人之短，借此来炫耀抬高自己，戏弄贬低对方。也不要想方设法考验对方或摆架子，给爱情增加负担。否则都可能挫伤对方的自尊心，影响双方的感情。

（4）善于控制感情，理智行事。对恋爱中的性冲动，一方面要注意克制和调节，保持清醒的头脑；另一方面要注意将其转移和升华，与恋人一起多参加学习与文娱活动，使爱情沿着健康的方向发展。

8.5　亲情沟通

"亲情"是有血缘关系或姻亲关系的家庭成员间感情的总称，是人们朝夕相处、相依为命、割舍不断的情感，它包括祖孙、父母子女、兄弟姐妹之间的亲情，夫妻之间的姻情以及由夫妻双方的父母、兄弟姐妹的亲情的拓展和延伸。在一定意义上还包括由于收养关系、患难之交形成的恩情等。

亲情关系包括父母关系、兄弟姐妹关系、亲戚关系、夫妻关系、婆媳关系、亲子关系等，其中，父母（与子女）关系在亲情关系中占核心地位。中国传统文化中的"亲"，即父母，即双亲。亲情是维系家庭情感的纽带和家庭幸福的源泉。处理好家庭人际关系，对于发挥家庭职能，保障家庭

亲情的价值

成员的心理健康，维护社会安定，都具有重要意义。

8.5.1 亲情关系中存在的问题

据有关大学生亲情观的调查研究结果，当前大学生在处理亲情关系方面普遍存在着以下问题。

1. 亲情价值取向上趋向功利，缺乏感恩心

部分学生平时很少与家人联系，只有要钱时才联系。而且一旦家人寄生活费不够及时，子女还会对家人大发脾气。

有些学生不顾家庭生活困难，盲目攀比，超前消费，买高端手机、买高档计算机、玩游戏，荒芜学业，不求上进。有部分学生对父母的养育非但不抱感激之情，还常常抱怨父母没本事，不能给其创造更好的条件。据报道，南京大学逸夫楼曾张贴过一页的"心酸父亲给大学儿子的信"，在社会上掀起了轩然大波。"一位辛酸的父亲"控诉儿子对父母除了索取还是索取，从不体谅父母，为了多要钱物甚至不惜"偷改入学收费通知，虚报学费"。他质问自己的大学生儿子："在大学里，你除了增加文化知识和社交阅历，还能否长一丁点善良的心？"读来实在令人心酸。

缺乏感恩心这种倾向在不少大学生身上都可以看到。例如，有些学生对待老师缺乏起码的尊重，见到老师不打招呼，如同陌路人。对老师的辅导和帮助，连声"谢谢"都不会说。有些受到社会和他人救助的贫困大学生对他人的关怀表现冷漠，他们把国家、社会和他人的帮助看成是理所当然的事情，对他人的资助不思回报，甚至不愿提起。

2. 与父母缺乏真正的交流，沟通趋于表面化

不少人认为自己与父母之间存在着"代沟"，父母不可能真正理解自己的想法，与其跟他们沟通而挨骂，不如什么也不告诉他们。很多学生与父母的通话内容大部分局限于"吃好点""穿暖和点"之类的话题，沟通停留在生活层面，缺乏深度交流，而关于学习、工作以及情感价值观方面的话题，或避而不谈，或以冲突结束。更有人认为，自己任性，不顾及家人的感受，是追求个性的表现。这样，子女与父母之间所谓的"代沟"越来越深，以致互不理解，越来越疏远，最后只靠血缘亲情维系。

3. 没有情感表露的意识或缺乏表达技巧

在表达情感方面，有一些大学生认为亲情植根于血缘，无须表达。这就导致亲人之间彼此牵挂却不知情，久而久之，亲情在无言中淡漠。也有很多学生知道应该主动与父母沟通，但不知如何沟通，不知跟父母说些什么。

4. 亲情的回馈说得多、做得少

有调查显示，约有 63% 的学生不知道父母的生日，近 43% 的学生不知道父母的年龄，约 76% 的学生从未给父母祝贺过生日，而与之形成鲜明对比的是父母给子女过生日的却高达 93%。此外，如何在现实的大学生活中回馈亲情，他们有的想得很少，有的想到了一些，如节俭、关怀等，也往往说得多、做得少，难以落到实处。而有的大学生认为，现在没有这个经济能力，等事业有成时再好好孝顺父母也不晚，可往往事与愿违。

8.5.2　与父母沟通的技巧

良好的亲情关系，必须从良好的沟通开始。掌握良好的沟通技巧可以使父母及时地了解子女的状况，能够更好地帮助子女，子女也能通过沟通来了解自己的父母，从而达到父母与子女之间的和睦相处。那么，亲人之间如何正确沟通、充分表露对彼此的真情呢？

1. 大胆表白

要让对方了解自己的心灵，只有将它表露出来，别人才能知道。很多人有个错觉：认为自己对亲人的爱，不用说，亲人一定会明白。一个母亲得了重病，治疗花了儿子家很多钱，她心里很愧疚。儿子打电话给母亲："只要有妈在，我们花多少钱都可以，多少钱能换来一个妈呀。"电话那头停顿了一会儿，妈妈感慨地说："你能这么说我心里很舒服。"儿子没想到妈妈会说出这么一句话，就告诉妈妈："我就是不说，也是这个想法，您还不了解我吗？"儿子说完这句话，心里闪过一个念头，原来爱真的要说出口，如果自己不说这句话，妈妈也许真的不会了解。中国人对感情的表白向来非常含蓄，对身边朝夕相处的亲人也很少表达关爱，即便有时话到嘴边也因为种种原因而咽了下去。可等到亲人不在时，悔之晚矣。

在一个课堂上，老师让学生在纸上写出5个最爱的人。随后，老师要求学生必须划去一个亲人，当学生思考要将谁先从自己的生活中去掉时，不由得想起与这些亲人之间的点点滴滴，学生开始感受到极其痛苦与无奈。就这样，老师让学生不停地划，直至划去最后一个亲人。学生的手开始颤抖起来，心里充满了恐惧、惆怅与孤独，有的开始放声大哭。最后，老师告诉大家，这只是个假设，你们的亲人还在你们身边。趁你们还来得及说爱他们，就大声地告诉他们。这个例子告诉我们，爱要明白地表达出来，要敢于坦诚自然地向对方说出"我爱你"，这样传递的爱的信息才能被接受，经过愉悦分享所激发的温馨心境，会大大强化彼此对亲情的深刻领悟与感受。

爱要说出口

2. 学会聆听

在如今的家庭关系中，一方面，有些父母认识不到倾听子女诉说的重要性。子女一旦有问题，总爱以成人的思维方式去评判子女所做的一切，把自己的意愿强加给子女，不给子女解释的机会，轻则呵斥，重则打骂。子女因失去说话的权利或者自己的想法得不到父母的重视，只好将委屈和不满埋藏在心里，长此以往做父母的就很难知道子女的所思所想，这样对子女的教育就会无所适从。久而久之，子女也会与父母产生对抗情绪，以致双方相互不信任，产生沟通困难的问题，甚至还会造成子女的不良心理。

另一方面，子女长大了，父母希望子女常回家看看，更希望子女能听父母说说话，年迈的父母更需要倾诉，需要被人关注。而很多人借口工作忙，不愿听父母说话，或者在听父母说话时缺乏耐心、会心、专心，心不在焉，父母的自尊心会深受伤害。

有一种爱，名字叫"啰唆"

3. 给予亲人真诚的赞美

家人之间的相互赞美要多于指责，这非常有利于家人关系健康地发展。真心真意、适时适度地表达对对方的赞扬，是家人良好沟通的有效方式，当然表扬时应具体，不论事大事小，只要对方做得好，就要不断给予肯定。这样做可使对方感到你真的很在意他，并会促使对方做得更好。

家庭成员不仅需要暖意盈怀的呵护，还需要沁人心脾的爱的语言。后者像家庭生活乐章中优美的音符，尽管不那么隆重，却让人感激、让人难忘，能使生活充满温馨，亲情地久天长。

4. 选择时机

良好的语言沟通需要有较为合适的时间安排。在对方情绪比较好的时候谈一些棘手的问题，可能能有助于减少冲突。在家人正处于比较紧张焦虑的工作或生活状态时，尽量与家人谈一些愉快的话题，这其实也在传达着对对方的尊重、体贴和理解。由此可见，时间和话题的选择本身就是亲人之间一种良好的沟通方式。

5. 表达尊重

表达尊重是指尊重家人的个性及能力，而不是凭自己的感情行事；接纳家人的信念和所做出的选择或决定，而不是评论或试图代替其做决定；善意理解对方的观点及行为，而不是简单采取排斥的态度。

社会心理学领域的大量研究发现，人们对关系亲密的家人，所涉及的亲密话题和非亲密话题都很广泛。但是必须注意，对于任何人，无论关系多么亲密，人们都有不愿意暴露的领域。因此，在生活中，没有理由因为关系亲密或者是夫妻、亲子关系而要求对方完全敞开心扉，更不能任意侵犯对方所不愿暴露的领域；否则，对方会产生强烈的排斥情绪，从而导致对你的接纳性大大降低。

6. 换位思考，学会主动分享

据调查，很多大学生和父母之间的交流多为简单问答式，学生常常处于被动回答状态。这种状态具有非持续性、被动性，不利于有效沟通氛围的形成。学生应学会站在父母的角度思考问题，学会理解父母、接纳父母，主动分享自己的大学生活。把你生活、学习、恋爱中的喜怒哀乐和父母沟通，他们不希望大学把你培养成一个陌生人，你在他们眼里永远是他们的子女。他们也许会有抱怨，但请相信父母是爱你的。

大学生学习新知识的能力很强，当某些事物超出父母的认知时，学生可以针对父母较为感兴趣的部分，用通俗易懂的方式为父母讲解，带动父母一起成长，减少沟通断层情况的发生。例如，可以多和父母谈论与专业相关的有趣见闻；教父母使用智能手机、体验新的软件；带父母认识新的事物、去新的地方大开眼界等。

7. 注重亲情互动，多向父母表达感恩

（1）关注父母的身体状况，询问他们有没有什么病痛。当你感觉自己越来越强壮的时候，你应该意识到父母的身体也许已经不是那么健康了。这个时候你应该明白，父母开始需要你的关心和照顾了。

（2）倾听他们的唠叨，不要觉得厌烦，更不要和父母大吵大闹。父母的人生经历是多于你的，他们只是担心你才会对你唠唆。

（3）不要忘记父母的生日和其他重要日子，不需要买什么礼物，寄一张贺卡，写上让他们欣慰的话语，让他知道你是爱他们的。

（4）放假时能回家就尽量回家。如果回家，一定要安排时间陪父母，带他们吃饭，陪他

们逛街，而不要只和同学唱歌、旅游。

（5）绝对不要为了让消费上档次而向父母索要过多的生活费，你应该合理地计划自己的开支，因为你已经长大了。尽量好好学习，拿出优异的成绩，即使学得不是很好，也要让他们知道你在努力。

练习测试题

一、不定项选择题

1. 一般来说，大学师生关系应具备的特点有（　　　）。
   - A. 尊师爱生　　　　B. 民主平等　　　C. 教学相长　　　D. 宽松自由
2. 与同宿舍的同学相处，下列做法不妥当的有（　　　）。
   - A. 统一作息　　　　　　　　　B. 组建"小团体"
   - C. 不触犯舍友的隐私　　　　　D. 学会交流和分享
3. 面对失恋时，大学生可采用的自我调节的方法有（　　　）。
   - A. 价值补偿法　　　B. 多维思考法　　　C. 转移注意力法　　D. 自我安慰法
4. 与父母相处，下列做法不妥当的有（　　　）。
   - A. 放假回家多陪陪父母　　　　　　B. 亲情植根于血缘，无须表达
   - C. 倾听他们的唠叨　　　　　　　　D. 给予亲人真诚的赞美

二、判断题

1. 网络沟通是大学生必不可少的沟通工具之一，但网络交往也使人与人之间的心理距离越来越远。　　　　　　　　　　　　　　　　　　　　　　　　　　　（　　　）
2. 大学生中不乏"精致的利己主义者"，他们既是人际关系的破坏者，也是人际关系的受害者。　　　　　　　　　　　　　　　　　　　　　　　　　　　　　（　　　）
3. 当代大学生恋爱难以经受考验、容易失败的主要原因之一是他们看重理想、志趣、品质、性格等精神层面和气质、容貌等外在条件，而对克服实际生活困难、勇于承担责任等深层条件则重视不足。　　　　　　　　　　　　　　　　　　　　　　　（　　　）
4. 亲情关系越差，相应的子女行为异常程度越高，直接影响子女的正常社会化。（　　　）

三、简答题

1. 大学师生关系具备哪些特点？
2. 造成师生关系冷淡的原因是什么？你有什么改善办法？
3. 如何建立和谐的师生关系？作为学生，你可以做什么？
4. 结合实际谈谈同学之间交往存在的问题，并提出解决方法。
5. 为什么舍友之间会出现矛盾？有了矛盾，如何化解？
6. 面对失恋，大学生有哪些方法可以进行自我调节？
7. 如何培养健康的恋爱心理和行为习惯？
8. 如何应对你的男友（女友）不恰当的性要求？
9. 结合实际谈谈亲情的价值是什么。

10. 如何理解亲情表露的重要性?

四、自我测试题

【测试 1】

与同学沟通能力自测

1. 你跟新同学打成一片一般需要（　　　）。

    A. 一天　　　　　　　　　　B. 一个星期　　　　　　　　C. 十天甚至更久

2. 当你发言时有些人起哄或者干扰,你会（　　　）。

    A. 礼貌地要求他们不要这样做

    B. 置之不理

    C. 气愤地走下台

3. 有同学想借你的作业去抄,但你不想借,你会（　　　）。

    A. 向该同学提示抄作业的害处,并表示如果有不会做的题,你可以帮助他

    B. 尽管不想借,但碍于面子还是借了,并提示作业只能"参考"

    C. 直接拒绝

4. 放学了,你有急事要快点走,而值日的同学想让你帮忙打扫教室,你会（　　　）

    A. 很抱歉地说:"对不起,我有急事,下次一定帮你。"

    B. 看也不看地说:"不行,我有急事呢!"

    C. 故意听不见,跑出教室。

5. 开学不久你就被同学选为班长,你会（　　　）。

    A. 感谢同学们的信任和支持,并表示一定把工作做好

    B. 觉得没什么大不了的。只是要求自己默默地把工作做好

    C. 觉得别人选自己是别有用心,一个劲儿地推托

6. 有同学跟你说:"我告诉你一件事儿,你可不要跟别人说哦。"这时你会说（　　　）

    A. "哦! 谢谢你对我的信任。我不是知道这件事的第二个人吧?"

    B. "你都能告诉我了,我怎能不告诉别人呢?"

    C. "那你就别说了。"

7. 老师安排你和另一位同学一起完成一项任务,而这位同学恰恰和你不怎么友好,你会（　　　）

    A. 大方地跟他握手:"今后我们可是同一条船上的人哦!"

    B. 勉强接受,但在工作中绝不配合。

    C. 坚决向老师抗议。宁可不做。

8. 你和别人为一个问题争论,眼看就要闹僵了,这时你会（　　　）

    A. 立即说:"好了好了,我们大家都要静一静,也许是你错了,当然,也有可能是我的错。"

    B. 坚持下去,不赢不休。

    C. 愤然退场,不欢而散。

计分方法:选 A 得 3 分,选 B 得 2 分,选 C 得 1 分。

结果解析：

8~12 分表明你的沟通能力较差。你对沟通能力的重视不够，而且没有足够的自信心，这导致你在成长的道路上，使一些机遇与你擦肩而过。你应该以轻松、热情的面貌与同学进行交流，把自己看作集体中的一员。同时，对别的同学也不可存在任何偏见。经常与人交流，取长补短，改变自己拘谨封闭的状态。记住，沟通能力是成功的保证和进步的阶梯。

13~19 分表示你的沟通能力较强，在大多数集体活动中表现出色，只是有时还缺乏自信心。你还需加强沟通能力。

20~24 分表明你的沟通技能很好。无论你是学生干部还是普通学生，你都表现得非常好，在各种社交场合都表现得大方得体。你待人真诚友善，不狂妄虚伪。在原则问题上，你既能善于坚持并推销自己的主张，同时还能争取和团结各种力量。你自信心强，同学们都信任你，你可以使你领导或影响的班级充满着团结和谐的气氛。

【测试 2】

亲情测试

下面是一份大学生如何看待亲情的调查问卷，根据自己的实际情况进行回答。

1. 你是否会经常从家人的角度去思考问题？（　　）
　　A. 经常会　　　　　　　　B. 偶尔　　　　　　　　C. 从不
2. 离开家后一般多久与家里联系一次？（　　）
　　A. 一星期以内　　　　　　B. 两星期以内　　　　　C. 两星期以上
3. 是你主动联系家人还是家人主动联系你？（　　）
　　A. 我主动　　　　　　　　B. 双方都主动　　　　　C. 家人主动
4. 你是否会在家人生日那天与家人取得联系并送上你的祝福？（　　）
　　A. 会　　　　　　　　　　B. 以前没有但以后会　　C. 不会
5. 回家后一般花多长时间与家人在一起？（　　）
　　A. 大部分时间　　　　　　B. 一部分时间　　　　　C. 小部分时间
6. 是否与家人谈过心？（　　）
　　A. 经常　　　　　　　　　B. 偶尔会　　　　　　　C. 不想
7. 你是否对父母表示过感谢或做过这方面的实际行动？（　　）
　　A. 有过　　　　　　　　　B. 以前没有但将来会　　C. 从来没有
8. 对家人的关心，你是怎样看的？（　　）
　　A. 很感激　　　　　　　　B. 天经地义　　　　　　C. 没什么感觉
9. 当你认为你的想法不被父母理解时，你会采取什么样的态度？（　　）
　　A. 寻找机会，再次沟通　　B. 据理力争　　　　　　C. 保持沉默
10. 父母年纪大了，免不了啰唆，遇到这种情况，你会怎样？（　　）
　　A. 很理解，乐意当他们的听众
　　B. 视心情而定
　　C. 很不耐烦，马上打断

计分方法：选 A 得 2 分，选 B 得 1 分，选 C 得 0 分。

结果解释：

以上 10 题满分为 20 分，用于测试自己与亲人之间的关系状况。如果你的得分在 17 分及以上，那么说明你与亲人的相处很好，而且，你能从与亲人的相处中，得到许多乐趣；12～16 分表明你和亲人的相处一般；11 分及以下说明你与亲人的相处存在较大的问题，必须注意与亲人的沟通。

案例分析题

【案例 8-1】

宿舍里的冲突事件

辅导员张老师下午刚进办公室，就遇到学生李某气冲冲来找她，反映她与另一学生孙某争吵一事。张老师引导她平静下来，了解二人发生冲突的经过。

经过一番调查，张老师了解了事情的经过：学生李某，女，性格较为内向，心思细腻；学生孙某，女，性格外向，为人直爽，不拘小节。二人系舍友。当日早晨起床时，孙某用手机外放歌曲的声音很大，影响到宿舍其他同学休息，李某后来就在微信朋友圈中抱怨了几句。中午孙某对李某说："有本事当面说，背后瞎说算什么？"后又将李某放在书桌上的瓶装化妆品碰到地上摔碎了。李某认为孙某做事太过分了，两人发生了争吵，在同学劝解下，孙某外出取快递而暂时平息了争吵。事后李某情绪不能平复，来找辅导员，希望辅导员尽快处理此事。

张老师单独找孙某了解情况，孙某坦承早晨起床时并不是故意要吵醒大家的，是定的手机闹铃响了，被李某误解，但由于前一天晚上和男朋友吵架，心情不好而懒得解释，打碎李某的化妆品也是无心之失。

问题：

如果你是辅导员张老师，你会如何化解此矛盾？

【案例 8-2】

小悦该如何与舍友相处

小悦在上大学之前，对大学生活充满了憧憬。可是没想到现实却和她的想象天差地别，让她觉得大学生活真的没有什么意思。

小悦的宿舍有 4 个女生，只有她来自外地。其他 3 个人中，有两个是同一个高中毕业的。她们 3 个聊天总有共同话题，不管是当地的小吃还是高中的趣闻，都能说上三天三夜，于是在开学初就打成了一片。

小悦性格内向腼腆，所以很多时候都不知道该怎么主动融入她们。但是为了和舍友搞好关系，她也主动过很多次，如尝试着参与她们的话题、去吃饭的时候会问舍友要不要带饭、买了好吃的会分给舍友，等等。可是这样做效果甚微，她们似乎都不欢迎她的加入。有一次她生病了，躺在床上整整一天，宿舍的其他人依然各做各的事，没有一个人过来关心一下她。而平时其他 3 个舍友相处融洽，出去吃饭时连问都不会问她。在同一个屋檐下生活，她却变成了一个隐形人。她已经尽量把注意力放到学习上了，但是每次看到舍友的冷漠，她都觉得很难过。

她也尝试着多认识一些班上的其他同学或者社团里的小伙伴，可是班里的同学并不经常在一起上课，如果选课不同，可能三四天都见不到一次面，根本没有机会联络感情，加之没有平时的相处，大家也缺少共同语言；而社团就更不用说了，只是有任务的时候大家才会聚到一块，平时几乎也没有什么联系。最主要的是，其他宿舍的舍友关系十分亲密，而且大家都已经有自己的小圈子了，没有人像她一样这么迫切地想发展别的朋友关系。

有人提议她换个宿舍，但是大学换宿舍真的很麻烦，没有极端的情况，辅导员一般是不会同意的，而且谁又能保证换一个宿舍情况就会变好呢？

问题：

对小悦这样的情况，你有什么好的建议吗？

【案例 8-3】

如何与父母沟通

青春热线编辑：

你好！

或许是家庭教育的原因吧，我的性格比较内向，寡言少语，这令我和家人的交流非常少。平时在家，大多只能在饭桌上和父母聊天，其他时间就很少说什么了。我父亲是个深沉的人，平时很少和我说话，他的爱更多地表现在行动上；而母亲的爱体现在语言上，有时我甚至觉得她很啰唆，却也能体会到温馨。这些我都可以感觉到，所以初中的时候我就想，将来一定得好好报答父母。

但我现在很惭愧也很悲哀，因为我感觉自己不知道怎么表达对父母的爱。我现在读着一所普通高校，离家比较远，与父母的联系比上中学的时候少了很多，沟通就更少了。很多时候都是母亲打电话给我，一阵嘘寒问暖之后，我就不知道该说些什么了，打电话的时间就只有那么几分钟。反而是和同学打电话，有时候聊一个小时都不止。或许是与同学没有代沟，有更多的共同语言吧？

其实我很羡慕那些每周都和家人联系的同学，而我，想打电话回家却不知道要说些什么。所以我想请您教教我，要怎么改变才能和家人有更多的话题。

×××

问题：

1. 案例中的"我"在生活中遇到了什么困惑？其原因是什么？
2. 为帮助"我"消除烦恼，请你向他提几条好的建议。

实践实训题

组织一次主题班会

1. 实训目标：掌握沟通的基本技巧，增加师生及同学之间的了解。
2. 实训方法：组织一次由全班学生和系领导、任课教师代表参加的主题班会，针对当前老师与学生、班干部与同学、同学与同学之间存在的实际问题进行现场沟通。在沟通过程中，要求学生讲究沟通技巧和语言艺术，注意倾听、提问、应答、说服等各个环节，并留心从老师与学生的沟通中体会沟通技巧。可由班干部或学生主持。

3．班会参考议题：

（1）大学老师上课该不该点名？

（2）大学生做兼职会影响学习吗？

（3）你所在宿舍的舍友关系有何特色或问题？

（4）你如何看待校园恋情？

第9章
演讲技巧

微课导学

本章内容

◎ 演讲的本质与特点　　　　◎ 演讲中的沟通技巧
◎ 演讲的准备　　　　　　　◎ 视觉辅助工具的使用
◎ 演讲内容结构设计

引例：让王总困惑的年会演讲

王总看上去有点愁眉苦脸，问他为什么，他回答说："年底要开年会，又要我讲话了。我这人，天生爱干不爱说，上台演讲不是我擅长的事。"

"不擅长也得讲吧？"我笑着问，"那你今年打算怎么讲？"他说："年会嘛，无非是总结总结，提提要求，还能怎么讲？"王总看着我，一脸茫然。我让王总的秘书把他前3年的演讲录像调出来看了一遍。情况正如王总所说，他的讲话，内容风格基本"一以贯之"，回顾总结加几点要求，无可圈可点之处。当镜头扫向台下，听众的脸上没有表情，我根本判断不出他们是否在听。

看了录像心里有了底，我问王总："今年你准备跟员工提哪几点要求？""我今年第一个要求：努力干活，艰苦奋斗。""为什么呢？""我们当年就是这么做起来的。""能说说你当年的情况吗？"我顺势问。"……我清楚地记得，那是个三伏天，办公室没有空调，只有一个非常小的玩具电风扇，奇热难熬。我们两个男人干脆赤膊，在办公室里放一盆冷水、一块毛巾，实在太热了便擦一擦。就这样打个电话擦把汗，到处找客户……"

我聚精会神地听着，摄像机也在同步记录。"还是那个三伏天，没有空调。那天，办公楼前来了一辆车，走下一位衣冠楚楚、气质儒雅的知名国际公司总裁。我们准备了两盒红宝橘子水（那是对贵宾最好的招待了），问方总：要喝冷饮还是热茶？他选择了热茶。看着他满头大汗，西装也没脱，还喝着热茶，心想：完蛋了，以这条件接待大老板，肯定没戏了。不过，我们还是硬着头皮介绍完，并告诉他，我们有多努力，我们一定会把事情做好……3天后，我们接到了一个意想不到的电话，是方总打来的……"

王总原汁原味的描述让我入神。我说："这故事很好嘛，你为什么不跟大家说说呢？""年会怎么能讲故事？""为什么不呢？"我问。王总从前是这样做报告的："当初我们创业的时候太艰苦了，现在条件好了，倒看不到你们的干劲了……你们要……"我问王总："假如把诸多'你们要'换成你刚才讲的故事，你觉得效果会怎样？员工可能更爱听哪个版本？你估计哪种说法他们更愿意接受、更能够真正听进去？"

我们在工作中，经常会碰到需要当众发言的场合，其实每个人都具备应对这项挑战的潜能，但是很多时候更多的人会选择回避这样的挑战。即使是公司高管，面临公开演讲时也会有各种各样的困扰。相信学习完本章知识后，你会对演讲有一个更加正确的认识。

9.1 演讲的本质与特点

演讲是人们在公开场合就某些问题、事件面对广大听众发表自己见解，运用语言和非语言方式劝说和鼓动听众的一种沟通方式。演示是对演讲的辅助，是演讲者借助投影仪等直观的视听辅助工具进一步提示观点，以获取更好的演讲效果。演讲和演示作为一种必要的交流形式在社会实践和管理活动中被广泛应用，提高演讲和演示的有效性成为大学生的必修课。

1. 演讲的本质

演讲是讲话，但不是随意讲话。传统的演讲主要有 3 种传播手段。一是有声语言，由语言和声音两种要素构成。要求吐字清楚、准确，声音清亮、圆润，语气、语调、节奏富于变化。二是态势语言，包括演讲者的姿态、动作和表情，要求准确、鲜明、自然、协调。三是主体形象，体现在演讲者的体形、容貌、服饰、举止神态等主面，要求妆饰朴素得体，举止神态优雅大方。所以，演讲本质上是一种通过充分调动演讲者的语言艺术和形象魅力，从而增强感染力的沟通方式。而且，随着新媒体技术的发展，PPT 等视觉演示工具的运用也越来越普及，已成为现代演讲活动的第四种传播手段。

演讲是"讲"和"演"的统一。以"讲"为主，以"演"为辅。如果只有"讲"而没有"演"，缺少感人、动人的主体形象及表演活动，就会降低演讲的艺术性和感染力。如果只有"演"没有"讲"，不注意口头语言强大的传播沟通作用，就失去了演讲最重要的功能。所以，"讲"与"演"这两个演讲的要素是缺一不可的，只有和谐地、有机地统一在一起，才能构成完整的演讲手段，并能圆满地完成演讲。

2. 演讲的特点

（1）目的性。演讲是人们交流思想的工具，也是经济、实用、方便的传播工具，人人可用。演讲者在运用演讲这一工具时通常会有明确的目的。演讲者会在强烈的演讲目的和动机驱使下，通过演讲，表明自己的观点、唤醒听众的思想、激活听众的情绪、促使听众采取某种行动。相反，目的不明、可有可无的演讲肯定是要失败的。

（2）艺术性。演讲的艺术性主要体现在 4 个方面。首先，内容组织上的艺术性。成功的演讲或以具体感人的形象，或以深刻真实的事例说服人、感染人；或歌颂真善美，或鞭挞假丑恶，寓思想教育于其中。其次，文采上的艺术性。演讲以富有艺术性的口语为听众营造一个美妙的氛围，使听众在美的享受中得到启迪。再次，演讲讲究音量的轻重强弱、音调的抑扬顿挫、节奏的起伏快慢、语速的停顿连接，在语言运用上富有艺术性和技巧性。最后，演讲者在演讲过程中通过自身的气质、装扮、表情和体态等因素来传递艺术和美的信息。总之，成功的演讲能使人受到强烈的艺术熏陶。优秀的演讲者本身就是一个艺术家。

（3）鼓动性。演讲的目的就是传递信息，影响听众，如果讲完后听众不知所云，没有共鸣，演讲的目的就无从谈起了。成功的演讲必定具有很强的鼓动性和说服力，能够做到以理服人、以情感人。一方面，演讲者必须着眼于说理。离开了说理，即使内容再生动、辞藻再华丽，演讲也不可能打动听众的心。另一方面，演讲者必须以情感人，对演讲中所涉及的人物、事件和问题，都应表明自己的态度，并以带有感情的方式表达出来，使听众从语言、声调、表情、眼神和手势中感受到演讲者的喜怒哀乐，以期引起感情上的共鸣。可以说，鼓动性是演讲成功与否的一个标志。

（4）现实性。尽管演讲具有很强的艺术性，但演讲属于现实活动范畴，不属于艺术活动范畴，演讲不同于相声、评书、朗诵、脱口秀，它是演讲者通过对社会现实的判断和评价，直接向广大听众公开陈述自己的主张和看法的现实活动。

9.2 演讲的准备

任何一次成功的演讲无一例外都是精心设计、认真准备的结果，没有充分的准备，演讲是不可能成功的。演讲的准备包括明确演讲目的和主题、分析演讲听众、收集材料和准备讲稿与进行模拟演讲等方面。

9.2.1 明确演讲目标和主题

1. 明确演讲目标

一个清晰的演讲目标会使你时刻把握演讲的重点，它也是真实衡量演讲成功与否的标准。演讲目标一般应包括传递知识和劝说。

如果是知识性演讲，通常只集中在解释。例如，在做一般性报告或汇报项目过程中，演讲者只需解释工作是如何开展的，或者宣布公司的某种策略。在知识性演讲中，所寻求的主要效果是让听众记住这些知识。例如，告诉听众他们能够帮助残疾人的方法。

在劝说性演讲中，演讲者站在一个稳定的立场上，并设法使听众接受或支持这一立场。例如，在一个营销演讲中，演讲者往往争取说服听众，可能在推销自己的想法或一件产品，或尝试改变听众现有的想法和行为。因此在劝说性演讲中，演讲者应把重点放在寻找可利用的最好信息上来支持自己的观点。劝说性演讲的理想效果是让听众采取直接的行动。例如，说服听众购买低排放的新能源轿车；使听众相信精神压力的减轻可以减少患心脏病及心脏病发作的危险。

2. 确定演讲主题

演讲主题就是演讲题目，它的确定要考虑 3 个方面。首先，演讲的主题应当是现实生活中急需回答的问题。只有选择那些能解决人们普遍关心的、急于得到答案的问题作为主题，演讲才是有价值的。其次，演讲主题应该是演讲者有独创之见的思想观念。那种人云亦云、缺乏真知灼见的演讲是很难获得成功的。最后，演讲主题要集中，要有重点。整个演讲应紧紧围绕主题，把问题讲深、讲透，给听众留下深刻印象，如此演讲才能取得良好的效果。

在确定演讲主题以后，还需要进一步确定主题句。主题句可以是演讲题目，也可以另拟一句话。主题句就是能够引导听众，帮助演讲者出色完成演讲的、强有力的、简洁的，最好是难忘的语句。许多演讲就是因为没有合适的主题句，就显得只是把成堆的信息一股脑儿地抛给听众，并以为这样就能自然而然地堆砌出一个有力的结论来。事实并非如此。听众需要而且也想要被引导，更何况听众不一定听到演讲中的每一句话。只有用一个难忘的主题句去引导他们，在演讲中多次重复这句话，才能与听众维持坚固的联系，达到演讲的目的。例如，马丁·路德·金在 1963 年的演讲中通过反复强调"我有一个梦想"这样一个强有力的主题，把自己乐观的信念告知当时正处于社会动荡中的美国民众，如今它依然有强大的震撼力。

9.2.2　分析演讲听众

明确演讲目的后，接下来的一项重要工作就是分析演讲听众。演讲者如果事先不了解听众的背景、态度、兴趣、心理特征和意愿等，就很难保证演讲主题和内容能够吸引听众。一般来说，分析演讲听众从以下两个方面着手。

1. 分析听众构成

（1）听众人数。一般来说，听众人数越多，越容易受群体思维的影响，所以在听众人数较多的场合，更需要变更说话的语调，增加内容的感情成分。对出席人数做尽可能准确的估计，有利于演讲者决定采用什么样的辅助手段和风格。

（2）听众年龄结构。听众年龄结构不同，思维方式和价值观念就会有很大的区别。例如，青年人大多具有冲劲、爱挑剔，而中老年人则较含蓄和稳健。演讲者只有注意到听众的年龄结构，才能保证沟通风格适应听众的要求。

（3）听众受教育程度。演讲者所使用的语言、词汇以及演讲方式都要考虑适合听众的受教育程度。一般来说，对于知识层次比较高的听众，演讲中应强调逻辑和理论依据；而对于知识层次较低的听众，则可以考虑应用更多的例子和施加情感影响。

（4）听众职业构成。不同职业的听众所关注的话题往往是不同的，了解听众的职业构成有助于演讲者选择听众感兴趣的话题。

（5）听众性别结构。听众性别不同，关注点和兴趣也会不同。只有根据听众的性别结构来确定演讲用语、风格、方式和语调，才能保证演讲获得最佳效果。

2. 了解听众的观点和意愿要求

演讲者应该事先了解听众的观点和意愿要求，在此基础上确定主题、选择适当的演讲内容，只有这样才能保证演讲具有针对性，得到听众的好评。演讲者应当特别注意那些对演讲主题有特别敌意或特别好感的听众的意见，把握和满足他们的意愿、要求。获得听众观点和意愿、要求相关信息的方式有很多种，演讲者可以通过演讲组织者或主持人事先对听众进行调查，也可以提前到场与部分听众进行交流，还可以通过事先向其他演讲者请教等方式，获得关于听众观点和意愿要求的信息。

9.2.3　收集材料和准备讲稿

1. 收集材料

演讲者只有广泛地搜集材料，才能在演讲中游刃有余，博采各家之长，自成一体。收集材料不外乎两个途径：直接的和间接的。演讲者通过自己的观察、调查和体验，直接获取的材料称为一手资料。这是演讲者所独有的、最雄辩的资料。演讲者通过阅读和查找报刊、书籍和网络资料等途径获取的材料称为二手资料。二手资料由于获取的途径广泛，费用低，是演讲中最常用的材料。不过，对于二手资料应进行核对和甄别，以确保二手材料的真实性。

到底什么样的材料、内容或话题能够吸引听众的注意呢？卡耐基曾对此做过一番调查，发现人们对那些亲身体验或最熟悉的事情往往是最有发言权的，其中有儿时的经历，早年的奋斗，自己的嗜好、信仰、愿望，以及自己的事业和家庭等；而对那些不了解、不熟悉的东西是讲不好的，拎起这样的话题，至多只能涉及皮毛，谈不出什么名堂来。

2. 筛选和使用材料

为演讲收集到的材料只是素材，还需要进行筛选。演讲者把那些最能够充分支持主题、最适合听众的、最具有典型性、最生动、最真实和最有说服力的材料写入演讲稿或演讲提纲就够了。不过，其他筛选下来的材料还需要注意保存，以备不时之需。

对于选中的材料，首先，要进行归类，确定用哪些材料来说明哪个问题。其次，要确定使用材料的先后次序，安排好先使用哪些材料，后使用哪些材料，尽量保持合理的顺序。再次，要注意为了吸引听众的注意力应当适当穿插一些趣味性材料，促使听众集中精力，增强演讲效果。此外，还应该注意材料和结论之间的推理过程是否足够严密，要避免根据同样的资料得出不同结论的可能性。最后，要注意综合使用视觉的和听觉的，或者数据的和色彩变化的等多种形式的材料，来达到最佳的演讲效果。

3. 撰写全文演讲稿或演讲提纲

演讲者应对收集和选好的材料进行周密的组织和认真推敲，进而形成一个结构合理、条理清晰、内容充实、逻辑严密、文句流畅，且结论令人信服的演讲稿。演讲稿既可以是一字不落的全文演讲稿，也可以仅仅是一个演讲提纲。对于一个有经验的演讲者而言，更通常的情形是精心准备一个演讲提纲，而并不需要撰写全文演讲稿。不过，不管是全文演讲稿，还是演讲提纲，其基本结构都包括开场白、主体和结尾 3 个部分。

采用记事本或提纲式的表达方式

9.2.4 进行模拟演讲

要把演讲做到熟练、行云流水、潇洒自如，要有大量的模拟练习以及必要的场地适应准备。

1. 自我模拟练习

（1）背熟稿子。用自己的语言描述演讲内容，而不是死记硬背。对着镜子，反复演练。

（2）计时。一般演讲都有时间要求，要准确把握。在演练时必须计算出演讲所需要的时间，再看看它是否过长或过短。大部分演练时间都比正式演讲时间长，一般来说，演讲时间要比演练时间少 25%～50%。

（3）录音。把要演讲的东西进行录音，通过回放录音，纠正一些问题。例如，重音可能使用不当；重复使用语气词，如"啊"或"呃"等。反复调整，修改演讲内容，直至满意。

（4）录像。把自己的演讲拍下来，对比观看，主要纠正自己的肢体动作和站姿。

2. 视觉辅助工具的准备

听众更容易遗忘一场纯言语表达的演讲内容，而对于把言语与视觉辅助工具结合起来使用的演讲，更容易理解和记忆。在听众看来，那些在演讲中能熟练地使用视觉辅助工具的演讲者显得更专业、更有说服力。为了帮助听众更好地理解演讲内容，增加演讲的说服力，准备适当的视觉辅助工具常常是必要的。

3．寻求反馈

找别人（最好是演讲高手）充当听众，要求其在看完你的演讲后给你反馈，然后自己修正。要注意请他们提出建设性的批评，而不仅仅是表扬。多问他们几个问题。例如，他们明白你演讲的内容吗？你讲的内容有连贯性和逻辑性吗？他们认为你讲的速度是快还是慢？制作的 PPT 是否与演讲协调一致？然后根据他们的意见来进一步修改演讲的内容。

做上述准备你可能会觉得很麻烦，但是每个成功的演讲者都是这么走过来的。例如，曾任微软全球副总裁的李开复先生，他刚开始演讲的时候，就要求自己每个月做两次演讲，而且每次都要请一个朋友旁听，之后给他提出意见。他对自己承诺，不事先排练 3 次，决不上台演讲。

4．适应场地

演讲者事先应当熟悉并适应环境，一定要来到场地，观察，走台，试话筒，要确认自己所准备的材料、视觉辅助工具和其他演讲手段在演讲厅能够正常使用。适应场地也是一种彩排，让自己安心，不紧张；同时，可以观察是不是要根据场地大小，改变自己的声音大小、动作走位，以及怎样才能更好地打动听众。

5．演讲前的放松

在上场前，做做口播操，听一些欢快的音乐。让自己慢慢地兴奋起来，有条件的也可以跳跳舞，活动一下身体。如果场地不方便，也可以通过深呼吸调整状况。

如果你做好以上这些准备，相信你来到台上会无比自信，你的演讲也会让听众念念不忘！

9.3　演讲内容结构设计

合理的演讲内容结构设计是一场演讲成功的基础，它使演讲者在演讲之前对如何开头、如何结尾、何处为主、何处为次、怎样铺垫、怎样承接等进行精心推敲，做到了然于胸。完整的演讲内容包括演讲开场白、演讲主体和演讲结尾 3 个部分。

9.3.1　演讲开场白

无论演讲是长还是短，在演讲开始时花费几分钟做开场白都是必要的。开场白尽管简短，所花时间不长，但是对提高演讲者的可信度、调动听众兴趣、帮助听众理解整个演讲都是非常重要的。比较常用的开场白表达形式有以下几种。

1．提问式开场白

提问式开场白是常用的一种开场白，就是通过提问，让听众先产生疑惑，进而想知道这个问题的答案，从而让他能够认真听你接下来的演讲。而这里，提什么样的问题至关重要，你必须充分了解你的听众，从他们的角度出发来发现痛点和痒点，这样你抛出的问题才会有针对性，也能极大地调动他们求知的欲望。

例如，你准备给一些公司高管讲如何提高开会效率的课程。你可以这样提问"你的工作中的大部分时间是否会浪费在开会上？""你是否曾经开了几个小时会后发现问题仍然没有解决？""如何开会才能提高效率，更好地解决问题呢？"

在开头向听众提几个问题，让听众共同思考，可以立即引导听众进入共同的思维空间。你提出的问题，既可以是需要听众立即回答的，也可以是不用回答的，仅仅用来吸引他们的注意。至于选择哪种形式的问题，则要根据你的演讲主题而定。但请注意，无论你提什么样的问题，在提出后要把自己的意见讲出来。

2. 列举事实开场白

运用准确的各类事实和数据，能让你的演讲更具有说服力，同时也能让听众从事实和数据中感受你演讲主题的力量。这些数据仿佛拥有魔力一般，能让听众很快进入你的演讲意境。例如，一位学者在《如何挑选配偶》的演讲中这样开头："今天，我们的青年从婚姻中获得快乐的机会真是微乎其微。离婚率的高涨令人触目惊心。2010 年时，5 桩婚姻中可能有一桩会触礁；到了 2022 年，已接近 2∶1[①]了。"

在陈述惊人的事实时，可以采用倒叙的方法，即先把事情结果讲出来，然后再叙述事情的经过，这样最容易引起听众的好奇心。

3. 讲述故事开场白

作为聆听者，你是喜欢听道理，还是喜欢听故事呢？纵观有影响力的演讲者，你会发现，他们很少讲道理，都在不断地讲故事。只要与你演讲的主题相关，动人的故事更受人喜欢。

实例

霍华德·舒尔茨的一次演讲

2008 年，星巴克业绩下滑，股东发现他们的开支很大，其中有一笔是员工的保险金，高达 3 亿美元，董事会一看这笔支出太大了，于是跟 CEO 霍华德·舒尔茨说："不行，你看现在生意都不好做，员工保险还支出 3 亿美元，把它剔除了吧。"

霍华德·舒尔茨听完股东的表态后，走到股东面前演讲："在我 7 岁那年，我的父亲还在打临时工，在打工的过程中，不小心把腿摔断了，我的父亲没有买保险，就没办法继续工作。那个时候我的妈妈也没有工作，于是我们家借了很多钱，每天晚上都会有人打来电话催债。爸爸和妈妈蜷缩在角落里，他们的眼神非常恐惧和无助，不敢接电话。当时我才 7 岁，我够不着电话，我就搬了一个小凳子，踩在凳子上去接电话，听着追债的人破口大骂……那个时候我就在想，如果有一天我长大了，我要是一个公司的老板，我一定不会让我的员工跟我的父亲一样遭受这样的境遇。"因为这段演讲，霍华德·舒尔茨打动了所有的股东，员工们的保险保住了。

这就是故事的力量，试想一下，如果霍华德·舒尔茨讲一大堆的道理与股东据理力争，结果可能会大相径庭。这个故事里包含着霍华德·舒尔茨的价值观，即员工医疗和生命安全是企业最重要的，在他的理念里，员工是第一位的。

精明的演讲者会在一开始就通过一个故事，非常轻松、非常真诚、有连接性地把他的价值观输入听众的大脑。

[①] 编者注：指有近 $\frac{1}{3}$ 的婚姻会走向离婚。

4. 设置悬念开场白

人们都有好奇的天性，一旦有了疑虑，非得探明究竟不可。为了激发听众的强烈兴趣，演讲者可以使用悬念手法。在开场白中制造悬念，往往会收到奇效。

实例

设置悬念的讲座

有位老师举办讲座，这时会场秩序比较混乱，听众对讲座不感兴趣，老师转身在黑板上写了一首诗："月黑雁飞高，单于夜遁逃。欲将轻骑逐，大雪满弓刀。"写完后他说："这是一首有名的唐诗，广为流传，又选进了中学课本。大家都说写得好，我却认为它有点问题。问题在哪里呢？等会儿我们再谈。今天，我要讲的题目是《读书与质疑》……"

制造悬念不是故弄玄虚，既不能频频使用，也不能悬而不解。在适当的时候应解开悬念，使听众的好奇心得到满足，而且也使前后内容互相照应，结构浑然一体。

如上面的例子，演讲即将结束，老师说："这首诗的问题在哪里呢？不合常理。既是月黑之夜，怎么看得见雁飞？既是严寒季节，北方哪有大雁？"这样首尾呼应，能加深听众印象，强化演讲内容，令人回味无穷。

5. 即兴发挥开场白

有时，你已经准备了一段开场白，但会场上临时发生了一些意外的情况，那么你不妨大胆地根据会场气氛，即情即景直接发挥，拟一段即兴的开场白。这样，你的讲话就与现场气氛紧密联系在一起，从而引起听众强烈的共鸣。

实例

冯骥才的演讲

1985 年下半年，冯骥才应邀到美国访问。一天，旧金山中国现代文化中心邀请他去演讲。美国人参加这类活动是极其严肃认真的，必定是西装革履，穿着整整齐齐。对演讲者要求很高，必须口若悬河，机智敏锐，而且要幽默诙谐，否则他们就不买你的账，甚至会退场。演讲即将开始，大厅里座无虚席。文化中心负责人葛浩文先生向听众介绍说："冯先生不仅是作家，而且还是画家，以前还是职业运动员。"

简短介绍完毕，大厅里一片寂静，只等这位来自中国的作家开讲。这时，冯骥才也很紧张，这台戏不好唱啊！只见冯骥才沉默了片刻，当着大家的面，把西服上衣脱了下来，又把领带解了下来，最后竟然把毛背心也脱了下来，然后慢慢说道："刚才葛先生向诸位介绍了我是职业运动员出身，这倒引发了我的职业病。运动员临上场前都要脱衣服的，我今天要把会场当作篮球场，给诸位卖卖力气。"全场听众大笑，掌声雷动。

6. 妙用道具开场白

如果你上台的时候除了话筒，手上还拿着一个物品，如拿着一本书上台，可以猜想：听众会有什么样的反应？如果你站在台上不说话，全场更会一片好奇，这时你只需扫视一遍听众，然后直接开讲。所有人就会关注到你手上的道具，这是无声胜有声的开场方式。这个道具可以是一本书、一支笔、你的一个产品、某件很有深意的纪念物等。你可以运用它在你开口之前把听众注意力吸引过来。例如，下面这段开场白：

"我想告诉各位，今天在我手上的这本书是我生命中非常重要的一个礼物，这个礼物是我外婆送给我的，我已经保存 18 年了，可是外婆已经不在了，我要把它永远珍藏在心里。因为外婆是我生命中最重要的人……各位，在你的生命中，谁是你最重要的人呢？"

先以自己的物品为主，然后引出这个物品的来源，这个来源也许会引起很多人的感同身受和思考。又如，如果你在做团队激励演讲，也可以拿着一张团队的全家福，让演讲变得更有趣，更有情感连接性。

7. 语出惊人开场白

"语出惊人"式的开场方法非常有力量。它特别适合现场的听众已经有一些昏昏欲睡，氛围不是太好的情形，同时也适合你是第三个或第四个演讲嘉宾的时候，因为前面的演讲嘉宾都讲了很多，轮到你时你就可以用不同的开场白来"炸醒"听众。

曾经有一个团队成员过万人的领导人在做跨年演讲，有很多的新伙伴慕名而来，充满无限的崇拜之情，一直在期待她的演讲有什么样的金句和豪言壮语。没想到这个演讲者一开口，几乎把现场所有人都惊吓住了，她是这么说的："我最讨厌做微商的人，以前在朋友圈，发现有人卖货，我第一次会提醒，超过 3 次就直接拉黑了。我曾经心里想，不至于吧，怎么生活沦落到这个地步呢？直到有一天，我遇见了一个人……他说了这样一段话……这话直击我心。从那一刻开始，我开始重新定义微商……后来我疯狂地爱上了微商……"

当时她的开场迎来了如雷的掌声。这种开场实际上就是故意把某些观点说得比较极端，甚至听上去不可思议。例如，某企业家曾在演讲开场时说："我们今天这个伟大的世界其实是懒人创造的！"当然，他所讲的懒人并不是我们通常意义上的懒人，而是那些为了满足人类懒惰天性，搞出了许多发明创造的人。

语出惊人的开场白类似我们写作中的先抑后扬，让听众听到的内容和期待的内容有极大的反差，作为演讲者，我们的目的就达到了，因为我们就是要吸引他们的注意力。

9.3.2　演讲主体

演讲主体部分也即正文部分，它直接影响演讲质量的好坏，是非常关键的一个部分。正文在结构安排上离不开提出问题、分析问题和解决问题。但它又不是一成不变的刻板的公式。你应当根据主题的需要，恰如其分地安排好正文的层次结构，做到层次清楚，逻辑紧密，重点突出，内容连贯。在安排正文结构时还要注意到，演讲的结构不同于文章的结构，不能肆意铺排，不可太复杂。文章可以反复看，结构复杂一些，读者反复揣摩也会弄懂；演讲只会听一遍，结构过于复杂，听众会抓不住纲目，始终不得要领。设计演讲主体内容时应注意以下事项。

1. 限制主要论点的数量

演讲中的大论点数以 3~5 个为宜，而每个大论点的分论点不要超过 3 个。对各个论点应该用简明的解释和细节来展开，这样能够保持演讲内容的简练和清晰。论点太多，听众不易领会和记忆，会影响演讲效果。

2．使用清晰的承接词进行过渡性表达

讲话与书面表达不同。由于听众更容易遗忘上下文之间的联系，所以要求演讲者更多地使用连接词，帮助听众搞清楚前后内容及它们之间的逻辑关系。在进行书面沟通时，读者根据"第一，第二……"就可以清楚理解所叙述内容的层次、条理和逻辑关系，但在听演讲时，听众很难搞清楚当前所叙述内容的层次、条理和前后逻辑关系，所以在演讲中说"第一，第二……"时应当明确所在的层次，尽量不要用"第二""另外"等过于简短的承接词。例如，把"第二"改为"我的第二个建议是"，"这个问题的第二个答案是"，或者说"开发这个新市场的第二个好处是"，这样就可以使听众感到条理清晰。

3．使用阶段性小结

"重要的事情说三遍"，重复的确是加深记忆的好办法。演讲者在叙述完一个重要观点后，应当做一个提纲挈领式的归纳小结，让听众有机会简单地整理一下所听到的内容，并做好倾听下一个议题的思想准备。例如："我们已经讨论了这个市场开发方案的第三部分：价格决策及其实施。下面我们来讨论这个方案的第四部分：渠道策略的选择及实施。"

4．准备更多内容

在演讲中，主持人或听众可能会临时要求删去他们不感兴趣或已经熟悉的部分；演讲者自己也可能由于对叙述速度把握失误，发现所准备的资料不够；听众也可能要求演讲者就某一个议题做更深入的探讨。所以，不论做何种演讲，演讲者都应准备比实际需要更多一些的内容，以防因内容不够而不得不过早结束演讲。

9.3.3 演讲结尾

演讲的结尾就像开场白一样重要。如果演讲结尾草草了事，就会使整个演讲的效果大打折扣。而精彩的结尾则能给听众留下深刻的印象，让人回味无穷。演讲结尾主要应当实现3个目标：一是重温演讲的主要观点；二是进一步引导听众深思，产生一种意犹未尽的深远效果；三是提供行动力，促使行动。

要实现上述目标，演讲结尾一定要做到精彩。成功的演讲结尾要求在演讲即将结束时及时、适度地掀起一个小的高潮。用出奇制胜的办法和最精彩、最感人的言语总结演讲中的要点，使演讲结束时获得良好的气氛效果。

典型的演讲结尾方式有以下几种。

（1）提出令人深思的问题。演讲结尾时提出令人深思的问题，对听众形成强烈的心理冲击，促使听众做更深层次的思考，往往能够取得理想的效果。

（2）总结演讲的主要观点。演讲中所传递的观点都是演讲者经过深思熟虑得出来的。听众在听演讲过程中未必能全部掌握和理解。即使是一直仔细听的人，到演讲结束时也常常不清楚演讲者的主要观点和内容是什么。在结尾时演讲者总结自己的观点，能起到提纲挈领、前后呼应的作用。

（3）请求或鼓励采取行动。对于以说服听众采取行动为目的的演讲，结尾时就应提出行动请求。不过，请求或鼓励采取行动时应注意以下几点：首先，一定要对听众提出明确的要求，而不能过于笼统；其次，要求必须是合情合理的，而不能是无法实现的；最后，所提的要求应当是易于采取行动的，如果要求采取的行动过于麻烦，就很难保证会有比较好的效果。

（4）用美好意愿进一步增强演讲效果。在演讲结尾时，要以富有激情的词语、充沛的感情来表达一些美好的愿望，感染听众，以期引起听众的共鸣，从而增强演讲效果。演讲结尾时热情洋溢的话、一组充满激情的排比句，有可能使听众的感情进一步升华，进一步提升演讲的效果。

9.4 演讲中的沟通技巧

9.4.1 演讲语言表达技巧

1. 表达个性化

听众在听演讲时首先关心的是演讲是否是针对他们的，如果听众认为演讲内容与他们毫不相干，他们会失去耐心。为此，演讲者应当使自己的演讲与每一个特定的听众群体连接起来，定制只针对某些特定群体的个性化演讲，至少要让听众感到这次演讲确实是专门为他们准备的。要使演讲个性化可以采用下面几种方法。

（1）直接引用听众或听众周围的事例。如果演讲者在演讲中直接提及某位或某几位听众的名字或听众所熟悉的人、公司或其他组织，就会让听众感到演讲内容确实与他们息息相关。例如："在许多行业，库存费用往往会占生产成本相当大的比例。据在座的张先生他们公司的统计，甚至高达8%……"

（2）提问。直接向一位或多位听众提问，吸引听众参与，让听众思考和讨论议题，从而激发听众的兴趣和参与热情。通过使演讲由单向传播转变为双向互动，提高演讲的个性化程度。

（3）即时化。演讲者引用最近的，甚至当天发生的事件或事件的新进展来支持演讲中的观点。这样做就能让听众感到你所传递的所有信息都是新的，并且与现实生活高度相关。

（4）当地化。寻找演讲地中与演讲主题相关的一些事实来提高演讲的当地化程度。

2. 清晰精练

清晰就是清楚明白、通俗易懂。演讲者在演讲前要深入思考和提炼演讲的主题思想，形成明确的观点，理顺结构和前后顺序。只有思维清晰了，表达出来的内容才会清楚。

精练与清晰有直接的联系，也就是说话干净利索，遣词造句准确简洁，详略得当，不啰嗦，不带口头禅。同时，演讲用词要能够精确地表达演讲内容的本质和相互关系，避免发生歧义和引起误解。

3. 上口入耳

演讲中的每一句话都是稍纵即逝的，要让听众容易理解、容易记忆，就要尽量避免使用长句和复杂句子，减少修饰和限制成分。演讲中要多用短句，力求简洁明快、生动有力。演讲的语言要口语化，使人听得明白，好理解。需注意以下几点。

（1）把长句改成短句。例如，"位于埃及首都开罗西郊的埃及金字塔是世界七大奇观之一。"句子太长，应该改为"埃及金字塔是世界七大奇观之一，它位于埃及首都开罗西郊。"

（2）把倒装句改为常规句。例如，"××我也见过，并不见佳，我以为"，在演讲中为了保证意思的前后连贯，最好改为"我也见过××的真景，我以为，并不见佳"。

（3）把生僻词改为常用词。生僻词不易为听众熟悉和理解，应改为常用词。

（4）把单音节词换成双音节词。在写作中为了行文简洁，经常用单音节词，但在口语中为了更通俗易懂，要改为双音节词。例如，应——应该、如——如果、经研究——经过研究。

（5）把精确的数字改为约数。口语中，不用把数字精确化，尤其是大数和带有小数点的数字，用约数表示会使听众更易记住。例如，"需每月还贷 2789.3 元"应改为"需要每月还贷大概 2800 元"。

4. 形象生动

演讲要用鲜明生动的语言，使抽象的事物具体化、深奥的道理浅显化、概念化的东西形象化。这就要求演讲者善于用形象的语言调动听众的全部感官——听觉、视觉、嗅觉、感觉、味觉，使听众有身临其境的感受。"望梅止渴"就是一个很好的例子。

使演讲语言形象生动的一个重要方法是运用修辞手法，即运用引用、比喻、排比、重复、拟人、双关、设问和反问等修辞手法对语言进行必要的加工，使之更富有感召力。例如，适当引用一些名人名言、典故、谚语、幽默笑话来阐明观点、说明问题，可以增强演讲的表现力和说服力；恰当贴切的比喻是启迪和说服听众的最佳工具之一；排比运用得当，更可以增强语言的节奏感和旋律感，加强语势。

9.4.2　声音表达技巧

声音表达的好坏取决于音量、语气语调、语速、重音等因素，以下就几个主要因素做简要说明。

1. 音量

演讲者发音要洪亮圆润，音量要比平时高，但不是声嘶力竭地高喊。专业的演讲者能用胸腹联合式呼吸方法，说话时气息稳健、持久、自如，便于灵活控制。当然，这需要做长久的练习。

一般来说，在公共演讲场合更应大声地演讲，因为发声装置离自己的耳朵很近，你可能认为自己演讲的声音很大，而实际上却比想象的小。这就意味着你的声音可能需要更大。因此，要注意检查后排的人是否能听见你的声音，如果演讲的地方非常大，甚至可以问后排的人是否能听见。

2. 语气语调

语气语调就是指说话时声音的高低、轻重、停顿的变化。这种变化对表情达意来说，具有非常重要的作用。同样一句话，由于声音轻重、高低、长短、急缓等的不同变化，在不同的语境里可以表达出种种不同的思想感情。一般来说，表达坚定、果敢、豪迈、愤怒的思想感情，语气急骤，声音较重；表达幸福、温暖、体贴、欣慰的思想感情，语气舒缓，声音较轻。只有这样，才能绘声绘色，传情达意。

在演讲中，应避免单一不变的语调。如果从头到尾都用相同的语调，一定会令人感到机械、乏味，灵活地改变语调会使演讲富于变化，显得格外有生机。

3. 语速与重音

语速，即讲话的快慢。一方面，语速受演讲内容的控制，一般来说，说明性文字用正常语速，叙述性、描写性文字用较慢语速，议论、抒情性文字要或快或慢。另一方面，语速的快慢还要依据语言自身的形式特点。例如，散乱冗长的句子和发音拗口的词汇，说得不宜太快；而整齐富有韵律色彩的语句，说得快些，才听得顺耳。另外，如果你的发音不太标准，你要有意识地讲得慢一些，让大家逐渐习惯你的口音。

有些语句根据需要加以强调。一般在这些地方应该加重音：突出演讲目的的中心词、体现逻辑关系的对应词（如转折、因果）、增加感情色彩的关键词。演讲中重音位置不同可以表达不同的意思，演讲者要根据演讲目的、内容特点和表达需要，来确定重音位置。

9.4.3　身体语言表达技巧

1. 外表

当你从椅子上站起来走上讲台做演讲时，听众对你的第一印象将来自你的外表。听众会注意你如何着装，走上讲台是否有信心，对这次演讲是否感兴趣。良好的外表不仅能够使听众对你产生积极的印象，也能给你心理上的支持。

要注意穿与演讲主题和现场氛围协调的服装。如果是在正式场合，要穿正规服装；如果是在非正式场合，要穿你认为别人会穿的服装。如果你对此不了解，要请教一下邀请你演讲的组织。

尽量不穿那些使听众分心的服装，如避免穿印字的 T 恤。因为听众可能会把他们的注意力转移到 T 恤上所印的字上，特别是当某些字被讲台挡住时。同时，也要避免佩戴任何可能诱惑你摆弄的东西，脖子上的围巾或珠宝可能会引起这方面的麻烦。

2. 站姿

站姿主要指站立时躯干的形态。演讲者应该站如松，切忌神情慌张、弯腰驼背、摇头晃脑、频频抖脚。站立时身体略向前倾，重心落于双腿间，腰杆挺直但不僵硬，两肩尽量放松，气定神闲从容不迫，双手自然下垂或在身前交叉。

3. 身体移动

演讲时的位置移动会使听众有参与感，能舒缓演讲者的紧张情绪。移动时应该采取缓慢移动的方式。如果是环形会场，一般在讲台或中间走动，不走边缘路线。要走直线，设定几个停留点，每到一个停留点的时候，环顾四周，停留 1 分钟左右，再缓慢地去到下一个停留点。到最后一个停留点再缓慢地退回到起点，尽量直走直退，退回的时候一定要面对着听众。要在退回起点的时候，进行结尾性演讲。走动的范围、幅度不宜过大，频率不宜过高。

4. 目光接触

目光接触有助于建立与听众的联系，让每个听众都觉得你的演讲是说给他听的。因此，目光交流的范围应覆盖全场，以 S 形或 Z 形适当游移，目光要遍及每位听众。一定要避免背对着听众。如果你需要看自己的幻灯片，也要尽量保持面对听众，斜着去看幻灯片。

5. 手势

手势可以增强话语的形象性，强化内容焦点，使其更加明确有力，易于听众跟随。手臂放在身侧，自然有力，不夸张，不烦琐。强调想法时，手的动作要尽量放大。上臂不贴紧身体，勿抱于胸前或小腹前。手的动作范围要在腰部以上，大方自然。出掌要并指，虎口要张开，出拳要紧握。

还要避免手势的单一化，根据演讲内容不时换换手势，同时注意手势与面部表情的配合。

9.4.4 避免怯场的方法

有调查表明，大多数人甚至相当多的名人在演讲时都会有不同程度的紧张、焦虑和恐惧。这些都是演讲怯场的表现。其实，在演讲之前的这种紧张、焦虑和恐惧是一种非常自然的体验，是很正常的现象，关键是演讲者需要掌握克服演讲怯场的策略和技巧。

1. 充分准备

充分准备是减少和避免怯场的最有效的办法之一。经过充分准备的演讲者会感到胸有成竹，能克服怯场的情绪。而那种毫无准备或准备不充分的演讲者自然是紧张和焦虑的，当然演讲效果也差。演讲准备得"充分"，主要体现在下列方面。

第一，事先对演讲主题进行积极的思考，对演讲内容进行周密的组织，列出足够详细的演讲提纲。

第二，对演讲内容及演讲中计划使用的所有辅助工具进行排练。用手机录下自己的排练情况，据之对自己的表现做出评价，或请其他人提出改进意见。

第三，演讲当天应保证提前到达。提前到达可以检查和熟悉演讲设施和演讲环境，这对避免和克服紧张、焦虑和恐惧情绪是很有帮助的。

2. 建立自信和积极的自我暗示

第一，优化自我表现形象，提升第一印象。演讲者得体的服饰、优雅的仪表能博得听众的好感，由此而产生的良好的自我感觉可以大大提升自信心，有助于演讲的成功。演讲者宜选择柔和自然、大方得体的服装，应避免穿戴奇特、耀眼，与演讲内容不协调的服饰。

第二，选择自己熟悉的、感兴趣的题目进行演讲。对于自己熟悉的题目，通常从事过深入研究，演讲者就能够得心应手、游刃有余，自然就能做到自信满满，把紧张和焦虑的心情一扫而光。讲自己感兴趣的题目，演讲者会自然投入其中，很容易用自己的激情去感染所有的听众。

第三，积极的自我暗示，展现充分的自信。要提醒自己，自己了解演讲主题并已经做了精心准备，比听众中的任何一个人都更有资格来做这次演讲。相信听众对你是友好的，要把他们看作自己的朋友。

3. 忽略任何错误

对于一个缺乏经验的演讲者，准备不足很容易出现错误。即使花费了很多时间进行准备，但也可能因心里紧张或现场出现未能预见的情况而出错。某些有经验的演讲者也可能因疏忽而产生失误。在演讲中，失误是非常可能发生的。

不管演讲中因什么原因出现任何错误，演讲者绝对不应为失误而一再道歉，或承认因感到紧张而导致错误。在演讲现场，为因失误或紧张而产生的错误道歉是不明智，也是无济于事的。这种道歉不仅浪费时间，而且还会削减听众对演讲者的信心，使其对演讲者的资格和能力产生怀疑。演讲者在出现错误后的正确做法，应当是稳定情绪，重新进入角色，开始新内容的陈述。

4. 充分准备可能的提问

在演讲过程中，听众可能会提出一些演讲者毫无准备的问题，这就对演讲者提出了挑战。演讲者应该精心估计听众可能提出的问题并做准备。当然，要准确地预测听众提出的所有问题是不现实的，但是对于演讲内容和可能的提问充分准备，能使演讲者掌握更多的信息和获得更多的自信，这样即使遇到一个意外的问题，演讲者仍然有可能利用从准备中所获得的问题背景信息，为听众提供一个能使他们满意的回答。

应答听众提问的
技巧

9.5 视觉辅助工具的使用

9.5.1 视觉辅助工具的意义与选择

为了提升演讲的效果，演讲者应尽量使用视觉辅助工具。人们常说"百闻不如一见"，演讲者如果使用视觉辅助工具，就更能引起听众的兴趣并让他们参与到演讲的议题中来。具体来说，使用视觉辅助工具有以下3个方面的作用：①帮助演讲者理清思路，使演讲更富有条理性、逻辑更严密、结论更雄辩，提示演讲者，从而增强演讲者的自信心；②有助于听众理解演讲内容，强调和阐明要点，加深听众的理解和记忆，让听众对演讲议题和内容更感兴趣；③协调演讲者与听众之间思路活动的节奏。一般来说，不管演讲者对演讲内容准备得如何充分，也不管其表达技巧如何娴熟，演讲速度总是跟不上听众倾听速度的。视觉辅助工具可以填充演讲者说话的速度与听众听的速度之差所带来的时间间隙，保持双方之间信息沟通的同步和流畅。

演讲中可供选择的视觉辅助工具通常有黑白书写板、实物或模型、文字或图表材料，以及多媒体工具。演讲者需要根据演讲主题、听众构成和演讲场地，再结合不同视觉辅助工具的特点，来选择一种或几种合适的视觉辅助工具，提升演讲的整体效果。

1. 黑白书写板

黑白书写板在演讲中十分适合用来提示关键词，书写演讲要点，以及描绘一些简单的图画。

2. 实物或模型

听众对于自己不熟悉的、演讲中所谈论的或者与演讲话题相关的东西是很感兴趣的。演讲者在演讲中选择适当的实物，在合适的时候向听众展示这类实物，可以增加听众的兴趣，调节气氛，增强效果。

当实物本身太大、太小或者人无法直接看到时，使用模型就能提升演讲的效果。模型的最大优点是它是三维的，所展示的原理更直观，所表达的空间结构关系更清楚。

3. 文字或图表材料

文字或图表材料包括两类：一类是演讲者自己在演讲过程中向听众做展示时用的；另一类是准备分发给听众参考或讨论用的。展示用的材料通常有组织图、结构图、原理图和表格等。分发给听众的材料通常是有关的文字材料，也可能是给听众演示的投影幻灯片的复印件。

4. 多媒体工具

随着科技的发展，多媒体工具已经成为演讲中使用十分普遍的视觉辅助工具。演讲者事先根据演讲稿在计算机中利用 PowerPoint 制作幻灯片，在演讲过程中可以很方便地传递文字、图形、动画和声音。与其他工具相比，多媒体工具制作的视觉辅助材料具有内容丰富、形象生动、色彩多变和声情并茂等特点，能对听众产生更大的吸引力。

9.5.2　视觉辅助工具的使用规则

1. 用视觉辅助工具支持而不是代替演讲

视觉辅助工具不应该变成演讲的全部，它应该是一种支持演讲的附属品。注重和强调视觉辅助工具的作用，并不意味着有了视觉辅助工具以后听众就自然会对演讲感兴趣，更不能保证演讲一定取得成功。视觉辅助工具能够强化演讲的效果，但是这并不是说，视觉辅助工具能够代替演讲。因此，演讲时要面对听众，与听众保持目光接触，而不是面对教具，你只需要偶尔看看视觉辅助工具。

2. 为那些需要更多解释的观点选择视觉辅助工具

演讲者需要确定在演讲的哪一部分、说明哪一观点时使用，以及怎样使用视觉辅助工具更合适。浏览一下你的演讲内容，决定哪一些细节需要通过视觉辅助工具才能做出更好的解释。有需要强调的、特殊的统计数字吗？有那种听众看见才更容易理解的东西吗？视觉辅助工具能在演讲中形象地辅助展示主要观点吗？

3. 在演讲前要熟悉视觉辅助工具的使用方法

对于演讲中准备使用的视觉辅助工具，特别是对于多媒体工具，演讲者需要事先熟悉演示的目的、其内容结构和使用方法，防止因不熟悉使用方法和内容结构而在正式演讲时出现问题，影响演讲效果。演讲者最好事先到会场考察一下，看看投影仪等配套设备是否正常工作。也要避免因不熟悉视觉辅助工具的使用方法而花费太多的时间，影响听众的情绪。

4. 要把握好视觉辅助工具的使用时机

无论是分发材料、展示模型，还是切换多媒体的幻灯片都必须把握好时机。要注意防止因使用视觉辅助工具而影响听众倾听演讲的注意力。所以，在演讲过程中给听众分发书面材料是不合适的。同时那些暂时不用的视觉辅助工具要放在不显眼的位置，以防止分散听众的注意力。

5. 要避免过度使用视觉辅助工具

一般来说，演讲者要避免使用两种或两种以上的演示设备，因为从一种设备转换到另一种设备既需要时间，也会分散听众的注意力。即使只使用一种设备也同样要避免过度使用。只有对那些需要更多解释的观点才值得使用视觉辅助工具，频繁地使用视觉辅助工具同样会使听众产生视觉疲劳，反而会分散听众的注意力，影响演讲效果。

9.5.3　使用 PPT 的优势和弊端

PPT 是微软公司演示文稿程序 PowerPoint 的缩写。这个由 "Power"（权力）和 "Point"（观点）所构成的词，很好地说明了当下各种场合的演讲者所具有的特征，第一是具有言说权，第二是要表达观点。现在，PPT 不但适用于与政治、经济、科学、技术、文化等有关的演讲，在学术界，更是得到了广泛应用，在高等院校的课堂中，很难看到不用 PPT 的场景了。其实，PPT 就是过去人们常见的"幻灯片"，由于其具有了更多更先进的功能，幻灯机也就被逐渐淘汰了，但"幻灯片"（Slide）这个词依旧在使用，PPT 中的每一个翻页，都称作一个 Slide。

1. 使用 PPT 的优势

PPT 之所以深受人们的喜爱，是因为它的优势极为明显。

第一，PPT 最大的优势是简单好用，可以将文字、动画、图像、影片等放置其中，从而使演讲者可以用良好的视觉效果展示自己的演说内容。

第二，制作方法简单，稍微学习就可以掌握相关技能，而制作出来的 PPT 让演讲者看上去是一个组织有序的人。而且，现在 PPT 模板五花八门，你可以不懂设计，只要选用了个人喜欢的合适的模板，就能制作出一个非常漂亮并且吸引人的 PPT。

第三，在 PPT 中为了突出重点，往往会将重点词汇、主要观点等展示出来，加上更多新的功能，这会让听众或观众印象深刻，他们事后也往往会对这些主要观点和重点词汇记忆犹新。而且，你再也不用给大家发讲义、文字资料或者其他印刷品了。无论多少听众或观众，只要有一台大的投影仪、一块够大的屏幕，就能满足大家的需要。

第四，有了 PPT，演讲者可以更加从容地演讲。如果说过去的演讲者需要不断地低头看稿子，那么，今天的演讲者因为有了 PPT，与听众有了更多面对面交流的机会。

2. 使用 PPT 的弊端

随着 PPT 使用得更加广泛，人们也在呼吁少用 PPT，或者适当使用。国内外一些专家专门撰文指出 PPT 所具有的不良特征，总结一下，大致有如下几点。

第一，PPT 往往仅罗列文章的观点，从而很容易将一篇完整的文章拆解得支离破碎；第二，PPT 强制性地使页面按照一个固定程序排列，从而迫使听众不得不接受这样的顺序，如果是发讲义，听众则可以随意翻阅任何段落；第三，很多演讲者花费了太多时间在 PPT 的制作上，把 PPT 制作得非常漂亮，却忽视了究竟该如何去展示，如只会使用单调乏味的语气去朗读 PPT 上的内容；第四，过度使用 PPT，会催生一些特殊的语言现象，如残缺不全的句子、强调概念化、词语名词化等。

批评声音的逐渐增加也在告诉我们，即使是良好的工具，也应该恰当地使用。

9.5.4　PPT 制作原则及技巧

1. 提纲挈领原则

我们在制作 PPT 之前，应该深刻理解 PPT 的内涵，对演讲内容进行整合提炼形成标题，要用标题对文字陈述进行概括。对于说明演讲者观点的每段文字陈述都应当加上一个标题。演讲中听众在看完一段没有标题的文字陈述后，通常没有足够的时间进行概括和总结，从而影响理解和记忆。直接用标题对文字陈述进行概括就可以节省听众时间，有助于加深听众的印象，提升演讲效果。

要把观点分类，使听众更容易把握演讲的内容结构。按观点的重要性和内容把观点进行归类，然后决定是否需要分层次。同一层次的观点数最好在 5 个以下，多了可以考虑删减。否则，同一层次的观点数太多，听众就会难以记忆，影响演讲效果。

在正式的工作报告 PPT 中，还要重视目录的编排，以清晰地展示演讲者的整体思路。

应该将目录单独制成一页，如果有需要，可以将子目录作为过渡页。所谓过渡页，就是在每一部分的演示和讲解之前出现的目录页，目的在于对下面要讲解的内容进行提示。

2.　信息精简原则

一定要避免直接把演讲稿文字粘贴到图片上。幻灯片上的文字和图表应当是对演讲稿内容进行整理、归纳和提炼的结果。演讲者如果为了方便直接把演讲稿中大段文字粘贴到图片上，在演讲时直接逐字逐句阅读图片上的文字，演讲就变成了阅读，演讲对听众的吸引力也会大大降低。

严格控制每张幻灯片上的信息量。每张幻灯片上文字的行数及每行的字数都应加以控制，行数最好控制在 5~9 行，每行 10~15 个字，字号应大到让坐在最后一排的听众都能看清楚。

PPT 设计的一个基本要求是精简。例如，做一场 45 分钟的学术报告，准备 40~45 页的 PPT 足矣。要突出重点、有详有略。例如，你用一两个关键的实验证据已经能够证明一个要点，那么其他辅助证据一笔带过即可。举例时要注意选取典型例子（即注意"剪辑"），不要把你知道的例子都"倾倒"在 PPT 中。

3.　风格统一原则

PPT 模板背景、文字、图片、色彩搭配等要素要和谐一致，形成统一风格，这样不仅给人视觉上的美感，还可以减轻听众的理解负担。例如，幻灯片上的字体选择要精心匹配。直接在计算机屏幕上阅读时，常规字体看起来会更舒服；但是，当演讲厅比较大、需要用投影仪投射到幕布上时，采用雅黑、黑体字或者加粗效果会更好。同一张幻灯片上使用多种字体会影响阅读，使用的字体一般不宜超过 2 种。题目字体与正文字体之间应当有足够大的差别，以便听众很容易地把两者区分开来。

一个技巧是通过母版设定来提高整个 PPT 编辑效率及整体风格的统一。母版主要有母版标题、页面高度与宽度、母版文本、母版色调、母版底色图片、母版项目符号、母版标志等设置内容，演讲者可固化几种母版模式，以备后用，根据不同的题材与风格选用不同的母版。

4.　色彩搭配原则

PPT 设计中色彩的搭配应遵循简洁大方、和谐统一的原则，颜色过于繁多鲜艳，不仅让人视觉上产生疲劳感，且分散了听众的注意力。一般来讲，除了两种基础颜色（黑色和白色），其他搭配色彩不超过 3 种。在色彩搭配上遵循两个原则：一是对比鲜明，即幻灯片前景元素颜色与背景色之间，以及幻灯片上不同元素的颜色之间对比要鲜明，避免使用相近颜色，影响幻灯片的视觉效果；二是色彩要协调，色彩搭配切忌五颜六色，应统一协调，这样不仅给人一种艺术美感，还不喧宾夺主。根据一般的环境光线，这里给出两种经典色彩搭配：①蓝底白字，在光线比较强的环境下使用，这种页面显得干净利落，文字清晰可见，听众又不易产生视觉疲劳；②白底黑字，适合在环境光线比较暗的情况下使用，因为白色的底色不仅让听众容易看清幻灯片内容，还可以让听众看清演讲者的"身体语言"。

在配色时，还应考虑显示器显示效果和投影仪投到幕布上的显示效果的差异，因为显示器屏幕亮度高，色彩还原比较真实，由于投影仪亮度不够，投到幕布上色彩还原较差，所以设计 PPT 时，色彩应尽量简单，而对比要鲜明，这样投影出来的效果才好。

5．图文并茂原则

PPT 设计的要求是图文并茂。不能在页面上堆满文字，而要把一段文字转化为几个简短的要点，逐条列出，尽量利用图片或图表来表达文字信息。一般来说，在 PPT 内容表达上我们应遵循一个原则：能用图，不用表；能用表，不用字。最好是多用图表来表达你的思想。因为图片更容易让人理解，同时也让听众印象深刻；表格则是展示、分析数据的最佳视觉表达工具，数据间的对比、趋势的分析让人一目了然。

同时，也需要注意图文的配合使用。页面上不能只有孤零零的一张图，而要在图的旁边或者以小标题的形式在页面配以简短的注解。对复杂的观点可以拆分为几张图片分别加以说明。同样，在页面上展示数据表格时，也要有适当的标注，不然听众可能会迷失在一堆数据中，不清楚这个表格能引出什么结论。

PPT 设计是一门集视觉心理学、色彩学、传播学等众多学科于一体的设计科学。PPT 不仅是一种演示工具，也是一种艺术，要想做出好的作品，设计者需要平时注意学习 PPT 制作知识，通过实践不断积累经验技巧。

练习测试题

一、不定项选择题

1．随着科技的发展，（　　）已经成为演讲中普遍使用的视觉辅助工具。
  A．黑白书写板　　　　　　　　　B．实物或模型
  C．文字或图表材料　　　　　　　D．多媒体工具

2．演讲中的大论点数以（　　）为宜。
  A．1~2 个　　　　B．3~5 个　　　　C．5~7 个　　　　D．3 个以上

3．演讲的语言要口语化，使人听得明白，好理解，以下做法正确的是（　　）。
  A．把长句改成短句　　　　　　　B．把倒装句改为常规句
  C．把双音节词换成单音节词　　　D．把精确的数字改为约数

4．关于 PPT 制作，以下表述正确的是（　　）。
  A．在制作 PPT 之前，要对演讲内容进行整合提炼形成标题，用标题对文字陈述进行概括
  B．注意图文的配合使用。页面上不能只有孤零零的一张图，而要在图的旁边或者以小标题的形式配以简短的注解
  C．为了形成视觉上的冲击力，PPT 色彩搭配应尽可能丰富多样
  D．在 PPT 内容表达上应遵循的一个原则是：能用表，不用图；能用字，不用表

二、判断题

1．随着新媒体技术的发展，PPT 等视觉演示工具的运用越来越普遍，已成为现代演讲活动的第四种传播手段。　　　　　　　　　　　　　　　　　　　　　　　（　　）

2．演讲内容和方式要因人而异，对于知识层次比较低的听众，演讲中应强调逻辑和理论依据；而对于知识层次较高的听众，则可以考虑应用更多的例子和施加情感影响。（　　）

3. 演讲活动中尽量不要采用讲故事的方式，应该多讲道理，这样才能更好地说服听众。
（　　　）

4. 演讲者在叙述完一个重要观点后，应当作一个提纲挈领式的归纳小结。（　　　）

5. 为了不影响演讲内容的连贯性，演讲者应尽量避免在演讲中使用连接词。（　　　）

三、简答题

1. 演讲的特点有哪些？
2. 演讲前需要做哪些准备工作？
3. 如何进行听众分析？
4. 说明演讲开场白的重要性和形式。
5. 演讲内容结构包括哪些部分？设计每部分的要求和技巧有哪些？
6. 分析在展现你的外表和声音过程中需要注意哪些方面。
7. 如何克服演讲怯场？
8. 应答听众提问的技巧有哪些？
9. 你所知晓的视觉辅助工具有哪些？
10. 使用视觉辅助工具需要遵循哪些规则？
11. 设计和使用 PPT 应当注意哪些问题？

四、自我测试题

据表 9-1 进行演讲能力自测。

表 9-1　演讲能力自测

自测题项	分值
1. 我在整个演讲过程中眼神同听众保持接触	1　2　3　4　5
2. 我的身体姿态很自然，没有因为紧张而做作	1　2　3　4　5
3. 我能运用基本的手势来强调我的要点	1　2　3　4　5
4. 我运用停顿、重复和总结来强调我的观点	1　2　3　4　5
5. 我每次演讲前都会确定具体的目标	1　2　3　4　5
6. 我会对听众的需求、忧虑、态度和立场进行分析	1　2　3　4　5
7. 在组织思路时我会先写下几个主要的论点	1　2　3　4　5
8. 我会特意准备一个颇具吸引力的开场白	1　2　3　4　5
9. 我演讲的结尾会呼应开头，且必要时能要求听众采取行动	1　2　3　4　5
10. 我制作的 PPT 简明扼要，有助于达到演讲目标	1　2　3　4　5
11. 我的论点、论据之间有内在的逻辑联系，有助于支持我的主张	1　2　3　4　5
12. 我会把紧张、焦虑转换为热情和动力	1　2　3　4　5
13. 我会清楚地叙述我的观点给听众带来的好处与利益	1　2　3　4　5
14. 我会热切、强烈地讲述我的观点	1　2　3　4　5
15. 我会事先演练，以免过分地依赖演讲稿，从而集中注意力观察听众的反应	1　2　3　4　5
16. 我的演讲稿只写关键词，以免照本宣科	1　2　3　4　5
17. 我会预测听众可能提出的问题，并且准备相应的回答	1　2　3　4　5
18. 我的声音清脆，语速适中，富有感染力	1　2　3　4　5

续表

自测题项	分值
19. 我会有意识地运用语音、声调和语速来表示强调	1 2 3 4 5
20. 演讲前我会检查场地及相应的设施	1 2 3 4 5
21. 准备演讲时，我会估计将会遭到的反对意见	1 2 3 4 5
22. 在整个演讲过程中我充满自信	1 2 3 4 5
23. 演讲前我会检查我的衣着打扮是否得体	1 2 3 4 5
合计分值	

注：1 分代表非常不同意/非常不符合；2 分代表不同意/不符合；3 分代表比较不同意/比较不符合；4 分代表比较同意/比较符合；5 分代表同意/符合。

评分标准：

105～115 分，你具有优秀演讲者的素质。

98～104 分，你略高于平均水平，有些地方尚需提高。

98 分以下，你需要严格地训练演讲技能。

选择得分最低的 6 项，作为学习演讲技能的重点。

案例分析题

【案例 9-1】

李先生的一次演讲经历

李先生毕业于一所工科院校，后在一家计算机公司任职，开始从事技术工作，继而转行做市场与培训。出于工作需要，李先生有意识地强化自己的沟通能力，特别是当众演讲的能力。他报名参加了一所培训学校的演讲课程，从扮演短剧中的角色到即席发言，注重培养自己的表达能力、应变能力与演说技巧。最初李先生很紧张，如在一场短剧中他的角色只有一句台词："门开了，怎么没有人？"可他上场时却说："人开了，怎么没有门？"观众大笑。后来，他渐渐成熟自信，可以就某一题目滔滔不绝地讲上几十分钟。

在李先生从培训学校结业后，公司安排他给几位新顾客讲一讲信息技术在现代管理中的作用。李先生事先做了大量准备工作，查阅了许多资料，做了详细笔记，配备了投影仪，还制作了宣传资料。正式演讲时，李先生口若悬河，专业术语层出不穷，各种投影图片纷至沓来，时而引用成功实例，时而剖析国内企业的管理问题，又介绍了计算机网络在企业管理中的重要地位，还比较了几种管理信息系统的优劣。这场演讲整整持续了两个小时。

演讲结束后，李先生虽然大汗淋漓，但心中十分轻松，以为辛苦终得回报，听众反应一定很好，没想到 8 人中有 6 人表示不满，有的抱怨"内容太杂"，有的诉说"术语不懂"，有的认为"与本公司相关内容太少"，有的声称"进度太快，许多图片还没有看清就过去了"，还有的表示"未见到贵公司产品的使用情况及实际成效"，更有人直言"本公司感兴趣的问题恰恰很少提及"。

李先生的热汗渐渐变为冷汗，看来这次演讲已告失败。

问题：
1. 你认为李先生演讲失败的原因何在？试列出 5 个方面。
2. 假如你是李先生，请为该演讲设计 3 种开场白及 3 种结束语。

【案例 9-2】

小沈的竞聘演讲

小沈工作于中国银行 A 市分行，每年年初银行都要举办处级干部竞聘，其流程为：报名—笔试—公开竞聘。其中报名、笔试主要是资格审核，竞聘是主要的竞争手段，其分数占总分的 60% 以上，因此竞聘是岗位争夺的重中之重。竞聘的流程是个人演讲 10 分钟，随机从 15 道必答题中抽取一题回答，评委提问。今年竞争非常激烈，只有一个支行的副行长岗位可供竞聘，小沈在经过报名、笔试以后，还要与 6 人竞争该岗位。

小沈认为，要在竞聘中获得好成绩，必须做好以下几个方面的工作：首先，要进行受众分析，也就是对评委进行分析；其次，要对竞争对手进行分析，找出自己的特色；最后，要根据这些分析，做好演讲准备。

小沈经过调查后了解到竞聘的评委主要有分行副行长、人教处处长、零售业务部处长、该支行行长、部分支行行长等，他们是演讲评分和提出问题的决定性人物。让小沈最担心的是，本次竞聘激烈程度史无前例，竞聘岗位虽然只有一个，参加本次竞聘演讲的人员却有 7 人，且实力不弱，主要分为两类：一类在基层工作多年，目前职务为见习副行长或行长助理，有 3 位；另一类在分行职能部门工作多年，职务是科长，共有 4 位（包括小沈）。

小沈对自己和这些竞争者之间的竞争优劣势进行了分析。他觉得自身的优势在于有一定的工作业绩，曾获得多类奖项，而且有 10 多年的职能部门工作经验，具有较强的宏观意识和管理经验；与分行行长接触较多、在分行职能部门人缘较好。但反过来看，这些也是他的劣势：缺少基层管理经验，没有具体的基层业务操作经历。可以说，在 4 个竞聘的科长中，在资历、能力、学历上，小沈完全占优势，但是小沈在职务、基层工作经验上有所欠缺。另外，供竞聘岗位的支行本身有 1 个见习副行长、1 个行长助理参加竞聘，其成功概率较大。

当然，让小沈感到欣慰的消息也有：面试的领导大多数与小沈熟悉，主持竞聘的分行副行长是小沈所在部门的前科长；目前竞聘过程相对透明，尤其是演讲这一关，对行内公开，有很多人旁听，如果表现出众，在民意上会取得优势。

竞聘演讲前，小沈主动联系了一些平时关系较好的往届评委和相关领导，征询他们对自己如何竞聘的意见，得到下列信息和建议：①不要谈到位后的具体工作，强调自己副手的作用；②在回答问题时从内部和外部两方面回答；③评委提问可能更侧重于宏观层面，而不会涉及微观操作；④脱稿演讲的效果会更好。

根据这些建议，小沈结合自己的一些想法准备演讲稿以及一些模拟问题。在演讲稿中，小沈主要谈了 3 部分内容：第一部分是自己的经历，第二部分是自己的特点，第三部分是自己对岗位的理解。此外，小沈将演讲稿背了下来，还参考了一些竞聘方面的书籍，准备了一些题目，再就必答题与关系较好的专家讨论，准备了较专业、较深层次的答案。通过这些准备，可以说在演讲前小沈已经成竹在胸了。

在演讲中，小沈卖了一个关子。在谈到对岗位的理解时，小沈说："由于演讲时间所限，就不展开介绍了。"小沈设想这样可以在评委提问时，诱导评委提这方面的问题。果然，在最后自由提问时，有评委就提了这方面的问题，小沈当然回答得头头是道。

根据小沈事后从别人那里了解的一些到场人员的看法，他的表现应该是排在前两位的，可以说演讲是成功的。最后，经过多个环节的综合评价，小沈有了较好的结果，被派到另一家支行做挂职副行长。

问题：

1. 小沈参加竞聘演讲的整个过程给你什么启示？
2. 结合案例谈谈听众分析在演讲准备过程中的重要性。
3. 替小沈拟写一篇竞聘演讲稿。

实践实训题

1. 实训方法和步骤

学生分为由 8~10 人组成的若干小组，由指定小组长主持，每个学生依次在如下选题中选择一个主题（也可以自由确定选题），先在小组内做 3 分钟的即兴演讲。

- 如何才能使每门课程的评分更公平、更合理
- 怎样使大学生活更充实
- 我和我的舍友
- 我的职业生涯设计
- 如何正确对待就业和择业
- 人生就是一个考场
- 学会感恩

每一位同学在组内演讲后，小组内其他同学按照表 9-2 的评价标准对其评分。等全组每人演讲完后，推选出得分最高的同学作为代表到班级演讲，由全班同学对其做出评价。随后，根据得分高低选出班级演讲冠军。

表 9-2　演讲评价标准

评价标准	很不满意（1分）	不满意（2分）	一般（3分）	良好（4分）	优秀（5分）
1. 演讲主题和目标明确，选题新颖					
2. 演讲内容充实、条理清晰，开场白和结尾有创意、相呼应					
3. 演讲者语言表达技巧好，生动形象，富有激情					
4. 演讲者充分利用非语言沟通手段，服饰、站姿及手势恰当					
5. 与听众保持互动沟通，有目光接触					
6. 声音洪亮，表达流畅，不怯场					
7. PPT 美观大方，简明扼要，图文并茂					
8. 时间控制精准，在规定时间内完成演讲					

对于每一方面的评价都分为 5 个等级："很不满意""不满意""一般""良好""优秀"，相应的分数分别为 1 分、2 分、3 分、4 分、5 分。把 8 个方面的得分相加，就得到演讲者的综合分（假定 8 个方面的权重相等），把所有听众评分相加就得到每位演讲者的总分。

2. 反馈和总结

分小组和班级两个层次，把对每位演讲同学的评价反馈给演讲者，肯定演讲者的优点，提出提升演讲总体效果的对策。

附录
微课视频目录

注：用书教师可登录人邮教育社区免费下载本书的视频资料。

参 考 文 献

[1] 王忠伟，蒲岸华，李洪娜，等. 商务礼仪[M]. 4 版. 大连：东北财经大学出版社，2022.

[2] 龚荒. 人际关系与沟通[M]. 北京：人民邮电出版社，2022.

[3] 耿燕，梁月. 人际沟通与社交礼仪[M]. 2 版. 北京：清华大学出版社，2020.

[4] 唐蜀湘，陈宁. 商务礼仪[M]. 北京：北京师范大学出版社，2013.

[5] 刘民英. 商务礼仪[M]. 上海：复旦大学出版社，2014.

[6] 韩爱群. 商务礼仪实务[M]. 北京：北京理工大学出版社，2012.

[7] 孙金明，王春凤. 商务礼仪实务[M]. 3 版. 北京：人民邮电出版社，2019.

[8] 王玉苓. 商务礼仪：案例与实践[M]. 北京：人民邮电出版社，2018.

[9] 杨秀丽. 商务礼仪[M]. 上海：上海财经大学出版社，2015.

[10] 何伟祥. 公关礼仪[M]. 4 版. 大连：东北财经大学出版社，2019.

[11] 李映霞. 管理沟通：理论、案例与实训[M]. 北京：人民邮电出版社，2017.

[12] 张学娟. 实用商务礼仪[M]. 2 版. 北京：人民邮电出版社，2015.

[13] 韩冬. 大学生礼仪[M]. 北京：人民邮电出版社，2014.

[14] 熊卫平. 现代公关礼仪[M]. 4 版. 北京：高等教育出版社，2016.

[15] 张铭. 现代实用社交礼仪[M]. 北京：人民邮电出版社，2017.

[16] 林宁，李明. 人际关系与沟通[M]. 北京：清华大学出版社，2018.

[17] 龙璇. 人际关系与沟通技巧[M]. 2 版. 北京：人民邮电出版社，2020.

[18] 彭贤，李海清. 人际关系心理学[M]. 2 版. 北京：清华大学出版社，2013.

[19] 高琳. 人际沟通与礼仪[M]. 北京：人民邮电出版社，2017.

[20] 张传杰，黄漫宇. 商务沟通：方法、案例和技巧[M]. 北京：人民邮电出版社，2018.

[21] 胡介埙. 商务沟通：原理与技巧[M]. 大连：东北财经大学出版社，2011.

[22] 魏江. 管理沟通：成功管理的基石[M]. 4 版. 北京：机械工业出版社，2019.

[23] 韩卫群，胡柳波. 民办高校和谐师生关系构建策略[J]. 湖北经济学院学报（人文社会科学版），2021（2）.

[24] 刘超. 大学生典型群体人际关系研究[J]. 山西青年职业学院学报，2020（12）.

[25] 贺民. 大学生宿舍人际冲突的调处与思考[J]. 教书育人（高教论坛）2020（7）.

[26] 张立改，陈运普. 当代大学生亲情教育探析[J]. 湖北社会科学，2010（6）.

[27] 王轲. 职场中下行沟通的障碍、原则与技巧[J]. 领导科学，2021（1）.

[28] 王轲. 职场中上行沟通的障碍与技巧[J]. 领导科学，2020（19）.

[29] 杨从杰，董晓晨. 初入职场大学生沟通障碍管理研究[J]. 高等财经教育研究，2015（12）.